本书系中国人民公安大学国家安全高精尖学科资助项目“国家安全情报外文资料研究”（项目编号：2020CBZX008）成果

"十三五"国家重点图书出版规划项目
国家战略预警研究译丛

情报与突然袭击

战略预警案例研究

INTELLIGENCE AND SURPRISE ATTACK

Failure and Success from Pearl Harbor to 9/11 and Beyond

[美] 埃里克·J. 达尔（Erik J. Dahl）—— 著
赵金萍 —— 译

金城出版社
GOLD WALL PRESS
·北京·

图书在版编目（CIP）数据

情报与突然袭击：战略预警案例研究 / (美) 埃里克 · J. 达尔 (Erik J.Dahl) 著；赵金萍译 . —北京：金城出版社有限公司, 2020.12
(国家战略预警研究译丛 / 朱策英主编)
书名原文：Intelligence and Surprise Attack: Failure and Success from Pearl Harbor to 9/11 and Beyond
ISBN 978-7-5155-2063-6

Ⅰ . ①情… Ⅱ . ①埃… ②赵… Ⅲ . ①预警系统—信息工作—案例 Ⅳ . ① E115

中国版本图书馆 CIP 数据核字 (2020) 第 201279 号

情报与突然袭击：战略预警案例研究
QINGBAO YU TURANXIJI ZHANLUEYUJING ANLIYANJIU

作　　者	［美］埃里克·J. 达尔
译　　者	赵金萍
策划编辑	朱策英
责任编辑	李凯丽
责任校对	李　涛
责任印制	李仕杰
开　　本	700毫米 × 960毫米　1/16
印　　张	20
字　　数	300千字
版　　次	2020年12月第1版
印　　次	2020年12月第1次印刷
印　　刷	天津旭丰源印刷有限公司
书　　号	ISBN 978-7-5155-2063-6
定　　价	80.00元

出版发行	**金城出版社有限公司** 北京市朝阳区利泽东二路3号　邮编：100102
发 行 部	(010) 84254364
编 辑 部	(010) 64271423
交流邮箱	gwpbooks@yahoo.com
总 编 室	(010) 64228516
网　　址	http://www.jccb.com.cn
电子邮箱	jinchengchuban@163.com
法律顾问	北京市安理律师事务所　(电话)18911105819

编者语

当今全球局势复杂多变，安全冲突此起彼伏，不确定性与突发性相互交织，给世界带来了全新的挑战。提高战略预警能力，完善国家战略预警系统，成为各国的必然选择。

国家战略预警，指一国武装力量为防御突然袭击，运用预警技术监视别国战略进攻性武器活动态势的综合性警戒手段。它关乎一国的战略核心利益，是维护国家安全、执行战略行动的重要保障，是国家防御体系的重要组成部分，是国家战略防御和威慑力量不可或缺的重要基础。战略预警攻防兼备，以守为攻。其目的在于，及时在尽可能远的警戒距离内，准确探测识别敌方攻击，分析判断各类情报信息，发布先期警戒情报，使国家决策层尽早采取反制措施，甚至先发制人。

针对敌方的突然袭击，如何识别、预警、预判、反制、威慑、防御，是全球情报人士热切关注的问题。为此，我们特别策划了“国家战略预警研究译丛”，将该领域的国际研究成果推荐给中国读者，供读者批判性学习。丛书主要针对的是国家层面的战略预警，内容涵盖早期预警、情报搜集、情报分析、预判突袭、预先防御、先发制人、情报失误、减少不确定性等方面。我们所精选的作品，既有享有盛誉的经典著述，也有一些顶尖专家的最新研究，备受各国情报人员和国家安全学者推崇。

目前，中国已进入一个全新时代，比历史上任何时期都更接近实现民族复兴的目标。但前进的道路不可能一帆风顺，我们还面临许多重大风险挑战。我们真诚希望本套丛书，可对我国相关领域的从业者有所启迪；为维护我国国家安全、践行总体国家安全观，在理论与实践上有所探索。

目 录

引言
打破情报失误第一定律

为什么恐怖分子或常规敌对军事力量发动的突然袭击[1]经常能够得手，然而后来的调查几乎总是表明事先已有有效的情报预警？罗伯塔·沃尔斯泰特（Roberta Wohlstetter）在她就“珍珠港事件”（Japanese attack on Pearl Harbor）的经典著作中提出的观点，时至今日仍不失为最令人信服的解释。她认为，尽管当时有关日本威胁的预警纷至沓来，但是有价值的信号（signal）却被淹没在大量的无关噪声（noise）之中，使得数据分析工作很难有效开展：“简而言之，我们未能预测到珍珠港遇袭，不是因为手头缺乏相关信息，恰恰是因为无关紧要的信息过于庞杂。”[2]

沃尔斯泰特的观点，即过多的噪声淹没了真正有价值的情报信号和预警，此后成为常规论断，绝大多数关于突袭与情报失误的研究，均不同程度地引用这一观点来解释为何情报频频失误，而袭击却能屡屡得手。[3]

---

[1] 编注：如无特殊情况，本中文版统一将“突然袭击”（surprise attack）简写为“突袭”。

[2] 原注：参见 Wohlstetter, Pearl Harbor, 387（中文版：《珍珠港：预警与决策》，罗伯塔·沃尔斯泰特著，张魁译，金城出版社，2020 年）。

[3] 原注：论述沃尔斯泰特关于突袭观点的主要研究包括：Betts, *Surprise Attack*;

援引情报专家布鲁斯·伯克维茨（Bruce Berkowitz）的话来说："信噪比（signal-to-noise ratio）问题是当今情报领域的根本性问题，如果有人提及'罗伯塔·沃尔斯泰特问题'（Roberta Wohlstetter problem），那几乎所有人都知道你在具体谈论什么。"[1]

2001 年"9·11 事件"（terrorist attacks of September 11）后，许多学者和情报工作人员援引沃尔斯泰特的理论，试图去解读美国情报界是如何遗漏了那些事后看上去很明显的预警。[2] 但是，今天对"9·11 事件"情报失误最常用的解释，却并非是信噪比问题，而是情报界未能关联线索（connect the dots）。《9·11 调查报告》（*9/11 Commission Report* ）详细阐释了这样的问题：自 20 世纪 90 年代开始，直至 2001 年 9 月初期，为何情报界收集到了诸多预警，却始终没能形成清晰而完整的情报体系，而政府本可依据这套体系采取有效行动来打击"基地"组织。[3]

无论是信噪比问题，还是关联线索问题，都是基于这样的理解：情报失误主要在于未能弄明白已获得的预警信号和信息碎片，而非在于从一开始就未能搜集到相关情报。詹姆斯·沃茨（James Wirtz）写道："一个颠簸不破的事实是，情报渠道里总能找得到即将发生事件的准确信息，事实上我们应把它视为情报失误第一定律（first law of intelligence failure）。"[4] 恐怖主义研究专家杰西卡·斯特恩（Jessica Stern）写道："突袭之所以发生，不是因为信息太少、来得太迟，而恰恰是信息太多、来得太快。"[5]

---

and Kam, *Surprise Attack*（中文版：《突然袭击》，伊弗雷姆·卡姆著，王静等译，金城出版社，2018 年）。基于沃尔斯泰特观点的近期著作包括 Bar-Joseph and Levy, "Conscious Action"。

[1] 原注：参见 Berkowitz, "Spying" 。

[2] 原注：参见 Byman, "Strategic Surprise," 147; Parker and Stern, "Bolt from the Blue" 。

[3] 原注：参见 *9/11 Commission Report*, e.g., 277, 400。

[4] 原注：参见 Wirtz, "Responding to Surprise," 51。

[5] 原注：参见 Stern, "Review of Peter Bergen's 'The Longest War'" 。

大多数专家认为，情报失误第一定律时至今日依然成立，并已演变为常规观点。这一定律认为：预防突袭很大程度上取决于情报分析人员和决策者对已获信号与预警的理解和关联能力。[1]2009年圣诞节，一名尼日利亚籍男子登上西北航空公司一趟飞往底特律的航班，并试图引爆飞机，这一事件就体现出了这一定律。从白宫及参议院情报委员会（Senate Intelligence Committee）的评论中可以看出，事件发生前的一系列预警被忽视了。奥巴马总统指出"该事件表明我们未能关联并理解已有的情报"，他要求情报界对收到的信息要提高分析和理解的能力。[2]

本书认为，这一常规观点是错误的。将情报失误与情报成功的案例进行对比，我们可以发现第一定律并不成立：绝大多数突袭或一些战略意外（strategic surprise）发生前，必要的信号其实并未被找到。如果寄希望于情报机构和情报人员能够灵光乍现，在嘈杂的噪声中理解信号并关联线索，从而避免突袭发生，也像是天方夜谭。问题在于，突袭发生前所获得的大多是笼统的情报，并不具体，只能产生我们通常所称的战略预警（strategic warning）。美国中央情报局（Central Intelligence Agency，CIA）的一份研究表示，战略情报只能让决策者看到日渐严重的威胁远远冒出的狼烟，而看不到明确的起火地点，无法告诉他们要何时何地开展何种行动来应对威胁。[3]

然而，这并不意味着意外永远不可避免，至少突袭并非无法阻止。本书认为，情报能够取得成功，突袭也可以预防。但并非通过提升信噪比的方式，也非通过提高分析人员关联线索的能力。相反，本书提出的**"预防**

---

[1] 原注：例如，马克尔基金会（Markle Foundation）警告道："今天，正如'9·11事件'那样，对于袭击，我们仍然很脆弱，仍未能关联线索。"参见Markle Foundation, *Nation At Risk*, 1。

[2] 原注：参见"Remarks by the President on Strengthening Intelligence and Aviation Security," January 7, 2010, www.whitehouse.gov/the-press-office/remarks-president-strengthening- intelligence-and-aviation-security。

[3] 原注：参见Central Intelligence Agency, *DCI Report*, 67。

行动理论"（theory of preventive action），有助于阐释情报为何有时能成功预见并阻止突袭，有时却不行。

要使情报行之有效地预防突袭，需要两个关键因素。第一个关键因素是必须有关于威胁的精准的预警信息，不少专家可能会条件反射地轻视这种精细到具体行动的"战术情报"（tactical intelligence），认为它无益于应对大多数重要威胁。然而，本书将表明，比起宏观的"战略情报"（strategic intelligence），具体的"战术情报"更有可能说服决策者意识到威胁的紧迫性，进而采取必要的应对措施。这就衍生出第二个关键因素：决策者必须善于接受提供给他们的情报。书中第一章将对预防行动开展进一步探讨。

常规观点的谬误

常规观点有什么问题？情报失误第一定律这种主流观点，历经了美国和其他地区的学者及情报人员半个多世纪的调查研究，似乎已经具备了相当的说服力。比如，1992 年情报界的一支工作组甚至认为："过去 50 年，所有重大情报预警失误"，都是因未能理解和分析已获的原始信息而导致的，而非因缺失必要的信息。[1] 但这种常规观点并不正确，因为大部分关于情报失误和突袭的重要研究都有两个严重的局限性。

第一个局限是，它是基于突袭成功和情报失误所进行的案例研究，这意味着我们对情报成功的原因知之甚少；第二个局限是，大多数当前的研究成果来自历史学家、其他学者以及情报专家对过往情报失误事后的分析。事后来看，被忽视的信号当然比当时清晰。事后偏见（hindsight bias）问题使我们今天很难去理解当时情报官员们的考量，或应当如何就过去接收到的信息和预警进行考量。

要检验这种情报失误的常规观点是否正确，我们需要能克服这些局

[1] 原注：Central Intelligence Agency, *DCI Task Force Report*, 2。

限。本书主要采用情报失误案例与情报成功案例相对比的方式，对案例进行深入分析，帮助我们理解每一个案例中哪些情报是当时已获得的，以及当时的决策者如何考量这些情报。然而，开展这项研究并不容易，因为可供研究的情报成功案例不多。所幸，对情报成功开展研究的必要性已经得到了认可。罗伯特・杰维斯（Robert Jervis）写道："情报界的人员和学者通过对比情报失误与情报成功，获益都颇丰，只不过出于种种原因，后者鲜有研究。" [1]

本书是少数几个考察情报成功主题的研究成果之一，书中所呈现的案例表明，事实上，情报成功案例与情报失误案例中获得的情报类型大不相同。情报能预防一场突袭，（无论是来自常规军事敌对势力还是恐怖组织，）是因为分析人员可以将很多其他方面看似不重要的信息拼接起来，进而看到全局，说服决策者危险即将来临。关键因素并不在于"想象力"如何，抑或是分析能力如何，而关键在于有没有搜集到非常精准的情报，能说服决策者下定决心采取必要的措施来预防袭击。

本书是首部在同一框架下，既研究常规军事突袭，又研究恐怖主义突袭的完整学术著作，[2] 它基于冷战时期关于突袭问题的文献，同时，本书也尝试对当时的资料进行更新，以更好地适应当今的威胁和挑战。

本书梗概

本书第一章综述了此前学者们如何解读情报界为何经常未能阻止突袭，并阐释了这些解读的不足之处。笔者随后提出了预防行动理论：情报要行之有效地预防突袭，就必须提供精准的战术预警（tactical warning），并且要让有权决定是否使用、如何使用这些预警的决策者高度接受。

---

[1] 原注：Jervis, "Response to James Lebovic's Review of *Why Intelligence Fails*," 1169。

[2] 原注：将突袭和恐怖主义联系起来的少数著作之一是：Morris, "Surprise and Terrorism"。

接下来是本书的核心部分，分析了常规突袭问题。第二章聚焦于“珍珠港事件”——这一“9·11 事件”前美国历史上最著名的情报失误事件。笔者对“珍珠港事件”的常规论点提出了质疑，认为事件的发生并非由于情报分析人员及军事指挥官，未能整合并关联已有的情报线索，而是由于缺乏精准的情报，以及决策者缺乏对情报的接受度。

对于美国在“中途岛战役”的成功，学界已有比较深入的相关研究。公认的观点是：美国出色的信号情报对日本舰队动向的精准研判，直接带来了这场胜利。然而令人不解的是，很少有人将“中途岛战役”中的情报运用与 6 个月前的“珍珠港事件”进行对比。因为在大部分人眼中看来，两起事件就像是“苹果和橘子”（apples and oranges），属于两种截然不同的情形：一起是战争爆发前的决策与行动，另一起则是战争进行中的未遂袭击。第三章阐释了两起事件事实上是具有可比性的，笔者认为“中途岛战役”与“珍珠港事件”的关键区别在于，前者具备了精准的可行性情报（actionable intelligence），并得到了决策者的认可。

第四章综述了“朝鲜战争”（Korean War）、1968 年“春节攻势”（Tet Offensive）以及 1973 年“第四次中东战争”[1] 等一系列常规突袭的典型案例，多角度印证了笔者预防行动理论的观点。这些案例中或多或少均出现了情报失误和突袭成功的情形。本章还浅析了其他几起情报至少在某些方面取得成功的案例，如美国对 1967 年“第三次中东战争”[2] 的情报预测（intelligence prediction）。

从第五章起为本书第二部分，这一部分主要着眼于恐怖袭击问题，探析了 1998 年“东非大使馆爆炸案”（East Africa embassy bombings）。这些爆炸案是本书观点的重要论据，因为袭击发生前，大量具体的战术情报已

[1] 编注：第四次中东战争（Yom Kippur War），又称为赎罪日战争、斋月战争、十月战争。

[2] 编注：第三次中东战争（Arab-Israeli Six-Day War），又称为六日战争（以色列）、六月战争（阿拉伯国家）。

经出现，然而袭击还是发生了。本章认为爆炸案发生并非由于缺乏情报，而是由于政府高级官员，尤其是身处华盛顿的高官们不接受这些预警。

第六章回顾了发生在纽约市的“恐怖日阴谋”（Day of Terror plot）。这场阴谋在1993年“世贸中心爆炸案”（World Trade Center bombing）后很快被挫败了。对美国而言，这起事件是美国历史上极为重要的被挫败的阴谋之一，然而今天人们却对它知之甚少。

第七章详细分析了“9·11事件”，利用官方文件和《9·11调查报告》发布以来可获得的其他信息，对袭击前官方的已获情报进行了迄今为止最为全面的学术分析。常规观点认为：美国已经掌握恐怖分子发动袭击的必要信息，只是未能进行正确的分析和关联线索。然而，本书对此提出了质疑。笔者认为并没有预警表明，恐怖分子将于何时何地发动何种袭击，更糟糕的是，政府高级官员并未对已获情报予以重视，这才是导致“9·11事件”发生的最令人信服的解释。

第八章对过去25年以来美国挫败的针对美国人及美国目标的未遂阴谋（failed plots）制作了数据图，来印证笔者的观点。对未遂阴谋的研究表明，想要挫败恐怖袭击，指望情报联想能力是行不通的，具体的战术情报才是保障，而这类战术情报往往通过内部秘密的情报搜集和监控才能获得。

结语部分，笔者探讨了本书对当今美国情报学和国家安全的重要意义。笔者认为，最近关于美国情报改革的争论已经走入歧途，因为这些争论还是集中在机构改革，致力于鼓励情报想象力和长期战略分析上。纵观美国预防突袭史，无论是常规对手，还是恐怖主义敌人，都强烈表明情报界应该将重心转移到发展精准的战术情报上来，同时要与政府高级官员畅通沟通机制，确保情报成熟并发出预警时，决策者能够采纳。

第一章
情报成败原因探析

对情报专家而言，**"情报失误"**是个令人难堪的话题。这并不奇怪，因为许多人认为情报出现失误，是因为情报官员或分析人员工作不力。但对于情报界和情报研究领域的很多学者看来，情况往往并非如此：情报失误有诸多原因，通常情况是，即便情报专家已经出色完成了工作，也难免会出现情报失误的状况。美国海军陆战队（US Marine Corps）前情报主管保罗·范·里珀（Paul Van Riper）中将认同情报界很多人的感受，他在"9·11 事件"后哀痛道："情报界的工作干得非常漂亮，但是人们却总拿行动成功和情报失误说事儿，这让我很受困扰。"[1]

但是，无论情报人员或情报机构是否经常蒙受不公正的指责，情报失误仍是被广泛研究、备受争议的话题。一位专家表示："情报失误研究，可能是情报学术研究中最为高深的领域。"[2] 已有大量的研究考察了情报失误的各个方面，比如未能提供足够的突袭预警。这类研究文献往往会得出让人沮丧的结论，如理查德·贝茨（Richard Betts）在一篇经典文章中所

[1] 原注：参见 Van Riper, "Reinventing War," 32。
[2] 原注：参见 Kuhns, "Intelligence Failures," 80。

言：情报失误不可避免。[1]

情报失误有多种表现形式，但在重大情报失误事件中，共同点均是：决策者感到**意外**（surprised）。对政界人士、高级军官和其他领导者而言，意外往往都是坏事，他们常常指望情报机构能够帮助他们规避意外。最重大的意外，也就是那些常说的黑天鹅事件（black swans），通常被军方和国家安全分析人员称为**战略意外**（strategic surprise）。研究战略意外的学者考察了情报部门的种种失误，比如他们未能预防或洞察出对国家安全构成威胁的各种苗头。如美国情报未能预见到伊朗国王垮台，未能在2003年美国主导入侵伊拉克之前，弄清伊拉克大规模杀伤性武器的性质等等。

尽管情报失误的话题引起了众多关注，然而在情报文献中，关于“情报失误”的准确定义却并未达成共识。前中央情报局高级官员马克·洛温塔尔（Mark Lowenthal）将定义重点放在情报机构上：“情报失误指的是情报流程（intelligence process）的搜集（collection）、评估（evaluation）、分析（analysis）、生产（production）和分发（dissemination）环节中，一个或多个环节出现问题，在事关国家利益的问题或事件上，未能提供及时、准确的情报。”[2]也有人认为是决策者和其他高级官员导致了失误，他们对获得的情报要么置若罔闻，要么使用失当。亚伯拉罕·舒尔斯基（Abram N. Shulsky）和加里·施密特（Gary J. Schmitt）着眼于收到情报的官员，他们写道：“情报失误本质上是对形势的误判，导致政府（或其军事力量）采取不当甚至是殃及自身利益的行动。”[3]情报失误更为准确的定义应将上述二者综合起来：情报失误既可能是指情报界对必要信息提供不力，也可能是指决策者对情报的决断不当。

本书重点讨论的是，迄今为止关于情报失误的主流研究方向：对军

[1] 原注：参见 Betts, “Analysis, War, and Decision”。另一篇关于情报失误文献的有用评论，参见 Copeland, “Intelligence Failure Theory”。

[2] 原注：参见 Lowenthal, “Burdensome Concept of Failure,” 51。

[3] 原注：参见 Shulsky and Schmitt, *Silent Warfare*, 63。

队、恐怖分子及其他敌人所发动的突袭未能侦察和预防。但是，本书的一个核心论点在于：相比于过度关注和担忧**情报失误**，我们应当更为关注**情报成功**（intelligence success）。当然，在理解情报成功之前，我们有必要更好地理解情报为什么失误。本章回顾了情报失误原因的常规解读，阐明了这种解读的不足之处，并引入了笔者对于情报和预防行动的观点。

情报为何失误？

引言中已提到，在绝大多数情报学学者和从业者的眼里，情报屡屡失误的原因是，信号和预警就摆在情报机构和分析人员面前，他们却总是未能理解这些信息。学者们将这一问题归咎于情报界对现有信息的“关联线索”能力不足，他们认为问题不是出在**搜集**（collecting）信息，即最初的收集（gathering）情报上；相反，是心理、组织或其他原因使情报官员未能意识到手中信息（线索）的重要性，即使他们经验丰富，干劲十足。

这种解释看似中肯，但仍不乏有其他解释。比如，在袭击或者其他灾难性事件中，之所以会出现情报失误，是因为压根就没有收集到足够的线索，遑论关联线索；又如，如果负责官员的能力欠佳，那么已获情报的数量也就无足轻重。诸如此类的解释是调查“珍珠港事件”的国会联合委员会（Joint Congressional Committee）得出的一个重要结论，委员会着手调查这一问题：“为什么明明已经获得了准确情报，几乎确信战争近在眼前，对日本在 12 月 7 日早晨所采取的攻击方式已有准确的应对计划，但‘珍珠港事件’最终还是发生了？”[1] 委员会的答案是，夏威夷军事指挥官的错误，以及美国军队的组织缺陷导致了这次灾难。[2]

[1] 原注：参见 US Congress, *Report of the Joint Committee on the Investigation of the Pearl Harbor Attack (Pearl Harbor Report)*, 253。

[2] 原注：参见 *Pearl Harbor Report*, 253。

1962 年，沃尔斯泰特女士在她关于“珍珠港事件”的著作中提出了不同的观点，这一观点现在不仅被认为是“珍珠港事件”的常规观点，更被视为对情报失误和突袭的一个宏观理论阐释。她认为，问题并不在于军事指挥官不称职，或情报人员未能尽责搜集来自日本威胁的情报。相反，问题出在对所搜集情报的分析上。[1] 日本针对夏威夷展开攻击的信号，被淹没在茫茫噪声之中，这些噪声铺天盖地、矛盾重重、令人困惑。

沃尔斯泰特关于情报失误的这一观点，至今广为学界认可，并且被用来解释大多数的情报失误及灾难性事件。这种观点认为，如果我们更加重视或更好地处理已获信息和预警，这些失误和灾难本可避免。这也是白宫对 2009 年圣诞节一架飞往底特律的航班遭遇爆炸事件的调查结论。参议员约瑟夫·利伯曼（Joseph Lieberman）和苏珊·柯林斯（Susan Collins）也表示，最近发生的陆军少校尼达尔·哈桑（Nidal Hasan）在得克萨斯州胡德堡杀死 13 人的事件也是本可避免的。国防部（Department of Defense）和联邦调查局（Federal Bureau of Investigation，FBI）也用了这样语言来评价：“……总体而言，（我们）掌握了足够的信息，发现了他有伊斯兰暴力极端主义的激进倾向，但却未能理解这些信息并据此采取行动。”[2] 据称，如果当初听取一些专家的警告，甚至 2011 年初发生在中东地区的大部分动荡和骚乱都是可以预见到的。[3]

这些就是看待情报失误案例的常规观点：尽管问题的线索已充分浮现，然而线索却未被关联，有价值的信号被淹没在噪声的洪流之中，情报失误发生。然而，这只解释了发生了**什么**，却没有解释**为什么**情报人员和决策者未能理解已获的情报。为了解释后者，两大主要流派应运而生：传统派和改革派。

---

[1] 原注：参见 Wohlstetter, *Pearl Harbor*, 382。

[2] 原注：参见 Lieberman and Collins, “We Could Have Stopped the Terror at Fort Hood”。

[3] 原注：参见 Diehl, “Obama Administration Ignored Clear Warnings on Egypt”。

传统派

罗伯塔·沃尔斯泰特在其关于“珍珠港事件”的著作中不仅建立了“信号－噪声”说这一常规观点的雏形，还为以后的学者及从业人员看待情报失误原因的主流观点奠定了基础。对于笔者称之为传统派（Traditional school）的观点，其最引人注意的一个方面，就是它的悲观色彩。罗伯塔对“珍珠港事件”的研究使她坚信，情报工作本质上具有很大难度，因此她认为，未来的情报工作也不太可能有多么出彩的表现。在这部创作于计算机时代之初的著作中，她认为，信息处理能力的发展会使突袭发生的概率**进一步**提高：“尽管搜集和分析情报数据的投入剧增，以及机器解码和破译技术也在进步，但自‘珍珠港事件’以来，突袭者明显变得处于更为有利的地位。”[1]

今天来看，这一悲观论断已不足为奇，确实，重大的情报失误和突袭事件几乎年年都有所递增。但是，沃尔斯泰特的观点却大大纠正了曾盛行一时的情报观点，指导了尚处建设中的美国情报体系。那个曾盛行的情报观点可以追溯到耶鲁大学教授谢尔曼·肯特（Sherman Kent），他长期担任中央情报局高级官员，被认为是情报分析的领导者。肯特认为情报是学术的一种形式，以顶尖的大脑加上严谨的社会科学方法来运用它，就可以产生良好的结果。[2] 不过肯特的乐观主义观点却与沃尔斯泰特的悲观主义分析相龃龉，后者认为：情报失误事实上可能无法避免。

冷战时期，在研究情报问题的相对小众的学者群体中，沃尔斯泰特的观点逐渐成为主流。1978 年，理查德·贝茨在其一篇被广泛引用的文章中，为沃尔斯泰特的观点提供了充分的理由，他在文章中说“情报失误不仅不可避免，而且是与生俱来的”。[3] 由于情报失误不可避免的天性，传

---

[1] 原注：参见 Wohlstetter, *Pearl Harbor*, 399。

[2] 原注：参见肯特的著作：*Strategic Intelligence for American World Policy*。

[3] 原注：参见 Betts, “Analysis, War, and Decision,” 88。传统派关于情报失误的其他分析，参见 Brady, “Intelligence Failures: PlusÇa Change”; Brody, “Limits of Warning”; Chan, “Intelligence of Stupidity”; and Stein, “‘Intelligence’ and ‘Stupidity’ Reconsidered”。

统派人士认为，绝大多数的情报失误，情报人员均无责。他写道，突袭发生前，随着局势日渐紧张，固然会有一些明显的预警，但这并不像“晴空闪电那样醒目”，他的这句话在传统派理论人士中流传甚广。[1] 同时，这些人还认为：哪怕事后来看，那些略微明显的信号也不足以被视为清晰且明确的预警，来说明即将发生什么事。因此情报分析人员会疏忽了别人事后看来清晰无比的信息，这也就不足为奇了。

传统派人士认为，如果要论谁该为情报失误负责，那应是决策者无疑了，他们总是未能采纳情报专家的建议。贝茨写道：“突袭发生的主要原因，不是情报失误，而是政界领导人不愿意相信情报，或是不愿意动用充足的资源去应对。”[2] 另一位著名的情报失误研究人员迈克尔·汉德尔（Michael Handel）持相同观点，他也认为情报失误的罪魁祸首是决策者。汉德尔认为情报工作分为获取（acquisition）、分析（analysis）和接受（acceptance）三个层面。据此，他认为，“历史经验表明，情报失误往往源于接受层面出现问题，而非获取或分析层面[3]”。

对于沃尔斯泰特和其他在冷战时期研究突袭问题的传统派人士而言，情报问题的关键在于对已获信息的错误分析，而非在于一开始的信息搜集环节。但是为什么情报分析屡屡错误？对于该问题，沃尔斯泰特没有做出更深层次的解答，不过后来的传统派人士认为：人类的心理和认知应该是这一问题的根源。比如贝茨，他在研究从“二战”到“朝鲜战争”再到“第四次中东战争”的突袭案例中发现：绝大多数案例中都有人发出了警报（ring the alarm），但却都无人理睬。他认为，决策者之间对于

---

[1] 原注：参见 Betts, *Surprise Attack*, 18。

[2] 原注：参见同上，4。

[3] 原注：参见 Handel, “Avoiding Political and Technological Surprise,” 98。另外，洛温塔尔认为在他研究的 90% 的案例中，决策者在失误中都扮演了很关键的角色。参见 Lowenthal, “Burdensome Concept of Failure”。约翰逊写道，决策者不情愿接受情报界的判断是情报的一个中心问题，他将这个现象称为“拒绝悖论”。参见 Johnson, “Analysis for a New Age,” 663。

否决预警信息达成了观念上的共识，否则错误的警报会削弱危机来临时真正警报的力度。[1] 汉德尔同样认为，绝大多数情报失误的原因背后，都是基于人类天生的心理局限："情报分析人员和决策者不愿让自己的思维去适应新的信息，从而导致了绝大多数情报失误事件。"[2] 小理查德·霍耶尔（Richards Heuer）在《情报分析心理学》（*Psychology of Intelligence Analysis*）中可能提供了最为全面的解读，他认为许多情报失误源于抗拒改变的思维定势（mental mindset）和假定（assumption），源于认知偏差，这种潜意识心理捷径和策略会导致错误的判断。[3]

这种对心理和认知因素的重视，有助于我们理解为什么这一流派人士认为情报失误基本上不可避免。如同人类天性和认知方式就是容易抗拒改变一样，情报上的心理局限也可能表现为抗拒改善。比如，贝茨指出："人的认知不是政府组织架构，无法通过立法改变。"[4] 1964 年，克劳斯·诺尔（Klaus Knorr）提出的观点引起了许多人的共鸣，他说："很明显，实际问题是提高'击球率'（batting average，比如从 0.275 提高到 0.301），而不是完全消除'突袭'。"[5] 20 年后，罗伯特·杰维斯提到："美国人指望我们的情报界预测世界政治中诸多，甚至是大多数的非常规政治事件，这是不现实的。"[6] 一些学者甚至认为，鉴于情报失误与突袭的问题如此棘手，深入的研究可能也没多少意义。比如，汉德尔在 1977 年就写

---

[1] 原注：参见 Betts, *Surprise Attack*。

[2] 原注：参见 Handel, "Avoiding Political and Technological Surprise," 103。另见 Michael I. Handel, "Strategic Surprise: The Politics of Intelligence and the Management of Uncertainty"。

[3] 原注：Heuer, *Psychology of Intelligence Analysis*。中译本：《情报分析心理学》，小理查德·霍耶尔著，张魁 等译，金城出版社，2015 年。

[4] 原注：参见 Betts, "Analysis, War, and Decision," 83。

[5] 原注：参见 Knorr, "Failures in National Intelligence Estimates," 460。罗伯特·杰维斯的说法略有不同，他提出，我们应该希望情报成功率更接近击球率，而不是防守率。Jervis, "What's Wrong with the Intelligence Process?" 28。

[6] 原注：参见 Jervis, "What's Wrong with the Intelligence Process?" 28。

道："对军事突袭的研究得不偿失。"[1]

在当今许多知名的情报与恐怖主义研究专家中，很多人仍持传统派的观点。他们遵循之前文献的逻辑，认为情报必然会失误。比如"9·11 事件"，他们认为恐怖袭击在很大程度上是不可预测的，并认为尽管情报工作有可能进一步改进，但最佳的策略还是假定恐怖袭击会成功，并准备好应对预案。[2] 这些专家认为美国情报界总体上看工作得力，即便在"9·11 事件"之前的数年或数月也是如此。例如，贝茨指出，2001 年以前，情报界成功阻止了多起袭击，并认为与"9·11 事件"造成情报不力的印象恰恰相反，美国情报及相关部门在保卫国家方面做得相当出色。[3]

传统派研究专家认为，美国情报界打击恐怖威胁的表现，在战略情报方面尤为出色，其重点关注高级决策者感兴趣的宏观、长期的问题。例如，就"9·11 事件"而言，传统派的拥护者普遍认为，袭击发生前，已经有足够的战略预警，提醒决策者警惕"基地"组织的威胁。然而，这些预警或未予采纳，或被其他情报与其他事务的紧迫性所淹没。按照这一观点可以断定，美国情报界在获取与恐怖阴谋相关的精准战术情报的能力不足。但是，传统派也认为，这类情报相当稀少，就算可以获得，情报机构也不该大费周章去收集这类战术情报，而应集中精力执行更宏观的战略情报任务。

改革派

在研究情报失误和突袭的学者及分析人员中，还有第二大流派——改革派（Reformist school）。比起传统派，这一流派对情报界更为挑剔，但对未来也更加乐观。他们倾向于认为：情报的根本问题应更多归因于组织

---

[1] 原注：参见 Handel, "Yom Kippur War and the Inevitability of Surprise," 461。另见，Marrin, "Preventing Intelligence Failures," 661。

[2] 原注：参见 Betts, "How to Think about Terrorism"; Hedley, "Learning from Intelligence Failures"; Pillar, *Terrorism and US Foreign Policy*; and Heuer, "Limits of Intelligence Analysis"。

[3] 原注：参见 Betts, "Fixing Intelligence," 44。

和官僚体制的局限性，而非分析能力或心理问题，很多人认为组织改革能够显著提升情报界的表现。改革派的人数虽然少于传统派，但在过去半个世纪研究美国情报界的权威专家小组和专家委员会的著作中，我们还是能够清晰感受到他们呼吁改革的愿望。[1]

改革派与传统派一致认为，在重大失误发生之前，相关机构通常已经得到情报预警。但是，传统派认为，预警被忽视是由于分析和认知的固有局限；而改革派则认为问题在于，政府官僚机构与情报界之间的情报缺乏共享与合作，比如"9·11调查委员会"（9/11 Commission）掷地有声的结论：美国情报界未能将政府各部门的已获情报和其他存在于诸多不共享的数据库中的情报关联起来。[2]

在改革派专家看来，情报界共享和处理信息不力这一根本问题出现在组织（organization）和结构（structure）层面。哈罗德·威伦斯基（Harold Wilensky）的《组织情报》（*Organizational Intelligence*）一书鲜明地代表了这一观点，书中考察了在国家安全和商业组织机构中情报与信息的运用问题。他认为："如果本书说明了什么问题的话，那就是情报失误因庞杂机构而生。"[3]

艾略特·科恩（Eliot Cohen）和约翰·古奇（John Gooch）从组织角度分析了军事与情报的失误，他们指出"'珍珠港事件'和其他案例表明，组织缺陷催生了这些灾难。"[4] 艾米·泽加特（Amy Zegart）对中央情报局进行了研究，发现其结构和组织力量的运作模式使之成为

[1] 原注：霍尼格（Honig）在最近的一篇文章中对改革派（他称之为修正主义学派）进行了详细的描述。但是，在阐述修正主义/改革主义观点时，他引用了几位我认为显然属于传统派作家的观点。参见 Jervis. Honig, "New Direction for Theory-Building"。另见 Honig, "Surprise Attacks"。

[2] 原注：参见 *9/11 Commission Report*, 408。

[3] 原注：参见 Wilensky, *Organizational Intelligence*, 179。

[4] 原注：参见 Cohen and Gooch, *Military Misfortunes*, 57。

"国家安全最薄弱的环节之一"。[1] 这些发现已被诸多情报改革委员会和研究印证，最早可以追溯到冷战早期。[2] 例如，泽加特审视了 1991 年至 2001 年间进行的关于情报界的 12 项重大研究，发现这些机构总共提出了 340 项改革建议。她写道："绝大多数建议都集中在一些关键的组织缺陷问题上。"[3]

那么导致"珍珠港事件"和其他突袭灾难的组织缺陷究竟是什么？改革派认为，问题不仅仅是情报机构和国家安全机构的组织不力，而在于更深层、更根本的问题，这些问题困扰着组织和官僚体制。包括哈斯特德（Hastedt）在内的作者认为，组织的特性导致了等级化（hierarchies）、专门化（specialization）和中心化（centralization），从而限制了信息共享，这成为一切情报失误的根源。[4] 泽加特等其他人则着眼于各个组织在采用新信息、处理新问题方面遇到的困难。

大多数改革派人士对技术变革给情报界带来的变化持谨慎乐观态度，如果技术得以很好应用的话，那还是可以改善美国的情报工作的。例如，威伦斯基在计算机和信息处理时代早期就曾撰文指出，当时正在开发的新信息技术可能会有助于改善情况。但他也指出："情报失误的根源属于结构性问题，无法彻底解决。"[5]

与传统派不同，改革派并不认同情报界不应为情报失误担责的观点。

[1] 原注：参见 Zegart, *Flawed by Design*, 185。另见 Hastedt, "Organizational Foundations of Intelligence Failures"。

[2] 原注：参见 Bansemer, "Intelligence Reform: A Question of Balance"; Best, "Proposals for Intelligence Reorganization, 1949–2004"; and Warner and McDonald, *US Intelligence Community Reform Studies since 1947*。

[3] 原注：参见 Zegart, "Empirical Analysis of Failed Intelligence Reforms," 35。

[4] 原注：参见 Hastedt, "Organizational Foundations of Intelligence Failures"。但是请注意，中心化在情报失误中的作用是一个颇具争议的问题，因为多年来，许多改革派人士认为，中心化控制会更好。

[5] 原注：参见 Wilensky, *Organizational Intelligence*, 42。

艾略特·科恩抨击了情报分析“无罪”论的传统观点。[1]“9·11 事件”发生五年后，艾米·泽加特的一篇题为“美国情报：仍然愚蠢”（American Intelligence: Still Stupid）的评论文章得到了许多改革派人士的认同。[2] 她认为，美国情报界至今仍然组织无序，缺乏统筹，重复犯错。与传统派认为情报界的战略情报工作得力的观点相反，她指出美国的战略情报也并不怎么样，并且越来越糟糕。[3]

挑战常规观点：反转派

此外，还有第三个流派的学者和情报专家，他们不认同以上两派的观点，我们称之为反转派（Contrarian school）。这个流派更为小众，他们认为“珍珠港事件”“9·11 事件”等这些灾难性的情报失误事件，既不是分析的问题，也不是组织的问题，而是情报**搜集**的问题。

传统派人士认为情报分析人员均为天资聪颖的专业人士，他们只是被自相矛盾的数据所攻陷，这是可以理解的。但反转派不认同这一观点。情报历史学家兼记者戴维·卡恩（David Kahn）在其著作中，直斥“珍珠港事件”为“美国情报的失误”。[4] 他不认可常规观点——美国情报界在事件发生前已经做了最充分的准备，不可能更好。他认为，情报界当时本应将精力更多、更精准地投入到搜集工作中，如果美国提前几年就将谍报人员安插到位，袭击并非不可预见。比如，对日本海军开展定期侦察任务，在靠近日本国土的地方部署信号侦听船只，或是建立海军观察员网络报告日本船只的动向。

阿里尔·莱维特（Ariel Levite）是常规观点的另一个挑战者，他反对传统派的“情报失误本质上不可避免”之说，也反对因无法改善分析

---

[1] 原注：参见 Cohen, "'No Fault' View of Intelligence," 72。

[2] 原注：参见 Zegart, "American Intelligence: Still Stupid"。

[3] 原注：泽加特阐述道："'9·11 事件'前，我们的战略情报一塌糊涂。" Zegart, KCET interview。

[4] 原注：参见 Kahn, "Intelligence Failure at Pearl Harbor," 147。

和认知因素，因此减少突袭的努力毫无意义的观点。[1] 他认为自沃尔斯泰特以来的关于情报失误的文献是错误的，后者认为尽管存在足够的情报预警，突袭还是不可避免。他指出：“以往很多战略意外的历史事件发生前，我们压根就没有获得令人信服、确凿无疑的预警。”[2] 不过他也认为，对突袭历史事件进行复盘，能够让人汲取经验和教训。在获得足够情报的情况下，有效、可靠的预警能被提供，这些预警可使受袭方采取适当的防御措施。

恐怖主义专家中同样有反转派的支持者，他们认为恐怖袭击之所以发生，是因为恐怖主义展现出一种全新的、与以往截然不同的威胁，美国情报界与国家安全机构并未准备好应对这种威胁。很多作者紧盯着中央情报局的错误，尤其是其未能搜集到充分的关于恐怖威胁的人力情报（human intelligence）。布莱恩·詹金斯（Brian Jenkins）在对“9·11 调查委员会”的证词中阐述了人力情报的重要性：“利用情报来预防恐怖袭击很是困难。没有移动的军队可供侦察，没有船只、飞机可供追踪，了解恐怖分子的动向很大程度上依赖于人力来源（human sources）——卧底和线人。渗透进小型的恐怖组织可能需要数月乃至数年的时间。”[3]

虽然这些分析人员聚焦于人力情报的局限性，但他们也认为“9·11 事件”的主要原因还是情报搜集失误。他们对两个主要流派的观点——“袭击发生前已经得到足够的指征（indicator），主要由于分析不力才未被真正理解”——持反对态度。相反，反转派认为：必要情报的搜集不足才导致了未能阻止恐怖阴谋。正如《经济学人》（*The Economist*）中的一篇文章所言：“有用的线索太少。”[4] 这一派的作者往往对美国情报界的改革

[1] 原注：参见 Levite, *Intelligence and Strategic Surprises*.。相似论点参见 Hybel, *Logic of Surprise*。

[2] 原注：参见 Levite, *Intelligence and Strategic Surprises*, 26。

[3] 原注：参见 Jenkins, “Prepared Statement for the 9/11 Commission”。

[4] 原注：参见“America Needs More Spies,” *The Economist*。加里·施密特提出了同样的观点：未能预测到“9·11 事件”很难算是，甚至都不是美国情报界分析的错

前景感到悲观，因为他们不相信中央情报局——这个主要负责人力情报的机构可以改变，或是愿意做出必需的改变。

各派欠缺之处分析

三个流派对情报失误的根本原因给出了迥异的评价，并对情报的发展前景开出了不同的处方。传统派肯定了情报专家，他们认为由于人类认知本质上的局限性，导致情报失误几乎不可避免，因而对预防突袭的前景感到悲观。相反，改革派对情报界就没那么客气了，他们认为情报界常犯不该犯的错误，甚至称得上无能。然而，他们的观点令公众欣慰，认为如果能解决产生情报失误的问题，美国情报界就更有可能在后续的工作中更好地关联线索，以预防未来的恐怖（或者甚至是常规）突袭。但是，反转派对情报失误原因的看法与前两派均有不同，但他们对最终能够改善情报失误不抱有太大希望。

本书对以上所有观点均提出了质疑，因为基于这些观点的大多数著作都有两大局限性。第一个局限是：关于突袭的大多数研究仅仅关注了情报失误，即突袭成功的案例（只有个别例外，如莱维特的研究）。这些研究没有考虑案例对照，即对照那些阻止突袭的情报成功案例。用社会科学术语来讲，这些研究都犯了“自变量选择”（selecting on the dependent variable）的错误，或者说根据结果选择案例进行研究。所以，尽管目前的研究有助于我们理解情报失误的部分原因，但却无法告诉我们如何让情报成功。

第二个局限从改革派最坚定的拥护者中可见一斑，他们的研究受制于事后偏见，即所谓的“事后诸葛亮”现象。这种偏见，在情报学者以及其

误。中央情报局没有线人打入“基地”组织高层内部报告其活动，只有一小部分窃听对话的技术搜集，几乎没有线索可以关联。Schmitt, “Truth to Power? Rethinking Intelligence Analysis,” 60。

他领域的社会学家中也屡见不鲜。[1] 然而，这对情报失误和突袭的研究尤为不利，因为事后偏见和第一个局限（只研究情报失误案例）一叠加，就极易让人发问："他们怎么连这些线索都看不出来？"那些淹没在无关数据中微弱的信号和预警，事后来看，或者那时站在全局角度来看，当然是无比清晰的。

一些学者和情报从业人员在评估情报表现时就曾尝试纠正这种事后偏见。例如，《9 · 11 调查报告》明确提到了这一问题，指出委员会意识到并考虑到了沃尔斯泰特的警告，"即事后从不相关的信号中筛选相关信号总是比**事前**更容易"。[2] 虽然委员会竭力证明这一点，但只要研究人员只关注情报失误，那《9 · 11 调查报告》等研究成果就不可能完全克服事后偏见。

由于这些局限性，我们从根本上误解了情报无法帮助我们预防突袭、失误以及其他灾难的原因。客观看待情报失误的唯一办法就是与情报成功进行对比研究。为此，我们需要研究未遂的袭击，或者换种说法——**情报成功**的案例。这一点在情报学研究领域尤为困难，因为情报成功的案例鲜有公布。尽管情报机构往往对其失误事件三缄其口，然而他们对成功的案例更是讳莫如深，因为公开情报成功的案例，就会暴露目前仍在使用的情报来源和工作方法等信息。此外，由于"预警悖论"（paradox of warning）的存在，成功预警的案例往往不为人知。玛丽 · 麦卡锡（Mary McCarthy）称，"大多数成功预警看上去像是假警报（false alarm）"，因为决策者及时收到了预警，并采取行动遏制了威胁。[3]

此前提到过，一些反转派学者研究过情报成功，比如，莱维特就对比

[1] 原注：关于此问题的经典讨论，参见 Fischhoff, "Hindsight Does Not Equal Foresight"。要讨论事后偏见对情报分析的危害，参见 Copeland, "Intelligence Failure Theory"; and Gladwell, "Connecting the Dots: The Paradoxes of Intelligence Reform"。

[2] 原注：参见 *9/11 Commission Report*, 339。

[3] 原注：参见 McCarthy, "National Warning System," 15。另见 Betts, "Surprise despite Warning," 557。

了“珍珠港事件”的情报失误和“中途岛战役”的情报成功。但是在讲述这两个案例的章节中会提到，他的研究未能得到多数突袭学者的认可，许多历史学家和情报专家将二者视为“苹果和橘子”，是属于截然不同的两种事物，不能拿来作对比。情报搜集对阻止情报失误有重要意义这一观点仍属小众，本书将带领读者重新探讨这一观点。

关于情报失误和突袭的文献的另一个问题是：大部分文献追溯到冷战时期，因此需要更新完善，以适应当今的时代，即突袭不仅可能源于常规军事敌人，更可能源于恐怖组织或网络敌对势力。本章接下来的部分将研究这一问题。

突袭：冷战遗留问题？

对突袭问题的研究兴起于20世纪80年代，随着理论研究的深入，学者们试图审视“珍珠港事件”“朝鲜战争”以及“第四次中东战争”中美国情报失误的问题。[1] 今天看来，突袭问题似乎有些过时了。无疑，过去敌军在拂晓发起攻击是一个令人担忧的问题。那为什么当今我们仍要关注突袭？事实上，许多国家安全和情报专家认为，突袭的隐患从未远去。这种隐患可以由和过去差不多形式的常规敌对军事力量所形成，尽管没人愿意一觉醒来就发现自己的海岸线上出现了敌人的军队，但伊朗、朝鲜等国家有发动这种突袭的可能性。[2] 这种突袭更有可能采用网络攻击的形式。前中央情报局局长、国防部长莱昂·帕内塔（Leon Panetta）曾警告说：

[1] 原注：有关战略意外文献的概述，参见 Byman, “Strategic Surprise and the September 11 Attacks”; Parker and Stern, “Bolt from the Blue or Avoidable Failure?”; and Honig, “A New Direction for Theory-Building in Intelligence Studies”。

[2] 原注：这是一些美国军官和战略家提出的论点，他们认为美军在追求平叛能力和战术方面可能走得太远，而忽略了常规战争的任务。参见 Macgregor, “Remember the Blitzkrieg before It’s Too Late”。关于五角大楼担忧来自伊朗的威胁，参见 Sanger and Shanker, “Gates Says US Lacks a Policy to Thwart Iran”。当今来自突袭的更普遍的威胁，参见 Wirtz, “Theory of Surprise”; and Arad, “Intelligence Management as Risk Management”。

"我反复强调过下一次'珍珠港事件'很可能来自网络攻击。"[1]

不少学者和分析人士指出,"珍珠港事件"和"9·11 事件"这两起针对美国发动的最震惊世界的袭击事件,具有高度的相似性。[2] 尽管敌人一个来自常规力量,一个来自恐怖组织,但以传统派学者为代表的情报专家,更强调问题的关联性,而不是差异性。他们认为,当今情报界面临的问题和他们前辈几无二致。贝茨说:"1999 年至 2006 年的情况,与 1992 年至 1999 年的情况相比,并没有什么根本性的差异。"[3]

不过,仍有一些人认为,当今的挑战已经不可同日而语,"珍珠港事件"等常规突袭的教训,对当今应对恐怖突袭的作用很是有限。一方面,敌人的性质不同:"珍珠港事件"来自国家之间的常规军事力量威胁,而当今恐怖主义袭击则主要由非国家实体发动。布鲁斯·伯克维茨表示,将"9·11 事件"与"珍珠港事件"进行类比是不对的。"因为'9·11 事件'中的**情报失误实际上是新问题,表明新型威胁出现了**。"[4]

将两者比较的另一个潜在问题是,面对不同类型的威胁,情报问题的性质也有所不同。前国家情报总监(director of national intelligence)迈克·麦康奈尔(Mike McConnell)曾指出,对于常规威胁,尽管对其**意图**不甚明了,但对其军事能力我们却了然于心。而对于恐怖主义,"情况恰恰相反":制造破坏的意图足够清楚,但对其攻击能力却不甚了了,这对情报部门提出了挑战。[5] 彼时的中央情报局局长迈克尔·海登(Michael

[1] 原注:参见 Daniel, "Panetta: Intelligence Community Needs to Predict Uprisings"。另见 Mulrine, "CIA Chief Leon Panetta: The Next Pearl Harbor Could be a Cyberattack"。

[2] 原注:对于"珍珠港事件"与"9·11 事件"的对比,参见 Wirtz, "De´ja Vu? Comparing Pearl Harbor and September 11"; Borch, "Comparing Pearl Harbor and '9/11'"; and Porch and Wirtz, "Surprise and Intelligence Failure"。*The 9/11 Commission Report* 同样也对比了灾难性事件(p. 339)。

[3] 原注:参见 Betts, "How to Think about Terrorism," 46。另见 Rovner and Long, "Perils of Shallow Theory"; and Pillar, "Adapting Intelligence to Changing Issues"。

[4] 原注:参见 Berkowitz, "Spying"。

[5] 原注:参见 McConnell, "Remarks"。

Hayden）也指出了冷战时期和当今的情报界所面临问题的另一个差异，冷战期间，敌人的军事力量，如军队和弹道导弹发射井，找到容易，消灭很难；今天不一样了，“形势发生了反转，我们正处在消灭敌人容易，找到敌人却很难的时代”。[1]

早在“9·11事件”之前，情报和反恐部门就将恐怖主义视为情报界面临的尤为艰巨的挑战。因为恐怖组织小而分散，他们不需要依赖于制造常规国家威胁的大型基础设施，因而情报界很难依靠传统工具与技术去洞悉恐怖分子的意图和能力。尽管如此，良好的情报在阻止恐怖袭击方面发挥的核心作用已成为共识。布鲁斯·霍夫曼（Bruce Hoffman）在1996年曾写道：“情报在预测袭击、先发制人和快速响应方面发挥着举足轻重的作用。”[2] 最近，前中央情报局局长海登称：“在后9·11时代，情报对我们国家安全的作用，比历史上任何时期都更为重要。”[3]

尽管情报在打击恐怖主义方面的重要性已经得到了广泛认可，但“9·11事件”发生10年后，从情报学角度审视那些袭击事件的有深度的实证研究依然少得可怜。泽加特的《监视盲点》（*Spying Blind*）是第一部关于“9·11事件”情报失误的长篇学术研究著作；马格纳斯·兰斯托普（Magnus Ranstorp）则指出，《9·11调查报告》尚未得到学者们的广泛引用和参考。[4] 从历史上看，这种滞后并不罕见，毕竟沃尔斯泰特就“珍珠

[1] 原注：参见 Hayden, “Prepared Remarks at the Council on Foreign Relations”。

[2] 原注：参见 Hoffman, “Intelligence and Terrorism,” 219。另一实例可参见“9·11事件”以前的文献中，美国国家恐怖主义委员会（National Commission on Terrorism）在2000年得出结论：“对防止、预防和应对攻击而言，情报比其他任何一项单一的政策都更为重要。” National Commission on Terrorism, *Countering the Changing Threat of International Terrorism*, 7。

[3] 原注：参见 Hayden, “Prepared Remarks at the Council on Foreign Relations”。

[4] 原注：参见 Zegart, *Spying Blind*; Ranstorp, “Introduction: Mapping Terrorism Research”。其他论述，参见 Posner, *Preventing Surprise Attacks*; Russell, *Sharpening Strategic Intelligence*; and Betts, *Enemies of Intelligence*。反恐情报文献，参见 Dahl, “Intelligence and Terrorism”。

港事件”的开创性研究成果，在事件发生 21 年后才得以出版。[1] 目前的滞后也确实表明，从学术角度来看，“9·11 事件”本身仍然没有得到充分的研究，广而言之，情报运用在反恐领域还有许多工作要做。

弄清我们今天面对的是否是一种全新挑战至关重要，有助于我们针对当今的威胁和挑战寻找解决方案。如果贝茨所言正确，情报与安全部门面对的挑战与过去极其相似，我们就应当以史为鉴，避免重蹈覆辙。可如果当今的恐怖袭击确实与过去截然不同，那我们就应该当摒弃教条，探索出应对新挑战的新思路、新方法。不过，这一问题并未得到有效解答，对情报工作而言，恐怖主义真的是新课题吗？还是旧瓶装新酒，本质上仍属于前几代情报人员所面临的问题？常规突袭的历史中，有没有经验教训可以帮助我们处理恐怖突袭的新问题？本书着力填补这一研究空白，笔者认为，许多历史经验教训对于我们当今仍具指导意义。

战略意外与避免黑天鹅事件

本书的研究对象较为有限，用乔治和贝内特的话说，**突袭**只是情报失误这一更宏观问题中的一种特定子类。[2] 尽管突袭可能是最具灾难性后果的情报失误类型，但它仍只是“**战略意外**”这一更广义类别的一部分。“战略意外”通常指那些最为严重的突袭类型，即达到了“战略”突袭，而非战术上或是转瞬即逝的突袭。[3] 另一些人则用战略意外来表示更宽泛的意外情况，比如政府、公司、军队，甚至个人未能预见到未来的问题和

---

[1] 原注：《珍珠港：预警与决策》推迟出版的部分原因在于涉密审查，尽管本书完全基于非涉密信息撰写而成。参见 Sullivan, “Roberta M. Wohlstetter: Military Intelligence Expert ”。

[2] 原注：参见 George and Bennett, *Case Studies*, 78。

[3] 原注：参见 Byman, “Strategic Surprise and the September 11 Attacks”。另见 Parker and Stern, “Bolt from the Blue or Avoidable Failure,” 303。另见 Copeland,” Intelligence Failure Theory”。

威胁。[1] 事实上，近年来对意外的研究已经成为某种作坊产业，一批批书籍、文章源源不断地问世，建议人们如何规避所谓的“黑天鹅事件”“未知因素”（wild cards）或“战略冲击”（strategic shock）。[2]

那些书和文章通常给出的建议，和我们之前讨论过的情报失误研究者的建议差不多。有些作者认为“9 · 11 事件”完全可以预见得到，因为事先已有足够的预警信息。皮特 · 舒瓦茨（Peter Schwartz）就写道：“那一天发生的恐怖袭击是历史上最可预测到的事件。”[3] 李 · 克拉克（Lee Clarke）说：“美国情报界在‘9 · 11 事件’之前就犯了严重错误。”[4] 还有些经济或商业领域的专家，强调领导力在预防此类袭击中的作用。马克斯 · 巴泽曼（Max Bazerman）和迈克尔 · 沃特金斯（Michael Watkins）列出了“9 · 11 事件”之前，情报相关部门获得的诸多预警信息，认为美国国家安全部门和政府领导人本应重视这些信息。他们认为此类失误是由于认知、组织或政治局限导致的**“可预测意外”**(predictable surprise)，本可以由有魄力、有眼光、行动果敢的领导人所避免。[5]

尽管有些学者认为意外可以避免，但大多数关于战略意外的文献都认为，与我们在情报失误的著作中看到的一样，意外是无法避免的。领导层遵循风险管理法则，开动脑筋、广开言路或能减轻这类意外事件的影响，然而，他们还是认为，总会有意外发生。这类文章多建议我们必须期待意

[1] 原注：参见 Bracken, Bremmer, and Gordon, *Managing Strategic Surprise*; Cronin, *Impenetrable Fog of War*; and Nolan and MacEachin, *Discourse, Dissent, and Strategic Surprise*。

[2] 原注：参见 Taleb, *Black Swan*; and Bracken, Bremmer, and Gordon, *Managing Strategic Surprise*。

[3] 原注：参见 Schwartz, *Inevitable Surprises*, 3。

[4] 原注：参见 Clarke, *Worst Cases*, 96。

[5] 原注：参见 Bazerman and Watkins, *Predictable Surprises*。另见 Bazerman and Watkins, “Airline Security, the Failure of 9/11, and Predictable Surprises”。关于可预见意外，另见 Irons, “Hurricane Katrina as a Predictable Surprise”; and Fukuyama, *Blindside*。

外（expect the unexpected）。[1] 然而，这样的建议对政府高官或是民众来说，有些空洞。尽管本书讨论的是突袭这一问题，但笔者希望自己的预防行动理论能为更广义的情报成功理论奠定基础，提升情报和安全部门的官员处理战略意外的能力。

情报成功之道

情报失误与突袭的研究文献有利于我们理解情报的**局限性**。实际上，不少专家也指出，有充足的理论和解释可以帮助我们理解情报经常失误的原因。托马斯·科普兰（Thomas Copeland）也曾说 ：“总体而言，情报失误是由诸多因素决定的。”[2] 因此，有学者认为继续研究情报失误问题已无多大意义。[3]

这种观点过于悲观，本书认为这些学者之所以走入了死胡同，是因为他们只选择研究一种案例类型，即袭击者成功而情报失误的案例。当然这也是由于可供学者研究的情报成功（如突袭被预见到或被阻止）的数据稀少。科普兰观察到有一些突袭失败的案例 ：“可想而知，情报成功的案例也是存在的，袭击者发现预定受害目标察觉了他的计划，从而放弃了袭击 ；但我们无法统计情报成功案例发生的频率。”[4] 其他学者也意识到了这一弱点。科恩和古奇曾说 ：“有趣的是，很少有研究情报失误的学者仔细地研究过成功的情报工作的本质。”[5] 他们发现，部分原因是如果情报足以预测到一场突袭行动，那袭击者很可能会取消行动，他们写道“对预计的突袭进行研究，通常是对大肆宣扬即将来临而结果未发生

---

[1] 原注：参见 Taleb, “Learning to Expect the Unexpected”。

[2] 原注：参见 Copeland, “Intelligence Failure Theory,” 3816。

[3] 原注：参见 Betts, “Analysis, War, and Decision,” 62。近期关于此观点的另一表述，另见 Jervis, “Reports, Politics, and Intelligence Failures,” 11。

[4] 原注：参见 Copeland, “Intelligence Failure Theory,” 3807。

[5] 原注：参见 Cohen and Gooch, *Military Misfortunes*, 41。

之事的研究”。[1]

尽管研究情报成功困难重重，但我们仍然可以得到可用的数据。例如，常规军事突袭案例中，“二战”中的“中途岛战役”就是一个被津津乐道的情报工作大放异彩的案例。近来的历史表明，尽管**恐怖**袭击现象还有待深入研究，但恐怖主义活动已多次被挫败。实际上，恐怖主义问题给研究人员提供了常规突袭所没有的新材料：一个包括大量未遂袭击的足够大的案例库。本书抓住了大好时机，研究了在预防常规突袭和恐怖袭击方面的情报成功案例，这样的研究为数不多。

然而，什么是我们所说的“情报成功”呢？正如情报学者和情报从业人员就情报失误的原因难以达成共识一样，如何衡量情报成功同样缺乏定论。[2] 比如，如果提供了预警，决策者却没有采取行动，这算成功还是失误？许多情报专家可能会乐观地称之为情报成功。但本书认为，对于情报成功而言，情报界预见威胁并发出预警并不够。本书的案例表明，如果决策者对接收到的预警充耳不闻，那情报就几乎毫无意义。

这一观点并不奇怪，因为情报界内公认，如果情报不是为某些决策者（总统、高级军官或其他客户）量身打造，那它就毫无价值。[3] 不过在定义某种情况是情报成功还是情报失误时，专业人士就是否把决策者的态度纳入情报质量评估这个问题，众说纷纭。许多人认为情报的目的仅仅是提供准确的信息，情报成败取决于他们的工作成果，不应

[1] 原注：参见同上。另一问题是，此类研究所需的信息可能是涉密的。斯蒂芬·马林（Stephen Marrin）评论说，“尽管对成功的研究可能很有前景，但在情报界之外也很难完成”。另见 Marrin, “Preventing Intelligence Failures by Learning from the Past,” 661。

[2] 原注：关于衡量情报成功有多困难的讨论，参见 Betts, *Enemies of Intelligence*, esp. 183–93。

[3] 原注：关于这一观点的说明，参见 Wilder, “An Educated Consumer Is Our Best Customer”，这是一篇获得国家情报总监办公室奖项的文章。国家情报总监（DNI）认为，情报仅在可以支持政策和决策制定时才有用，参见 Intelligence Community Directive (ICD) 208, *Write for Maximum Utility* (Jensen, “Intelligence Failures,” 276)。

考虑决策者对情报最终的运用情况。换言之，许多业内人士只重视自己那一部分问题，认为将建议和分析报告交给决策者后，他们的职责就结束了。[1]

我认为，这样的观点目光短浅。本书认为，情报专家和决策者都必须认识到，情报工作的目标是预防意外。也就是说，成功分为两步。首先，情报机构和官员必须正确评估形势，这是搜集和分析的结果，本书强调搜集大于分析；其次，情报官员必须将评估报告上报决策者，并且说服决策者意识到问题的严重性。笔者将这一步称之为接受阶段（receptivity phase），书中研究特别强调这一阶段的重要性。

可能有人认为笔者要求太高：如果领导不听从建议，反而要情报界背锅，似乎太不合理了；同时如果笔者将决策层失误定义为“情报”失误的话，会让决策者轻易逃脱罪责。[2] 本书认为，我们都需要提高站位，着眼大局，充分认识到如果发生突袭，无论情报专家是否“说对了”，事情都一样麻烦，后果都一样严重。

所以，情报成功的定义，与本章开头提到的其他人对情报失误的定义完全相反，它既需要情报界提供所需的情报和分析，还需要决策者妥善地运用该情报。该定义有助于我们理解为什么情报失误容易，情报成功却很难。任何一个阶段的失误都可能造成全盘失败，而成功却需要每一步都完美无缺。

这一分析看似可能令人沮丧，让人想起传统派的“情报失误不可避免”的观点。不过也有好消息，对“可行性情报”（actionable intelligence）的研究文献表明：情报成功是有可能的。

---

[1] 原注：参见 Jensen, “Intelligence Failures,” 274–75。

[2] 原注：感谢某位匿名评论者的评论引发了我对此问题的思考。

本书论点：情报和预防行动

说起当今情报领域的热门概念，“可行性情报”算是其中之一。军事指挥官和政界领导人对这种情报求知若渴，情报机构则声称自己手握这种情报。例如，2009 年“圣诞日炸机事件”（Chrismas Day airline bombing attempt）后，美国政府官员声称，联邦调查局在逮捕和审讯嫌犯后，“收集到了有用的可行性情报”。[1]

尽管可行性情报是个香饽饽，可它究竟是什么？如何得到它？这些问题仍众说纷纭。通常，情报专家认为可行性情报是对决策者有用的、他们期望得到的情报信息。这个表述固然很宽泛，但也包含了两个关键因素。第一个因素是**精准性**（precision），许多关于这一主题的讨论中均有一个共同点，那就是：为了使情报有用，它必须具体。[2] 当然，只是精准或是具体也未必有用，有时还会起反作用。例如“沙漠风暴行动”（Operation Desert Storm）中，诺曼·施瓦茨科夫将军（General Norman Schwarzkopf）收到报告称有座桥已经损坏了 52%。对将军来说，这种精准性没有多大意义，他只想知道这桥还能不能用。[3]

第二个因素是为了使情报具有可行性，它必须服务于决策者直接的、具体的需求。绝大部分专家都认为，只有政策和行动用得上的情报才是有价值的情报。一位中央情报局副局长曾认为，情报是“为行动服务的知识和分析”。[4] 英国情报专家琼斯（R. V. Jones）也持相似观点，他说“情报

---

[1] 原注：参见“Bombing Suspect Provided ‘Actionable Intelligence,’ White House Says”。

[2] 原注：凯文·德克森认为，为了使反恐主义情报变得可行，需要提供他所说的 3 个“T”来应对未来的袭击：类型、时间以及目标（type, timing, target）。参见 Derksen, “Commentary,” 255。

[3] 原注：这个故事的版本之一，参见 US House, *Intelligence Successes and Failures in Operations Desert Shield/Storm*, 22–23。

[4] 原注：参见 Robert Bowie and Haass, “Supporting US Foreign Policy in the Post–9/11 World”。

的终极目标是使行动得以最优化”。[1] 当然，情报领域的学者指出，要想使可行性情报服务于预防突袭的话，情报与决策者的关联尤为重要。詹姆斯·沃茨就称可行性情报是“决策者能即时、直接使用的信息”。[2]

为了让大家在这两个因素的基础上，更全面地理解是什么让情报具有可行性和效用，进而能够预防袭击，我们首先要更明确定义以及认识这两个因素。本书认为，精准性是指针对预计的袭击目标或袭击方案，情报提供了具体的预警。[3] 这类精准性的情报是“战术性”的，而非“战略性 ”的，我们需要理解情报专家和学者是如何使用这两个概念的。军事计划人员和情报官员通常将情报划分为战略、行动和战术三个层面。[4] 对潜在突袭的预警常发生在战略或战术层面，这两个术语通常是被这样定义的 :

· **战略情报**（strategic intelligence）指服务于高层决策者最重大的国家及国际问题的长期、宏观情报。

· **战术情报**（tactical intelligence）指服务于从事计划或是指导个别行动的普通官员的短期、具体情报。

一般来说，决策者主要追求**战略**情报预警，这也是大多数情报官员所乐意提供的。相反，不少专家轻视战术情报，认为它既无益于预防突袭，也无法应对最重要的战略威胁。[5] 梅尔文·古德曼（Melvin Goodman）称 :“分析人员对动态情报（current intelligence）与战术情报着力过多，

[1] 原注：参见 Jones, “Intelligence and Command,” 288。

[2] 原注：参见 Wirtz, “American Approach to Intelligence Studies,” 34。沃茨在其他地方写道，“可行性情报诞生”于时任中央情报局副局长的罗伯特·盖茨坚持要求中央情报局的分析人员提供满足官员特定要求的情报。另见 Wirtz, “Intelligence–Policy Nexus,” 142。

[3] 原注：参见 Jensen, “Intelligence Failures,” 271。

[4] 原注：关于在军事环境下，战略、行动以及战术情报不同之处的讨论，参见 Handel, “Intelligence and Military Operations,” 27。

[5] 原注：沃茨将这类精准情报描述为“特定事件预测”，他指出，情报失误被认为是不可避免的，因为这种预测很难获得。参见 Wirtz, “Epilogue,” 543。

对战略情报的全局需求却关注不够。”[1] 保罗·皮拉尔（Paul Pillar）认为：鉴于恐怖活动通常是一小撮人的秘密行动，“针对恐怖主义阴谋的优秀的、明确的情报总是难以获得”，因此情报界应将重心转移到战略情报，因为战略情报能够对威胁进行宏观的评估。[2]

然而，本书所探讨的是，美国情报与国家安全界面临着所谓的“**战略预警悖论**”（paradox of strategic warning）。[3] 本书所研究的案例表明，战略情报及预警在重大袭击发生前往往已经获得，而且得来极为容易。然而，决策者却很难据此展开部署，同时，战略情报总是过于笼统，无法用于指导预防袭击。战术情报更加难以获得，不过一旦获得，就能够体现出它的用处，并且可以据此开展行动。这很大程度上是因为，即便突袭会带来战略层面的重大后果，但它们本质上是战术事件，涉及相对较少的决策者，在相对有限的时间与空间内发生。

表 1.1 是突袭前可能获得的不同的预警类型，既可能为战术情报，亦可能为战略情报。正如这个图表所显示的，关键区别在于战术情报是针对特定威胁的具体、明确的情报。

第二个因素，对决策者而言，情报的效用是很难进行界定、衡量和分析的。比如，如果袭击被成功预防，则很容易指向特定的预警并意识到它起了作用。可是，我们能找出哪些因素或者条件来帮助我们衡量情报对决策者的效用，而不必只是等待结果如何？

---

[1] 原注：参见 Goodman, “America Is Safer since 9/11”。

[2] 原注：参见 Pillar, “Great Expectations: Intelligence as Savior,” 18。关于反恐战略分析的重要性，另见 Davis, “Strategic Warning”。

[3] 原注：我的概念与众所周知的“预警悖论”不同，后者（如上所述）认识到，如果对潜在袭击发出预警，那这些预警可能会激发当局采取对策，可能导致敌人取消袭击，最后给人留下预警是不必要的印象。

表 1.1 战略预警 VS 战术预警

	战略情报	**战术情报**
常规突袭案例	预警战争临近 敌对意图的宏观指征	敌军袭击的位置 截获袭击计划
恐怖袭击案例	恐怖组织的大致威胁 恐怖分子的**频繁**活动	阴谋的具体细节 确认人或物作为袭击目标

不幸的是，并没有单一的准则来确定领导者想得到什么情报，或确保他们能够听信接收到的预警。斯蒂芬・马林写道，“决策者对于情报分析报告的满意度，标准独特而又善变”。[1] 情报效用最重要的预测指标可能是决策者对他或她收到的预警的**接受**程度。决策者否注意到了情报？就算情报未获执行，决策者会考虑执行吗？决策者是否就情报提出了问题，或是表现出感兴趣？笔者认为只有获得决策者接受的情报才是最有价值的情报，**决策者接受度**（policymaker receptivity）对于可行性情报而言，只是次要因素。但是，接受度不仅仅是愿意听取情报，而是决策者不仅**相信威胁，而且信任情报**，愿意依据所呈报的情报开展行动。

在理解了这些定义和变量之后，本书提出了**预防行动理论**的雏形：只有提供精准的战术情报，并且决策者愿意高度接受预警，决定对其使用与否和使用方式，才能使情报具有可行性，且能行之有效地预防突袭。[2] 换句话说：如果情报界能够提供具体的战术情报，而且决策者相信威胁确实存在并且信任情报信息，那么突袭很可能得到制止。如果未满足以上两个

[1] 原注：参见 Marrin, “Evaluating the Quality of Intelligence Analysis,” 15。

[2] 原注：借用斯蒂芬・凡・埃维拉（Stephen Van Evera）的术语，这是一本“提出理论”的著作，而非用其来检验现有理论。参见 Van Evera, *Guide to Methods*, 89。

条件，那么要想阻止一场精心策划的重大突袭就无异于天方夜谭了。

关于情报－政策关系的文献也证明了这两个因素——精准的情报和接受情报的决策者的重要性。这些文献认为决策者更愿意基于事实，而非分析；基于确定性（certainty），而非含混性（ambiguity）来做出决策。然而，情报预警往往是分析并且是模棱两可的。[1] 分析的假设和理论越多，决策者越不愿意据此采取行动。尤其是情报产品如果明显充斥着情报分析人员的预测、看法，那么在决策者这里就很容易大打折扣。[2] 因此，如果没有关于目标及时机的具体数据的支持，也就无怪乎，政府官员不太可能对潜在突袭的战略预警主动有所作为。

情报－政策关系的相关文献还表明，情报官员与决策者的密切关系有助于提高评估与分析的质量，使情报更易于被决策者采纳。[3] 但大多数此类文章似乎没把决策者的接受度当回事，它们认为如果情报信息足够有效(大概在战略层面)，官员必然会据其采取恰当举措。然而，本书考察的案例表明，情况并总非如此。比如“中途岛战役”爆发前的几个月，即使大量的精准性情报已经存在，即使决策者对情报持支持态度，情报人员仍要费尽九牛二虎之力，才能说服决策者重视情报。这一领域的实证著作不多，本书是最早的对比研究之一，考察了“情报－政策关系”对情报成败的影响。

这种对政府高层决策者决策偏好的理解表明：以杰出的分析、大胆的假设、推陈出新的努力将不相干的情报线索关联起来，并不足以预防突

[1] 原注：参见 Hilsman, “Intelligence and Policy-Making in Foreign Affairs,” 10; and Kuhns, “Intelligence Failures,” 94–96。基思·加德纳（Keith Gardiner）指出，“政策制定者不喜欢模棱两可和复杂性，因为这些特性会阻碍决策制定”，而分析人员则倾向于将世界视为模棱两可和不确定的事物。参见 Gardiner, “Dealing with Intelligence-Policy Disconnects,” 345。

[2] 原注：参见 Davis, “Paul Wolfowitz on Intelligence-Policy Relations”。另见 Ford, Estimative Intelligence, 176. Jervis, “Politics and Psychology of Intelligence and Intelligence Reform,” 1。

[3] 原注：参见 Ernest R. May, *Strange Victory*。另见 Davis, “Improving CIA Analytic Performance”。

袭。如果分析不具体，如果决策者不信任情报人员的分析，那预警就很可能形同虚设。[1] 这一观点听上去像是废话——优秀的战术情报加优秀的领导怎么会**不**等于成功防范呢？但实际上，预防行动理论却推翻了这一点，与许多学者专家提出的情报假定不同，本书提供了决策者接受度的大量案例。比如，常被视为最重要的预警类型——高瞻远瞩的战略预警，却不太可能说服领导者听取。

观点论证

为了证明以上观点，本书分别考察了突袭的两种类型——常规突袭和恐怖袭击，每种类型用两种不同的方式进行分析。第一种方式，是运用过程追踪方法和结构化重点比较方法，对成功和失败的案例进行深度的对比研究。[2] 对于每一起案例，我们都将审视其所获得的信息主要是战略情报，还是战术情报，以及决策者是否愿意采纳这些接收到的预警。鉴于本书研究的案例样本相对较少，不足以涵盖所有潜在的研究对象，第二种方式对更多“小型”的突袭案例进行了更宏观的研究。

如果常规观点成立，即突袭前已有足够的情报预警，情报失误是因为对预警信息理解不力或未加留心，那么我们就应该发现成功与失误案例中的情报构图（intelligence picture）几乎没有不同。我们应该发现，与失误案例相较，情报预警的数量和清晰度在成功案例（突袭被挫败）中并没有更多。相反，在成功案例中，我们应该看到的，应当是拥有良好分析能力

[1] 原注：这可能可以解释为什么当时的国家安全顾问康多莉扎·赖斯（Condoleezza Rice）等决策者在 2001 年 7 月 10 日收到了中央情报总监乔治·特尼特认为紧急的预警，但仍不认为该信息足以采取行动。参见“Two Months before 9/11, an Urgent Warning to Rice”。

[2] 原注：关于结构化重点比较，参见 George and Bennett, *Case Studies*, 67–72。关于过程追踪方法，参见 George and Bennett, *Case Studies,* 205–32; and Van Evera, *Guide to Methods*, 64–67。

的情报官员和政府官员对已获预警的分析和理解。那么关键因素就不在于预警信息的类型或数量，而是在于预警如何被分析和处理。

另一方面，如果预防行动理论成立，那我们应该看到：成功案例中的情报预警更具体，决策者对相关预警的接受度更高。从而分析人员的能力、情报机构的组织问题就不再是最关键的因素，而是精准的情报和接受情报的决策者。

表 1.2 展示了这些因素之间的关系，以及预防行动理论在一个简单的表中预测的结果。第二象限（左上角）的案例兼具战略预警及决策者的低接受度，往往导致情报失误，突袭成功。第四象限（右下角）的案例兼具具体预警和决策者的高接受度，最有可能阻止袭击发生。结语部分将再次展示本表，笔者试图说明，本书研究的案例表明，精准的战术情报和决策者对情报的高接受度，是预防突袭的必要条件，缺一不可。

表 1.2　预防行动理论：变量间的预测关系

	决策者低接受度	决策者高接受度
战略预警	袭击很可能成功	
具体预警		袭击很可能失败

第一部分

常规突袭问题

第二章
珍珠港事件
挑战常规观点

本章研究了 2001 年“9·11 事件”发生之前，美国历史上最严重的情报失误事件：日本突袭珍珠港。本章对这个失误案例的常规观点提出了质疑，进而对事前已收集到足够情报，失败主要源于情报分析不当这一情报研究文献中最主流的观点提出了质疑。[1]

“珍珠港事件”在今天仍值得研究，不仅是因它具有极其重要的历史意义，还因为当前我们仍面临着此类情报失误的风险。比如，“9·11 事件”发生后，很多情报学专家与学者就认为这两起事件惊人地相似：尽管多年前就开始预警威胁已逐渐临近，但 2001 年和 1941 年，世界上最优秀的情报界都未能正确认识到危险，也未能阻止任何一起迫在眉睫的潜在突袭。

特别是自 1962 年罗伯塔·沃尔斯泰特的经典著作《珍珠港：预警与决策》（*Pearl Harbor: Warning and Decision*）出版后，“珍珠港事件”已成为典型案例，有助于形成情报失误如何发生的常规观点。[2] 通常而言，常

---

[1] 原注：本章较早的版本发表于 2011 年 9 月在西雅图召开的美国政治科学协会年度会议上。

[2] 原注：参见 Wohlstetter, *Pearl Harbor*。

规观点认为：当重要预警信号可得却迷失于海量噪声中时，情报失误就会发生。不过正如杰克·列维（Jack Levy）所说，当时并非所有人都认同这一观点："20 世纪 60 年代以前，人们普遍认为，**战略意外**的主要原因是信息不足。如果美国拥有足够的信息，本可以预测到（或是可能避免）日本突袭珍珠港，但沃尔斯泰特的个案研究大大降低了这一假说的可信度。她这样论证道：美国拥有充足的有关袭击迫在眉睫的信息，但是这种信息被淹没在喧嚣的国际环境中，被狭隘的官僚利益所阻断。"[1]

然而，本章认为，由沃尔斯泰特首创，关于情报在这起灾难中的作用的常规观点，是错误的。"珍珠港事件"并不是在充分预警的情况下发生的，而是因为缺乏预防行动所需的两个关键因素：精准的战术预警，以及接受这一预警的决策者。

本章安排如下：鉴于"珍珠港事件"家喻户晓，本章不再赘述其背景和袭击本身的细节，而是综述了为什么太平洋上敌军来袭的预警已经足够多，美国还是在 1941 年 12 月 7 日被打了个措手不及这一问题的常规观点。其次本章梳理了袭击发生前，美国决策者已获的情报信息类型，然后对袭击前收到的各种战略、战术指征及预警进行了细致的考察。随后本章先从战略层面，然后从战术和行动层面，探讨了美国决策者对这些情报的接受度。最后，本章考察了这一分析所提供的经验和教训。

情报为何失误？

"珍珠港事件"的问题出在哪里？灾难已过去半个多世纪，罗伯塔·沃尔斯泰特的重要学术成果也发表了近 50 年。但令人惊奇的是，实际上历史学家、情报专家以及其他人很少能就灾难背后的原因达成共识。就算是那些反对极端修正主义和阴谋论的主流学者，也没有完全形成统一

---

[1] 原注：参见 Levy, "Qualitative Methods and Cross-Method Dialogue in Political Science," 201。

认识。许多专家虽认同情报失误是罪魁祸首，但失误的根本问题究竟是出在组织层面、心理层面，还是分析层面，仍众说纷纭。也有人认为罪魁祸首并不在于情报界，而在于军事指挥官，因为他们未能就日本的袭击做好准备；或在于美国决策者，他们把国家推向了战争；甚至是日本人，他们的计划太令人意外、太具欺骗性了。

在之后的5年中，至少8个官方的理事会和委员会展开了“珍珠港事件”的调查，最终国会联合委员会（Joint Congressional Committee）于1946年形成了最全面的研究报告[1]。这份39卷的报告囊括了之前调查的文本内容[2]，确定了灾难源于“事件发生前，我们陆军和海军机构中存在监督、行政和组织缺陷”。[3]

这份报告的基本假定（underlying assumption）是：对日军即将到来的敌对行动，美国已有充分的情报和预警，但那些决策者，主要是美国在夏威夷的军事指挥官并未采取妥善行动。委员会严厉指出，两位夏威夷的高级军官，太平洋舰队总司令金梅尔上将（Admiral Husband E. Kimmel）以及太平洋陆军司令肖特中将（Lieutenant General Walter C. Short），应该对这起灾难负最主要的责任：“他们没能守住自己的阵地。”[4]然而，在报告的改革建议中，措辞却温和了许多，让读者不禁想到《9・11调查报告》中的建议：报告开头提出了组织改革，呼吁美国情报界强化中心统筹，但具体建议并没有什么新意，比如警告不要自满、拖延，鼓励更多地运用想象力等等。

---

[1] 原注：参见 US Congress, *Report of the Joint Committee on the Investigation of the Pearl Harbor Attack*, 253。这是“珍珠港事件”国会联合委员会的一卷最终报告，以下简称《珍珠港报告》。参见 US Congress, *Hearings before the Joint Committee on the Investigation of the Pearl Harbor Attack*(Washington, DC: US Government Printing Office, 1946)。

[2] 原注：参见 Wirtz, “Responding to Surprise”。

[3] 原注：参见 *Pearl Harbor Report*, 253。

[4] 原注：参见同上，238。

根据国会联合委员会关于加强情报界中心统筹的建议，作为实施《1947年国家安全法》(National Security Act of 1947) 部分内容的成果，中央情报局成立了。[1] 但是，直到1962年，罗伯塔·沃尔斯泰特出版著作后，才形成了一套公认的珍珠港情报失误的常规观点。她的研究主要基于国会联合委员会的报告，但她认为问题不在于军事指挥官不称职，也不在于缺乏情报。相反，她写道，如果真要说起来的话，美国的情报搜集工作**极其**优秀："此前我们从未搜集到敌人如此全面的情报构图[2]。"问题在于情报**分析**。

她认为，当时已有不少重要信号可以让美军警惕日本的威胁，夏威夷的军事指挥官已经知晓其中一些信号，比如陆军和海军指挥官从华盛顿发来了日军无线电呼叫信号（无线电呼号，radio call signs）的变化和战争预警[3]。华盛顿的高层领导人手上还有更多的信息任其支配，比如破译出的日本外交密电，但这类信息并不总是与夏威夷分享。而且华盛顿高层领导人掌握着美国对日政策规划的内部消息，沃尔斯泰特指出，这类信息本身就是信号构图的重要部分[4]。尽管这类信号无法具体预警日军突袭珍珠港，但她认为足以给官员敲响警钟，危险来临，使其采取预防袭击的措施。但是，这些信号的重要意义被淹没在更为大量的、相互矛盾的、令人费解的情报噪声中，比如有情报指出，日本意图在中国南海发动攻击。"总之，我们未能预料到'珍珠港事件'，不是因为缺乏相关的信息，而是因为无关的信息太多。"[5]

沃尔斯泰特的著作强化了我称之为传统派的关于情报失误的观点，成

[1] 原注：关于"珍珠港事件"对中央情报局的影响，参见 Leary, *Central Intelligence Agency*, 19。

[2] 原注：参见 Wohlstetter, *Pearl Harbor*, 382。

[3] 原注：参见同上, 48, 53。

[4] 原注：参见同上, 229。

[5] 原注：参见同上, 387。

为当时专家学者的主流解读。[1] 但并非所有人都接受她的这种观点。

关于“珍珠港事件”的大量相关文献都集中在追责上，主张有责的负责，无责的免责。修正主义者的观点最为惊人，很多人认为美国领导人事先得知迫在眉睫的袭击，但放任其发生以便美国有理由参战。但主流学者并不认可这一说法[2]。另一些人则提出了一个不那么耸人听闻的论点，他们认为美国对日本的威胁有足够的情报，但由于疏忽和无能，情报未能传达到夏威夷。包括埃德温·莱顿（Edwin Layton）和爱德华·比奇（Edward Beach）在内的一些作者，他们著作的部分目的是为了洗清金梅尔和肖特两位将军的污名[3]。这些人士的结论是：美国战前的领导人，尤其是罗斯福总统应当负责，他因为疏忽了情报，进而忽视了愈加严重的日本威胁[4]。

然而，针对沃尔斯泰特论点的大多数学术批评皆避免谴责具体的个人。科恩和古奇确实发现失误的部分主要原因在于，行动指挥官未能采取合理的防御措施，这些措施本可能会缓解袭击带来的影响。但是，“珍珠港事件”“是一次行动失误，不单是情报失误，或者说情报失误都不是主要原因”。[5] 他们没有把行动失误的责任归咎于任何个人，而是认为根本原因出在组织不力，尤其是夏威夷的陆、海军之间的协作不力。

欧文·贾尼斯（Irving Janis）认为，就算1941年12月7日之前获得

---

[1] 原注：参见 Friedman, *Special Research History (SRH)* 125, 63。

[2] 原注：参见 Stinnett, *Day of Deceit*。大多数历史学家和珍珠港学者都否认了这种说法。因此，马克·特拉希滕贝格（Marc Trachtenberg）将罗斯福知道日本计划并让袭击发生的指控称为“荒谬而毫无根据”。参见 Trachtenberg, *Craft of International History,* 123。这些作品倾向于依靠脆弱的证据或假设。参见 Zimmerman, “Pearl Harbor Revisionism”。捍卫改革派，参见 Villa and Wilford, “Signals Intelligence and Pearl Harbor”。

[3] 原注：参见 Layton, “*And I Was There,*” 217。另见 Beach, *Scapegoats*。

[4] 原注：论点参见 Kirkpatrick, *Captains without Eyes*。克里斯托弗·安德鲁略有不同的观点，认为失误的原因主要是罗斯福偏爱间谍和其他秘密来源的信息，而不是将信号情报作为情报的主要来源。参见 Andrew, *For the President's Eyes Only,* 3。

[5] 原注：参见 Cohen and Gooch, *Military Misfortunes,* 49。

的情报缺乏明确指向，也仍旧搞不懂，为什么军事指挥官连日军发动攻击的**可能性**都没考虑到。“毕竟军事领导人应时刻保持警惕，制定应急预案以应对小概率事件。”[1] 他认为“团体迷思”（groupthink）这个概念有助于解释，为什么当时珍珠港的海军指挥官们集体缺乏警惕心，即一小撮军官达成了一种坚定的、固有的共识。

尽管对失误原因的解读各不相同，但他们大多数人都认为是情报理解或情报的恰当运用方面出了问题。多数记录表明，“珍珠港事件”之前的情报**搜集**是相对成功的。但是，戴维·卡恩并不认同，他认为沃尔斯泰特是错的，失误并非分析不力，而是搜集不力，因为当时没有足够的数据支撑，任何人都无法得出日本将攻击珍珠港的结论，“美国大量的情报数据中，其实并没有足够的突袭指征。没有一条截获的信息、一则情报资料曾提到珍珠港或相关设施将遇袭”。[2] 阿里尔·莱维特也持相同观点，他认为，沃尔斯泰特以及根据其学说来研究“珍珠港事件”的人，都错误地认为美国已得到足够的袭击预警[3]。

其他几位学者在卡恩和莱维特的基础上提出，“珍珠港事件”失误的关键因素是日本太精明、太狡猾。亚历克斯·罗伯托·海贝尔（Alex Robero Hybel）认为：“美国未能阻止突袭，是因为日本成功地利用美国领导人对日本能力、行为方式和谨慎的政治行动方法的刻板印象，选择了出其不意的策略。”[4]

类似这些不同的观点并没有对常规观点造成太大冲击，不过莱维特的著作引来了其他研究突袭的学者大量的负面评论[5]。“珍珠港事件”最主流

---

[1] 原注：参见 Janis, *Groupthink,* 81–82。

[2] 原注：参见 Kahn, “United States Views,” 500–501。另见 “Intelligence Failure at Pearl Harbor”。

[3] 原注：参见 Levite, *Intelligence and Strategic Surprises*。

[4] 原注：参见 Hybel, *Logic of Surprise,* 95。另见 Jacobsen, “Pearl Harbor: Who Deceived Whom?”

[5] 原注：理查德·贝茨和詹姆斯·沃茨都批评了莱维特的方法论，特别是他对“珍

的解释仍然是沃尔斯泰特首创的观点：情报已有，却未能被理解或被采信。这是《清晨我们在沉睡》(*At Dawn We Slept*) 一书的作者戈登·普兰奇 (Gordon Prange) 得出的结论，这部著作是继沃尔斯泰特之后，对“珍珠港事件”最严谨、最客观的研究。戈登·普兰奇认为，1941 年，美国领导人从敏感的密码破译情报（即“魔术”，Magic）中，已经清楚地知道了日本的下一步行动：“毫无疑问，日本要开战，能接触到‘魔术’的人都知道这一点[1]。”但是，拥有这条情报并不意味着他们会相信它。他认为，失误的根本原因在于“完全不相信突袭的可能性”。[2]

初始情报源

在讨论“珍珠港事件”发生前美国情报机构和决策者所获得的具体情报之前，我们有必要先简单综述一下这些情报的来源。1941 年，有关日本威胁的主要的情报来源和类型都是什么？[3]

服务于军事指挥官的战术情报和行动情报，最重要来源是截获的日本通信，也就是通信情报 (communications intelligence , COMINT)，这类情报重点关注日军的位置和行动。它包括密码破译 (codebreaking)，更专业的说法是密码分析 (cryptanalysis)、密码学 (cryptology)。[4] 日本最机

珠港事件”（战前的进攻）和“中途岛战役”（战时的进攻）中情报运用的比较。参见 Betts, “Surprise, Scholasticism, and Strategy”; and Levite’s response, “*Intelligence and Strategic Surprises Revisited*”。另见 Wirtz, “Review of Ariel Levite”。贝茨在最近的著作中将莱维特的论点描述为“完全错误”，参见 Betts, *Enemies of Intelligence*, 27。

[1] 原注：参见 Prange, *At Dawn We Slept,* 372。“魔术”是美国破解密码的关键产品，我将在下一节中讨论它。

[2] 原注：参见同上 , 801。

[3] 原注：本节重点介绍有关日本海军威胁的情报。综述可用的日军海军情报，参见 Ford, “‘Best-Equipped Army in Asia’?”

[4] 原注：通信情报的重要性，参见 Layton, “*And I Was There*,” 55–56。关于密码破译在情报其他方面的优势，参见 Kahn, “Pearl Harbor and the Inadequacy of Cryptanalysis,” 35。另见 Kahn, *Codebreakers*, xiii–xvi。

密的密码主要用于日本的外交电文，美国人称之为“紫密”（Purple）。威廉·弗里德曼（William F. Friedman）领导的美军密码破译员，通过创建出一台模拟日本紫密机的加密设备，破译了这些密码，戴维·卡恩称之为“密码分析学上的历史性壮举”。[1]

“二战”爆发前，美国海军在太平洋地区的海军通信情报，由三大情报站进行处理。第一个情报站位于华盛顿，负责中心统筹工作，也实际处理部分工作，称为 OP-20-G 情报站，亦称 Negat 情报站；第二个情报站是太平洋舰队通信情报站，位于珍珠港，由海军中校约瑟夫·罗彻福特（Joseph Rochefort）指挥，称为 Hypo 情报站，后来更名为太平洋舰队无线电班（Fleet Radio Unit Pacific，简称 Frupac）；第三个情报站位于菲律宾科雷希多岛，主要为美国亚洲舰队（Asiatic Fleet）提供支持，称为 Cast 情报站。[2] 每个情报站都为不同的作战指挥官提供支持，并没有统一研究同一套日本密码系统，不过，不同情报站中，研究同一套密码的人员能够团结协作，共享研究成果。此外，美国的破译员还与位于新加坡的英国破译机构——远东联合局（Far East Combined Bureau，FECB）开展了合作。[3]

从“紫密”破译而来的情报，即“魔术”，是当时最为机密的信息。1941 年 1 月，根据陆军和海军情报负责人列出的名单，只有 10 个人有资

[1] 原注：参见 Kahn, *Codebreakers*, 18。

[2] 原注：参见 Benson, *History of US Communications Intelligence during World War II*, 6–7。除了这三个主要的密码分析中心外，还有许多从属的无线电侦听设施和测向仪台。1944 年，一项涉密研究报告说这样的电台有 40 多个。参见 National Security Agency, *Special Research History (SRH)* 152, 7。由于许多中心在不同时间更改了名称甚至位置，这一事实也使“二战”期间美国太平洋地区的无线电情报情况变得更加复杂。例如，科雷希多的 Cast 情报站早些时候就位于马尼拉湾（Manila Bay）甲米地（Cavite）海军基地。在日军占领菲律宾后，Cast 情报站撤离至墨尔本，称为墨尔本舰队广播电台（Fleet Radio Unit）或 FRUMEL，代号为 Belconnen。另见 Carlson, *Joe Rochefort's War*, 107–8。

[3] 原注：参见 Elphick, *Far Eastern File,* 183。

格阅读“魔术”，其中包括总统、国务卿、战争部长、海军部长、陆军参谋长和海军作战部长。[1] 夏威夷的陆、海军司令官都不在名单之列。尽管华盛顿将情报发给了他们，但没有指出情报源于密码破译，也没有说明它们是“高度可靠的情报来源。”[2]

然而，“魔术”截获的信息，只是东京的外交指令，几乎没有实际的军事和战略规划。为此，美国情报机构曾试图破译日本的军用密码，比起对外交电文“紫密”的破译，这部分工作收效甚微。夏威夷 Hypo 情报站主要攻克日本海军的“海军将官系统”(flag officers system)，卡恩称其为“日本舰队最复杂的密码系统，包含日本最机密的信息”[3]。从 1926 年到 1940 年底，这套密码向美国海军提供了日本舰队的大部分信息，但 1940 年 12 月上旬，日本升级了密码，破译工作又遇到了困难[4]。

日本海军的另一套重要密码系统，美国情报称之为“JN-25”。位于华盛顿的 OP-20-G 情报站、位于菲律宾的 Cast 情报站以及英国的远东联合局都在破译这套系统。这套密码于 1939 年投入使用，OP-20-G 情报站的分析人员于 1940 年年末取得初步进展。可是 1940 年 12 月 1 日，JN-25 再度升级，美方称之为“JN-25B”，从那开始直至“珍珠港事件”前，情报机构对此都一筹莫展[5]。

---

[1] 原注：参见 Kahn, *Codebreakers*, 24。

[2] 原注：参见同上, 24–25。一些“魔术”确实到了夏威夷，偶尔从其他情报部门如 Cast 情报站转发而来。参见 Layton, “*And I Was There*,” 237。

[3] 原注：参见 Kahn, Codebreakers, 7。

[4] 原注：实际上，美国从来没有能够破译海军将官系统密码，是日本人后来弃用了，可能是因为其速度慢，过于复杂。参见 Safford, National Security Agency Special Research History (SRH) 149, 15。Hypo 情报站的一位密码学家托马斯·戴尔后来表示，他们觉得海军将官系统可能比 JN-25 拥有更多的秘密通信，但他们并不走运：“大约一年的时间，我都难受得恨不得撞墙，却没多大进展。”参见 Dyer, *Oral History of Captain Thomas H. Dyer*, 197。

[5] 原注：参见 *Pearl Harbor Hearings*, vol. 36, 61–62; Parker, *Pearl Harbor Revisited*; Layton, “*And I Was There*,” 78; Gish, “*Cryptologic Analysis*”。关于“珍珠港事件”前多少 JN-25B 被破译的争论仍在继续，但是情报学者在研究了国家档案馆的解密文件中的证据后表

尽管在“珍珠港事件”之前，密码破译内容在情报报告中引起了高度关注，但美国海军的大部分日常通信情报工作实际上更关注另外两个方面：测向（direction-finding）和通信分析（traffic analysis）。**测向**是一种无线电发射器定位法，两个及以上的测向站接收同一无线电信号源的信号，用各测向站的示向度（线）进行交汇，标记出发射器的位置。由于船只的呼号通常是明文传输，或者也是可以轻易确定的，因此测向法是追踪日本船只位置很有效的方法。1941 年，美国海军在整个太平洋和东亚地区均部署了大量测向站，持续追踪日本军舰和商船。而**通信分析**则是通过分析信息的“外部”特征，比如发送者和接收者的呼号标志等，以确定通话人员，一名熟练的分析人员能够通过研究无线电传输信息，绘制出相当准确的海军部署图和军事作战图[1]。

关于日本舰队的其他情报，有的还来自亚洲沿海观察员、海军武官和商船船长收集的报告[2]。在夏威夷，联邦调查局和军事情报部门都在监视日本领事馆。战争一旦爆发，战俘和缴获的文件还可以提供更多的情报来源。此外，美国领导人还能通过新闻界的报道，了解日本政治和外交事务的情况。[3]但是，事后证明，这些来源统统无法预测到日

明，在 1941 年 12 月 7 日之前，JN-25B 消息很少被阅读和理解。参见 Parker, *Pearl Harbor Revisited;* Budiansky, “Closing the Book on Pearl Harbor”; Budiansky, “Too Late for Pearl Harbor”; Jacobsen, “Foreknowledge of Pearl Harbor? No!” 对于支持改革派的详细论点，即在攻击之前至少已读取一些 JN-25B 通信，参见 Wilford, “Decoding Pearl Harbor”。

[1] 原注：参见 Kahn, *Codebreakers,* 7–8。论通信分析在与日战争初期的重要性，参见 Whitlock, “Silent War against the Japanese Navy”。

[2] 原注：埃德温·莱顿上尉后来作证说，在袭击珍珠港之前的几个月中，最重要的情报来源是随员和观察员报告、通信分析以及华盛顿海军情报办公室的报告。参见 Layton testimony to the Hewitt inquiry, *Pearl Harbor Hearings*, 36, 112。关于美国海军武官在日本生成的情报，参见 Mahnken, *Uncovering Ways of War*, 31–40。

[3] 原注：海军情报局有一个专门负责监控国内外新闻报道的部门，驻日美军武官定期从当地报纸收集信息，参见 Mahnken, “Gazing at the Sun,” 426。但是卡恩指出，对美国领导人来说，日本的新闻报道没有德国的有用。Kahn, “United States Views,” 476–501。

本突袭珍珠港。[1]

战略情报与预警

研究“珍珠港事件”的历史学家和学者指出，在袭击发生前，已获得不少重要的情报和预警，他们认为当时的指挥官应当认识到预警的严重性，并采取更好的预防措施来防止日本的突袭。这些情报中，有许多属于战略预警，大多来自经华盛顿处理与分析的高层通信系统。本节将这些预警分为三种类型：一是军事计划和演习评估，其中有些评估相当精确；二是战略情报源提供的具体报告；三是核心情报机构和个人提供的总体评估。

军事计划和演习

早在 1936 年开始，美国在夏威夷对日作战的模拟战争和军事演习就已提上日程（即“橙色计划”，Orange）。多起模拟推演中，冲突都始于日本突袭珍珠港，当时高级军官撰写的三份文件，在今天看来，准确得可怕[2]。尽管这些报告都不是情报产品，而是对情势的情报评估，但在今天却被反复提及，被视为关键的却被忽视的事前预警。

第一份报告是布洛赫备忘录（Bloch memo），由海军第 14 军区（包括夏威夷地区）司令克劳德·布洛赫少将（Rear Admiral Claude Bloch）编写。1940 年 12 月 30 日，布洛赫的一份备忘录，通过太平洋舰队总司令詹姆斯·理查森上将（Admiral James Richardson，金梅尔上将的前任），呈报给了华盛顿的海军作战部长。报告的主题，就是舰队安全。在备忘录中，他写道“攻击珍珠港基地的飞机只可能从航空母舰（后简称航母）上

---

[1] 原注：太平洋战争中美国情报源的概述，参见 *Spector, Eagle against the Sun*, chap. 20; and Defalco, “Blind to the Sun”。

[2] 原注：参见 Prange, *At Dawn We Slept*, 253。Ridgway and Martin, *Soldier: The Memoirs of Matthew B. Ridgway*, 46–48。

起飞”[1]。这份备忘录得到了理查森上将的认可，并启发了在华盛顿的海军部作战计划处的负责人特纳少将，为海军部长诺克斯的签批起草一封信件。普兰奇称，这是“诺克斯最有历史意义的签批”。这封信于 1941 年 1 月被送到了夏威夷，金梅尔此时已经接任了太平洋舰队总司令，信中预警道：“如果美国最终与日本开战，战争的导火索无疑会来自于日本对太平洋舰队或珍珠港海军基地的突袭。”[2]

第二份报告是夏威夷陆军和海军航空指挥官对军队遇袭的研究规划，也就是《马丁 – 贝林格报告》(*Martin-Bellinger Report*)，这份日期为 1941 年 3 月 31 日的报告称，橙色（意为日本）的攻击力量可能在没有情报预警的情况下出现，而且“对瓦胡岛最有可能、最危险的攻击方式是空袭。目前，非常可能的是，日本一艘或多艘航母驶入距岛 300 英里的区域发动袭击”。[3]

第三份报告是由夏威夷陆军航空兵团（Hawaiian Army Air Corps）司令马丁少将签署的《夏威夷空域研究》(*Study of the Air Situation in Hawaii*)，普兰奇认为该研究主要是由希卡姆第五重轰炸机大队（Fifth Bombardment Group）指挥官威廉·法兴上校（Colonel William E. Farthing ）所作。普兰奇称之为《法兴报告》(*Farthing Report*)，他认为该报告提供了更为精准的预测。报告称“橙色（日本)，是最有可能的敌人”，可能倾囊出动 6 艘航母攻击瓦胡岛，清晨突袭是敌人的最佳方案。该报告警告美国不要自满：“有人称，夏威夷基地是世界上最坚固的本土外海军基地，因而能够长期抵御袭击和入侵。很多人对此深信不疑。然而，盲目自信的计划是站不住脚的，会给我们带来错误的安全观，从而

---

[1] 原注：参见 Prange, *At Dawn We Slept*, 41。

[2] 原注：参见同上 , 45。

[3] 原注：参见 “Joint Estimate Covering Joint Army and Navy Air Action in the Event of Sudden Hostile Action against Oahu or Fleet Units in the Hawaiian Area,” *Pearl Harbor Hearings*, vol. 24, 349。

对攻击行动毫无准备。”[1]

战略情报指征

日本呼号发生变化

1941 年 11 月 1 日至 12 月 1 日之间，日本改变了 20000 个无线电呼号，使美国情报专家更难以解读其信息流量。罗彻福特说此前从未出现过如此迅速两次更迭呼号，这使美国对日本舰队的识别更加困难[2]。该变化同时被视为敌方准备采取行动的指征；海军第 14 军区 12 月 1 日的每日情报简报称：“服务呼号（service call）只使用一个月的事实，表明日本正在进行一次大规模主动行动的准备工作[3]。”

航母失联

由于呼号发生变化、日本舰队保持无线电静默，以及日本海军其他部门发送欺骗性无线电通信，这些举措使得美国分析人员于 11 月中旬跟丢了日本航母，无法就航母的位置达成一致[4]。有人坚信航母还在日本附近，有人认为一艘航母位于马绍尔群岛附近[5]。海军第 14 军区 12 月 2 日的每日情报简报报告：“今日几乎未获得日本航母的信息[6]。”

---

[1] 原注：参见 *Pearl Harbor Hearings*, vol. 14, 1024, 1026, 1031。另见 Prange, *At Dawn We Slept*, 185。

[2] 原注：参见 Wohlstetter, *Pearl Harbor*, 40–41; Kahn, Codebreakers, 39; Prange, *At Dawn We Slept*, 439–441; *Pearl Harbor Hearings*, vol. 10, 4680。

[3] 原注：参见 National Security Agency, *Special Research History (SRH)* 147, 38。

[4] 原注：关于情报和“珍珠港事件”的持续争议之一，是日本舰队是否确实保持无线电静默直到 12 月 7 日。尽管修正主义者认为舰队可能有无线电通信（这意味着这些信息拦截被掩盖了），大多数研究人员得出的结论是，舰队保持静默。参见 Hanyok, “‘Catching the Fox Unaware.’”另见“Radio Silence and Radio Deception”。

[5] 原注：参见 Prange, *At Dawn We Slept*, 353; Layton, “*And I Was There*,” 184–85。

[6] 原注：参见 National Security Agency, *Special Research History (SRH)* 147, 40。

“风暗号”

1941 年 11 月，日本在向其驻华盛顿大使馆发送的电报中建立了一套密码，如果双方外交关系恶化时，将这套密码用于每日日语短波新闻广播。加密信号加在每日天气预报末尾，暗示日美关系紧张局面的特定词汇是“东风雨”（east wind rain）。美国破译员译出了建立这套密码的电报，11 月 28 日，华盛顿电令夏威夷 24 小时监听日本一切短波广播的加密信号（即“风暗号”）[1]。

不过，日本是否真的发送过所谓的“暗号”，一直以来都存有争议。华盛顿海军通信安全部门（Navy Department’s Communications Security Unit）负责人劳伦斯·F. 萨福德上尉（Captain Laurence F. Safford）后来作证，称他见过“风暗号”，但其他重要证人都不记得见过这个暗号。[2] 罗彻福特证实说，他的部门从未截获这一暗号，所以普兰奇认为这一暗号不太可能发送过。就算日本真的发过这个暗号，也不能表明日本将要袭击珍珠港。但沃尔斯泰特指出，日本建立这套加密信息系统，至少可以预警两国关系可能即将破裂，这是不争的事实。[3]

最后期限信息

1941 年 11 月，日本发给其驻华盛顿大使馆的 6 条信息，后来被认为是错失战争信号的另一组预警。通过“魔术”截获并破译的这些报告，提醒日本外交人员，与美国的谈判结果的最后期限是 11 月 25 日（后来延长到了 11 月 29 日）。日本方面暗示称：“最后期限之后，自然会有情况发生。”[4]

---

[1] 原注：参见 Wohlstetter, *Pearl Harbor*, 51–52, 214–19; Prange, *At Dawn We Slept*, 360–61; *Pearl Harbor Hearings*, vol. 12, 154–55。另见 Hanyok and Mowry, *West Wind Clear*。

[2] 原注：萨福德的证词参见 Pearl Harbor Hearings, vol. 8, 3579。

[3] 原注：参见 Wohlstetter, *Pearl Harbor*, 219. Layton, “And I Was There,” 517–23。另见 Prange, *Pearl Harbor: The Verdict of History,* 312–30; and Hanyok, “Pearl Harbor Warning That Never Was”。

[4] 原注：参见 Wohlstetter, *Pearl Harbor*, 190。

日本销毁密码

12 月 1 日、2 日，日本命令其在亚洲和华盛顿、伦敦的一些外交机构销毁大部分密码本和密码机。这一消息于 12 月 3 日送到了夏威夷。夏威夷的情报官员于 12 月 6 日也通过联邦调查局了解到过去两天时间里，日本驻夏威夷领事馆一直在烧毁文件。[1]

最后时刻的信号

突袭珍珠港前，日本政府向其驻华盛顿大使馆发送了四封最后时刻的电报，这被视为美国所疏忽的关键预警信号。第一封电报于 12 月 6 日发送，即“引导信息”（pilot message），提醒大使馆，东京方面将分 14 部分发送电报，答复美国最近一次的提议。该信息于 12 月 6 日一早为美国海军截获。当天清晨，第一部分电报开始进入西雅图附近班布里奇岛的海军拦截站，随后各部分电报基本依序入站，并被电传至华盛顿，一直持续到下午。第 14 部分电报于华盛顿时间 12 月 7 日凌晨 3 点才传到班布里奇。随后截获的是后来被称为“1 点钟信息”（one o'clock message）的电报，称日本大使将于华盛顿时间 12 月 7 日下午 1 点向美国政府递交答复。此条信息的截获时间是华盛顿时间凌晨 4 点 30 分，接着是最后一封电报，要求日本大使破译收文后立即销毁密码机和秘密文件。[2]

战略情报评估

华盛顿陆、海军高级情报官员接收到了所有信息，清楚知道太平洋地区将发生战事，但他们并不认为美国是袭击目标。他们认为，日本或要向南进军，比如打泰国；或者向北，打苏联。这样的评估有很多，比如，1941 年 11 月 2 日，陆军军事情报处（Military Intelligence Division，MID）称日本希望尽量避免与美国、英国和荷兰交战，并

[1] 原注：参见同上，49–50; Prange, *At Dawn We Slept*, 447–50。

[2] 原注：参见 Wohlstetter, *Pearl Harbor*, 221–26; Prange, *At Dawn We Slept*, 406。

称尽管日本可能采取军事行动，但“目前”不会攻击菲律宾等美国属地。[1]11 月 27 日，陆军军事情报处发布了一份更令人担忧的报告，称日本拥有“在东南地区采取进一步侵略性行动的成熟计划”，但仍无迹象表明攻击夏威夷。[2] 接着，12 月 5 日，陆军军事情报处发布了一份预测报告，尽管其错误地预测日本将首先占领泰国，但报告也称经济危机将把日本推向战争。[3]

海军情报机构的结论与陆军基本一致：战争在即，日本很可能向南进军，进攻泰国。12 月 1 日，海军情报局（Office of Naval Intelligence）的报告称：“海军军事力量向南部署，清晰地表明日本正在进行大规模敌对行动的准备工作。”[4] 当日，海军情报局远东处处长阿瑟·麦卡伦姆（Arthur McCollum）给海军情报局局长发了一份备忘录，称过去两个月，日本陆军、海军的活动及外交活动均表明，日本的“关键准备工作”的意图是控制或占领泰国，然后对英国控制的领地发动攻击，很可能是缅甸和新加坡。[5] 当天，强烈的预感促使他前往海军作战部长斯塔克上将的办公室，面见上将和其他人，并提醒他们，在他看来，战争或迫在眉睫，外交关系或即将破裂。他询问舰队是否收到预警，他甚至自己准备了一份预警电报，但最终未能发送出去。显然，他的上司觉得此前送出的预警已经足够。[6]

---

[1] 原注：参见 *Pearl Harbor Hearings*, vol. 14, 1363; Wohlstetter, *Pearl Harbor*, 293。

[2] 原注：参见 *Pearl Harbor Hearings*, vol. 14, 1368; Wohlstetter, *Pearl Harbor*, 297。

[3] 原注：参见 *Pearl Harbor Hearings*, vol. 14, 1377–82; Wohlstetter, *Pearl Harbor*, 297–98。

[4] 原注：参见 *Pearl Harbor Hearings*, vol. 15, 1783。

[5] 原注：参见 McCollum, *Oral History of Rear Admiral Arthur H. McCollum*, appendix。

[6] 原注：关于麦卡伦姆与斯塔克的会面，参见 *Pearl Harbor Hearings*, vol. 8, 3384; and Wohlstetter, *Pearl Harbor*, 331。

战术情报与预警

并非所有关于袭击珍珠港的情报和预警都是笼统的战略情报，也有部分情报是更为具体的战术预警，指向日本舰队可能对珍珠港实施敌对行动。本节首先综述了具体的战术情报指征，随后综述了夏威夷的情报官员据此做出的评估。

珍珠港面临威胁的具体指征

格鲁大使的特别报告

“珍珠港事件”中最吸引人的报道，莫过于美国驻日大使约瑟夫·格鲁（Joseph Grew）于 1941 年 1 月 27 日发回的一则电报。他报告说，秘鲁驻日大使听到了一则“不可思议”的传言：如果日美两国之间出现麻烦，日本人打算“动用所有的军事装备”突袭珍珠港。[1] 当时格鲁自己也没把这个报告当回事，后来研究这一问题的历史学家一致认为，这个传言在当时虽属先见之明，但并无证据支撑。这一传言的来源已无从考证。[2] 如果只是有人碰巧言中，那时间上也真太巧合了，当时海军大将山本五十六（Admiral Yamamoto）正在策划对珍珠港的原始袭击方案。[3] 贝茨称，这是一次听起来“‘完美’但却不合理的诡异预警”。[4]

---

[1] 原注：参见 *Pearl Harbor Hearings*, vol. 14, 1042。

[2] 原注：据报道，谣言的可能来源包括秘鲁大使馆的一名日本厨师，他当时正在读一本关于袭击珍珠港的小说，一名在宴会中喝醉的日本外交官以及秘鲁大使的日本翻译。

[3] 原注：普兰奇提供了有关此事的最完整讨论，但即使他的研究也无法确定其来源。参见 Prange, *At Dawn We Slept*, 31–35。

[4] 原注：参见 Betts, *Surprise Attack*, 45。

轰炸区域图信息

1941 年 9 月 14 日，日本外相（Foreign Ministry）发信要求其驻火奴鲁鲁的领事馆提供珍珠港舰船的详细报告。10 月 9 日，美国陆军情报部门破译了这一信息，抄送给了海军情报局，并加上了至关重要的标记。[1]11 月 15 日，另一条来自日本的信息，命令火奴鲁鲁的领事馆每周提供两次珍珠港舰船相关情况的报告，在报告中要把珍珠港水域分为 5 个区域，并提供港内战舰和航母的信息。[2] 华盛顿各情报机构没有将这一信息通知夏威夷的军事指挥官。“珍珠港事件”发生后，人们将这一信息称为“轰炸区域图”（bomb plot）信息，后来国会调查将其视为一项被疏忽的重要预警 [3]。

“沃德”号

12 月 7 日清晨 4 点 55 分，“沃德”号（USS *Ward*）驱逐舰正在珍珠港入口巡逻，同在此区域作业的扫雷艇来报，称发现了一艘潜艇。不过“沃德”号和扫雷艇均未能与其取得联系。6 点 45 分，“沃德”号报告称发现一艘潜艇的指挥塔（conning tower），并已向其开火。该信息逐级上报给了海军第 14 军区司令布洛赫少将，及其上级——太平洋舰队总司令金梅尔上将。不过这些高级官员无一意识到威胁已迫在眉睫，或因他们以为“沃德”号指挥官奥特布里奇上尉已经击沉了那艘潜艇，或因他们还在等着确认是否真的是一艘潜艇 [4]。

[1] 原注：参见 Wohlstetter, *Pearl Harbor*, 211–13; Prange, *At Dawn We Slept*, 249。

[2] 原注：消息文本，参见 *Pearl Harbor Hearings*, vol. 12, 261。

[3] 原注：莱顿写到，如果在夏威夷看到了这些信息，他们将会采取更多的防御措施。他称未能通知夏威夷的行为“往小说是盲目愚蠢，往大说是严重的疏忽”。参见 Layton, “*And I Was There*,” 160, 167。

[4] 原注：参见 Prange, *At Dawn We Slept*, 484–85, 495–98。另见 Borch, “Comparing Pearl Harbor and ‘9/11,’ ” 849。

奥帕纳雷达图

瓦胡岛多处安装有车载雷达，为岛上提供防空设备勤务（Aircraft Warning Service）。其中一处雷达位于瓦胡岛北端卡胡库角（Kahuku Point），也称奥帕纳（Opana）。12 月 7 日，雷达操作员于 4 点至 7 点进行人工值守，不过当天奥帕纳的操作员们决定加一会儿班，结果 7 点 02 分，他们在屏幕上看到了不同寻常的一幕：瓦胡岛以北 137 英里上空首次出现了一大波机群。他们立即呼叫位于沙夫特堡（Fort Shafter）的防空设备勤务信息中心，结果花了好几分钟才找到值班员克米特·泰勒中尉（Lieutenant Kermit Tyler），他是负责训练的陆军航空兵团军官，早上 4 点至 8 点值班。他认为这些飞机可能是当天早上按计划从美国本土返航的美军 B-17 轰炸机，于是让两位雷达操作员不用管了。但操作员们决定继续追踪，一直到 7 点 30 分。7 点 55 分左右，泰勒走出了办公室，看到的是“海军轰炸机在珍珠港上空进行实弹轰炸”。[1]

战术情报评估

夏威夷的海军高级情报官员确信，与日本之间很快就会爆发战争。不过，与华盛顿的情报官员一样，他们认为日本没有能力对珍珠港发动袭击。这种观点在金梅尔上将和他的舰队情报官埃德温·莱顿中校的一次交流中体现得淋漓尽致。12 月 1 日，金梅尔要求莱顿准备一份报告，列出日本联合舰队各分队的位置。莱顿后来说，这个任务太艰难，因为日本海军刚刚更换了呼号，尤其因为此前几天都没收到日本航母的无线电传输信号。多数情报分析人员认为，日本航母很可能位于其本国水域，但并没有报告更具体的信息，于是他在报告中写道：航母“未知——在日本水域？”

第二天，他把报告拿给金梅尔，后来他是这样描述金梅尔的反应的：

---

[1] 原注：参见 Wohlstetter, *Pearl Harbor*, 6–12 (quoting Tyler on 12); Prange, *At Dawn We Slept*, 499–501。

他认真通读了报告，然后说，“什么！你不知道航母在哪里？”

我说：“是的，我不知道，长官。”

他说：“你的意思是你这个太平洋舰队情报官不知道航母在哪里？”

我说：“是，长官，我不知道。”

他说：“照你这么说，就算日本人的舰队正绕着钻石头山（Diamond Head）开过来，你也不知道？”

我说：“是的，长官。但要是那样的话，我希望他们现在已经被发现了。”

他似乎微微一笑，说：“好吧，我知道了。”[1]

莱顿后来证实道，“我确实从未表示过日本航母正保持无线电静默逼近瓦胡岛。我多希望我当时说过。但我当时就没考虑过那种情况。”[2]

太平洋舰队通信情报站的负责人罗彻福特也没有得到什么好消息，所以他在 11 月份估计，跟丢了的日本舰队正朝南进军，而不是朝东边的夏威夷开来。[3] 夏威夷的陆军情报机构 G2 也认为袭击珍珠港是不现实的。不过，当年 10 月，G2 在《国际（日本）形势评估》[*Estimate of International (Japanese) Situation*] 中，至少提到了日本“突袭”的可能性。这份由 G2 助理主任乔治 · 比克内尔（George Bicknell）中校署名的报告称：“日本很可能近期在远东新的地区展开军事行动。”这份评估报告称，攻击最有可能针对苏联、法属中南半岛、泰国或英国属地，同时美国及其在太平洋地区的盟国受到攻击的可能性“不能完全排除”。该报告警告说：“不管出于何种理由，日本选择最有利的时机展开进攻，从对手身上赢得最大的战略、战术或经济优势的可能性仍然存在。”[4]

---

[1] 原注：参见 Layton, *Oral History of Rear Admiral Edwin T. Layton*, 88。另见“*And I Was There*,” 243–44。

[2] 原注：参见 *Pearl Harbor Hearings*, vol. 10, 4840。

[3] 原注：参见 Wohlstetter, *Pearl Harbor*, 43–44。

[4] 原注：参见 *Pearl Harbor Hearings,* vol. 10, 3196, 3198。这份文件日期为 1941 年

情报预警接受度

军方和政府决策者是如何考量这些情报指征和情报评估的？他们从与日本冲突迫在眉睫的预警中读出了什么？本节我们将首先考察华盛顿的军事指挥官如何考虑日本的威胁，他们掌握着一切可用的情报（包括“魔术”）；接着是富兰克林·德拉诺·罗斯福总统与其贴身顾问的观点；最后是身处夏威夷的军事指挥官的看法。

华盛顿军事指挥官的态度

显然，华盛顿的某些高级军官考虑并设想了日本突袭珍珠港的可能性。1941 年 1 月，海军部长诺克斯已就突袭的可能性提醒了金梅尔上将。没过多久，1941 年 2 月 7 日，肖特将军刚一接任夏威夷陆军司令，陆军参谋长（army chief of staff）乔治·马歇尔（George Marshall）将军就去信警告他，“蓄意破坏的威胁，空中、水下突袭的威胁，对当前局势构成了真正的风险”[1]。

然而，即使诺克斯和马歇尔警告了珍珠港遭受突袭的可能性，其他的军事领导人却并不相信威胁。1941 年 2 月 1 日，海军作战部长哈罗德·斯塔克上将（Admiral Harold Stark）给太平洋舰队总司令发了一份标题为《据传日本拟攻珍珠港》(*Rumored Japanese Attack on Pearl Harbor*) 的备忘录，其中传达了格鲁大使从东京发来的报告，并写道“海军情报部门认为传言没有依据，在可预见的未来，针对珍珠港的行动似乎都不是迫在眉睫或者有所计划的”[2]。

1941 年秋，对突袭可能性的担忧似乎完全消失。尽管陆、海军高

---

10 月 17 日。

[1] 原注：参见 Cohen and Gooch, *Military Misfortunes*, 52, 引用自 *Papers of George Catlett Marshall*, vol. II, 413。

[2] 原注：参见 *Pearl Harbor Hearings*, vol. 14, 1044。

层认识到即将与日本开战，但他们更多是考虑军队尚需要更多的时间备战。[1] 但是他们并没有预料到日本会首先袭击夏威夷或远西的美国领地。陆军参谋长马歇尔将军及海军作战部长斯塔克上将于 1941 年 11 月 27 日，向总统提交了一份备忘录称，据评估日本很可能对缅甸或泰国采取行动，但是这种行动会在攻打菲律宾时被美国驻当地的军事力量所遏制，也会在攻打苏联时被苏联的军事力量所遏制。他们没有提到夏威夷的风险。[2]

在这种预见到太平洋战争，却忽略珍珠港威胁的大背景下，海军和陆军于 11 月 24 日、27 日和 28 日分别发出了一系列预警电报。中间一份电报由海军所发，以著名的措辞“本报将被视为战争预警”开头[3]。电报中警告了日本可能“从任何方向突然发起主动进攻”（11 月 24 日）；可能对“菲律宾、泰国、克拉半岛或可能是婆罗洲”开展两栖作战（amphibious expedition，11 月 27 日）；以及“日本下一步行动不明，但可能随时开战”（11 月 28 日）。[4] 尽管措辞具有预见性，但这些信息其实相当模糊，而且并未表明日本可能攻击珍珠港。

外交及政治层面的接受度

阴谋论者指责总统事前知晓日本袭击计划，只是故意挑起这场灾难，为美国参战寻找借口，这种论调基本站不住脚。例如，阿尔文·库克斯（Alvin Coox）就曾有力地回击了这种针对罗斯福总统及其高级顾问的观点。[5] 不过事发前数月，总统及其核心顾问团队究竟掌握了哪些情况，又

[1] 原注：在 11 月 5 日给总统的备忘录中，马歇尔和斯塔克称美国舰队还没有准备好对日战争。参见 *Pearl Harbor Hearings*, vol. 14, 1061。另见 Wohlstetter, Pearl Harbor, 246–47。

[2] 原注：参见 *Pearl Harbor Hearings*, vol. 14, 1083。

[3] 原注：参见 Wohlstetter, *Pearl Harbor*, 45。

[4] 原注：参见同上，44–46。

[5] 原注：参见 Coox, “Repulsing the Pearl Harbor Revisionists,” 119–25。

究竟是如何考量这些信息的？

就算对其核心幕僚，罗斯福总统也从未明确表露其内心深处最真实的想法和意图，但现有证据表明，总统及其核心圈子（inner circle）虽察觉到有可能将与日本开战，但他们认为对珍珠港展开攻击并不现实。尤其是格鲁大使的报告被低估，看似并未能引起总统的关注。驻东京的外交官（Foreign Service officer）约翰·K. 埃默森（John K. Emmerson）后来确认，袭击夏威夷的可能性根本不在考虑范围内。他说，当时我们认为日本很可能向东南亚进军："在我们心里，对美国领土发动直接攻击简直就是疯狂之举，不可思议。"[1] 罗斯福总统的政策应该尝试限制或遏制日本扩张，他认识到战争风险，但希望往后拖延战争，直至美国做好准备。沃尔多·海因里希（Waldo Heinrichs）也如是说，总统尤其意在切断日本的石油供应线，从而限制其战争能力，同时在该地区强化美国自身的军事能力。但他不想动作过大推动日本宣战，"他想的是切断对日本的石油供应，而不是正式中止贸易，让日本人有个清醒的认识，而非受到突然的刺激"[2]。

总统在公开对抗和明显缓和之间的折中政策，也许能够解释美国对日石油禁运（oil embargo）这种两难的举措。1941 年 7 月，日军开进了中南半岛南部，这一举动对罗斯福有所触动，也可能更重要的是基于"魔术"拦截到的日军侵略计划，使罗斯福及其幕僚认为有必要采取进一步行动遏制日本。罗斯福发布行政令，冻结日本一切在美资金与资产。在这样的禁令之下，只有极少部分石油和天然气能够出口日本，而且还需要出口许可证。随后，罗斯福离开华盛顿，与丘吉尔进行了秘密会晤，这次会晤被称作"阿真舍会议"（Argentia Conference）。总统暂离期间，政府官员否决了所有石油和天然气的出口许可证申请，实际上等于实施了全面禁运（total ban）。罗斯福回来以后，批准了（至少是不否决）这一决定，于是

---

[1] 原注：参见 Emmerson, "*Principles versus Realities*," 40。

[2] 原注：参见 Heinrichs, *Threshold of War*, 154。

禁运生效。尽管有学者争论这一结果究竟是罗斯福设计好的，还是某些头脑过热的下属官员的杰作，对日本而言都一样，其结果就是让日本下定决心与美国背水一战。[1]

显然，罗斯福及其顾问们也从“魔术”及其他情报来源获得了种种线索，得出的结论和军方一样，唯一的问题就成为：日本将首先对哪个方向展开攻击，北还是南？1941 年夏天，来自中南半岛南部的报告称，南部很可能面临攻击。10 月，来自中国军方消息显示，日本即将对苏联展开攻击，10 月 15 日，罗斯福在给丘吉尔的信中称，他认为日本人正在“北进”[2]。

到了 11 月，这一共识又一次发生变化，日军军力在中南半岛附近增加的相关报告增多，使大多数决策者认为，日军其实是要向南进军。11 月 26 日，罗斯福总统和国务卿科德尔·赫尔（Cordell Hull）确认，与日本之间的权宜之计（modus vivendi）已经失败。当时赫尔向日本提出一套详尽的计划，要求所有日军撤出中南半岛，日本显然不可能接受。次日，赫尔给战争部长亨利·史汀生（Henry Stimson）去信说：“这事我管不了，接下来靠你和诺克斯，靠你们陆军和海军了[3]。”

---

[1] 原注：罗纳德·史派克特（Ronald Spector）称，罗斯福未能明确表明其意图，美国官员则认为拒绝执照申请就是他的意图。当罗斯福知道发生了什么时，已经为时已晚。参见 Spector, *Eagle against the Sun*, 68。斯科特·萨根（Scott Sagan）发现，由跨部门外国资金委员会的部门负责人阿奇森，做出此类许可决定的可能性更大，而罗斯福后来决定不推翻该政策，原因或他只是不想看起来退缩，或他不相信日本实际上会与美国交战。参见 Sagan, “From Deterrence to Coercion to War,” 69–70。相反，沃尔多·海因里希则认为证据表明，罗斯福向代理国务卿萨姆纳·韦尔斯（Sumner Welles）表示，他希望停止货运，直到他与丘吉尔讨论了这个问题，然后韦尔斯将这些指令传达给了阿奇森 。Heinrichs, “Russian Factor in Japanese–American Relations, 1941,” 163–77。

[2] 原注：参见 Heinrichs, *Threshold of War*, 191。

[3] 原注：参见 Spector, *Eagle against the Sun*, 85。

夏威夷作战指挥官的观点

尽管美军军事演习和操练的重点一直针对日军的突袭，但金梅尔和肖特都没有把日军攻击夏威夷的威胁当回事。金梅尔将精力放在一旦战争打响，美国舰队的主动进攻上；肖特则关注于防止敌军的破坏活动上。如前所述，金梅尔与莱顿在关于“失联”日本航母的交流中，至少意识到了日军进攻的些许可能。但他的态度看上去和他的参谋官查尔斯·麦克默里斯（Charles McMorris）上尉一样。11 月 27 日，金梅尔问麦克默里斯，“你如何看待日本人空袭的可能性？”麦克默里斯回答，“0，绝对为 0。”[1]

绝大多数高级官员和作战军官似乎都对此深信不疑，因此如果谁表达了更严重的担忧，他们统统表现得不屑一顾。莱顿描述的一件事也验证了这一观点。11 月 29 日，星期六，珍珠港遇袭前一周，莱顿在军官餐厅吃午饭时迟到了，有人问他对当前形势的看法，他说他觉得自己第二天，也就是星期天就得回办公室上班了，意思是他觉得一场危机马上来临。结果第二天太平无事。周一，对莱顿的嘲笑和起哄劈头盖脸而来，“你说的危机呢，哪儿去了，莱顿？这可真是莱顿和他的星期天危机啊！”[2] 金梅尔和他的高级顾问信心满满，根本不相信突袭的可能性，用沃尔斯泰特的话来说，“让他们认识什么是‘敌对行动’的唯一的信号只有亲眼见到炸弹”[3]。

“珍珠港事件”解读

事件发生前的问题并不是缺乏想象力，如上所述，许多美国军事领导人，包括海军部长、陆军参谋长等，确实考虑到了日军突袭夏威夷的可

[1] 原注：参见 Prange, *At Dawn We Slept*, 401。

[2] 原注：参见 Layton, *Oral History of Rear Admiral Edwin T. Layton*, 74。另见 Prange, *At Dawn We Slept*, 471。

[3] 原注：参见 Wohlstetter, *Pearl Harbor*, 68。

能，并向下属发出了预警；也不是关于日本威胁的长期战略情报失误。华盛顿的高层领导（他们能接触到所有的情报，包括“魔术”）和夏威夷的领导人（他们只获知部分情报）都知道两国战争临近的事实。

1941 年 12 月 7 日前真正缺乏的，是具体的战术情报，缺乏证明日本海军正在策划针对夏威夷发动突袭的战术情报。尽管许多规划者和战略家脑海中确实想过日本人的突袭行动，但却没有确切的证据来支撑这一想法或者可能性。负责评估威胁的情报官员认为，日本人不可能发动如此长距离的攻击。不过也有例外，比如海军情报局局长威尔金森上尉事后的证词。[1] 当专家提出质疑意见时，那些负责保护夏威夷舰队、在华盛顿制定国家政策的人，就把关注点转移到别处去了。

莱顿和弗雷德里克·帕克（Frederick Parker）等人认为，如果华盛顿给予更多支持，他们是可以提供明确的突袭珍珠港的情报指征的[2]。特别是莱顿和帕克写道，如果夏威夷的破译员能够获准破译日本海军行动密码 JN-25，兴许他们能够准确破译并预见到这次袭击[3]。尽管这一说法已永远无法得到证实，但还是有相关迹象可以从旁佐证：袭击发生前的几个月里，美国情报部门的确截获了几千份 JN-25 加密信息，但无力解读。这些信息直到 1945 年至 1946 年才最终被破译，后来才被解密，对学者们公布。其中 188 条信息指向“12 月 7 日”这一日期，虽然信息均未点明珍珠港，但这些信息提到浅水鱼雷和空袭训练，这本应该足以引起夏威夷的警觉。[4]

[1] 原注：参见 *Pearl Harbor Hearings,* vol. 4, 1754。

[2] 原注：弗雷德里克·帕克写道：“如果日本海军的信息具有更高的优先级并被分配了更多的分析资源，美国海军能否通过日本的无线电通信预测日本对珍珠港的袭击？大多数人断然说是！”参见 Parker, “Unsolved Messages of Pearl Harbor,” 312。另见 Layton, “*And I Was There,*” 297–98。

[3] 原注：参见 Costello, “MacArthur, Magic, Black Jumbos and the Dogs That Didn’t Bark,” 235。

[4] 原注：参见 Parker, *Pearl Harbor Revisited;* Parker, “Unsolved Messages of Pearl Harbor,” 295–313。National Security Agency, Special Research History (SRH) 406, 63, 12, 114。另

然而，“珍珠港事件”之前，还漏掉了另一个也许能解释这一灾难的因素，同时说明，就算有了额外的情报，历史可能也无法改变。这个因素就是，美国一些关键决策者并未认识到威胁的严重性。詹姆斯·福里斯特尔（James Forrestal）在“二战”开始后任海军部长，他指出了这一根本性的问题：“尽管已知日本的敌对行动迫在眉睫，尽管在应对此类敌对行动的战争计划中，已经承认了日本海军和空军具备攻击能力，但这些并没有引起相关责任人的足够重视，还不足以让他们制定必要的预案，以击退或至少减轻敌对行动的危害。”[1]

某种程度上，这种缺乏认知的情况似乎是缺乏具体的战术预警造成的。但实际上原因不止于此：许多高层领导人对情报接受度普遍不高。帕克曾写道，通过密码破译和通信分析得来的情报，对判定日本意图尤为关键，却得不到军事指挥官的采信，“对此类情报的不信任，使得1941年下半年太平洋地区收集到的通信情报，反而像精心捏造的谎言，而非可靠的情报信息。由于缺乏前期训练，洞察力不足，战区和华盛顿的指挥官无力挖掘此类情报的深层价值，特别是当这些情报未被破译时，更是如此”[2]。

对“珍珠港事件”的常规解释是，事先已获得足够的情报指征，由于分析原因造成情报误读或者疏忽。但本章对袭击前情报构图的复盘佐证了卡恩和莱维特的观点，即情报失误的主要原因是搜集失误，而非分析失误。当然，这一问题也不仅是因对日本威胁缺乏具体的战术情报所致，关键决策者对情报同样缺乏接受度。对情报缺乏接受度，使得再好的情报也不太可能说服决策者，去采取必要的措施防止日本的攻击。

在“珍珠港事件”中，战术情报的缺乏加上决策者对情报的不信任，

见 *Pearl Harbor Hearings*, vol. 1, 185; and Prange, *At Dawn We Slept*, 445。

[1] 原注：参见 Prange, *At Dawn We Slept*, 736。

[2] 原注：参见 Parker, *Pearl Harbor Revisited*, 2。

使得日本联合舰队制造了一场灾难性突袭，而针对这场突袭的应对策略是美军多年前就预演过的，突袭的可能性也是许多美国战略家已经预警过的。我们永远无法得知，如果那些关键要素得以满足，局势是否会有不同。但是“珍珠港事件”6个月之后，日本试图对美国在太平洋的另一处战略要地再一次发动突袭，这一次的结果就迥然不同。下一章将剖析这一案例：中途岛战役（Battle of Midway）。

第三章

中途岛战役

阐释情报成功

尽管“中途岛战役”引发的争议和公众关注度均不及“珍珠港事件”，但它仍是今天各种书籍、文章历久弥新讨论的话题。因为海军界人士和退伍老兵渴望铭记这一伟大胜利——太平洋战争的转折点。从几年前开始，美国海军每年都举行庆祝活动，发表讲话，纪念这场战役[1]。不过历史学家和军事分析家对战役军事行动方面的争论从未停止，比如：美国和日本到底哪一方多大的失误程度导致了最终的结果。[2]

尽管关于这场战争的相关文献越来越多，但近年来的研究焦点主要不在情报领域。[3]这也许说明了，尽管战争的结果出人预料，比如两部关

---

[1] 原注：参见 Mullen, “Why Midway Matters,” 14–15; Fort, “Midway Is Our Trafalgar”。

[2] 原注：最近关注于美国行动失误的著作，参见 Falke, “What Went Wrong at Midway”; Linder, “Lost Letter of Midway”; and Kernan, *Unknown Battle of Midway*。艾瑟姆认为双方都犯错了，参见 “The Battle of Midway: Why the Japanese Lost,” and in his *Midway Inquest*。在 “Sheer Luck or Better Doctrine?” 一文中，威廉伯格认为更优秀的信条让美国赢得了战争。帕歇尔和图利在《碎剑》（*Shattered Sword*）中进行了详细研究，该研究主要基于日本方面的资料，他们认为，日本在中途岛的失败是日本海军各个层面失败的结果。

[3] 原注：参见 Carlson, Joe Rochefort’s War。两篇讨论情报运用的文章，参见 Allen, “Midway: The Story That Never Ends,” and Studeman, “Pacific Faces Crisis in Intel Analysis”。

于此战役著作的书名：《难以置信的胜利》（*Incredible Victory*）和《中途岛奇迹》（*Miracle at Midway*），但“中途岛战役”被公认为情报制胜的非凡案例。[1] 比如切斯特·尼米兹（Chester Nimitz）上将就表达了主流的观点，他写道，“‘中途岛战役’的胜利，本质上是情报的胜利”。[2]

“中途岛战役”中，情报扮演的关键角色，以及对这一角色的广泛传颂，引发了一个问题：既然美方掌握的情报如此之完美，那还有没有什么问题值得研究，还有没有什么情报不够充分的教训应该吸取？理查德·贝茨认为应该是没有了，他写道，“就决策所需要的情报而言，很难想象还有比‘中途岛战役’做得更充分的案例”[3]。根据他的说法，只要预警近乎完美，决策者就不会置之不理，突袭从而会得以避免。然而，本章认为，“中途岛战役”中的情报运用，仍有重要的教训值得反思。正如我们所见，即使拥有顶级的情报，“中途岛战役”仍是一场势均力敌、惊险获胜的战役，关键的决策者们直至战役打响的最后一刻，仍对情报的运用存在分歧。

令人惊讶的是，我们几乎找不到将“珍珠港事件”和“中途岛战役”两起案例中的情报运用进行对比的文献。这两起案例似乎很适合对比研究，它们试图回答这样一个问题：刚刚在“珍珠港事件”中遭遇灾难性失败的美国情报系统，是如何在短短 6 个月时间内恢复过来，适时带来了巨大的成功，帮助美军扭转太平洋战争局势的？但是，在历史学家、情报和突袭研究学者看来，这两个案例的背景完全不同，对比成败几无意义。但是，我不认可这一论断，本书认为这两个案例实际上是自然实验（natural experiment），可以帮助我们理解成功或失败的不同之处，并为我们现在预防未来的突袭提供宝贵经验。

本章第一节讨论“珍珠港事件”“中途岛战役”的对比研究是否有意义。由于“中途岛战役”的故事兴许不如“珍珠港事件”那般为人所知，

[1] 原注：参见 Lord, *Incredible Victory;* Prange, *Miracle at Midway*。

[2] 原注：参见 Potter and Nimitz, *Great Sea War*, 245, cited by Kahn, Codebreakers, 573。

[3] 原注：参见 Betts, “Surprise, Scholasticism, and Strategy,” 332。

第二节综述了“中途岛战役”前的主要事件，重点讲述美国情报机构如何分析并还原日本计划。第三节综述了当时美国决策者掌握的战略情报和战术情报，以及他们对这些情报的接受度。最后一节点明，美国情报在中途岛的胜利应归功于，精准的战术情报以及接受情报的决策者。相比之下，“珍珠港事件”中的情报失误，则更加清晰地反映出这两个关键要素的缺失。

对比分析的意义

尽管对两起历史事件的研究和争论至今仍未停止，每年都有相关书籍和文章出版、发表，但此前却只有一本书籍对比了两起事件中的情报运用，这本书就是阿里尔·莱维特的《情报与战略意外》（*Intelligence and Strategic Surprises*）。[1] 也许正如阿瑟·胡尔尼克（Arthur Hulnick）所言，缺乏对比研究文献是因为情报失误广为人知，情报成功却容易被人遗忘，研究甚少，“每一位‘二战’亲历者或研究者都清楚地记得，日本突袭珍珠港应该是美国 20 世纪最严重的情报失误事件，却很少有人记得，尼米兹将军在中途岛击败日本海军大将山本五十六，很可能是有史以来最辉煌的情报胜利之一”。[2]

但缺乏对比研究文献更重要的原因是，尽管两起案例都是“二战”期间发生在太平洋地区的突袭，但人们认为二者的大背景明显不同，没有详细对比的价值。这种观点针对的是莱维特出版的著作。比如，贝茨就认为“珍珠港事件”和“中途岛战役”，就像是“和平期的苹果”和“战争期的橘子”，二者完全不同。[3] 贝茨写道，战前决策敌人是否参战所涉及的赌

[1] 原注：参见 Levite, *Intelligence and Strategic Surprises*。另见 Wirtz, “Theory of Surprise,” 104–5; and Bracken, “How to Build a Warning System,” 33–42。

[2] 原注：参见 Hulnick, *Keeping Us Safe*, 4。

[3] 原注：参见 Betts, “Surprise, Scholasticism, and Strategy,” 336。另见 Honig, “Surprise Attacks—Are They Inevitable?” 74。

注和风险，与战时决策敌军攻击方向和时间所涉及的赌注和风险，完全是两回事。特别是战前，政治考量占更重要的地位。尤其应考虑到，战争爆发前，人们可能会认为预警没有必要，甚至会起反作用。而一旦战争打响，就不存在这种顾虑了。[1] 贝茨认为，对情报机构和决策者而言，“中途岛战役”前，好几个棘手的问题都已得到解决，比如战争会不会打响，以及日军袭击的方式和策略等。此外，战争爆发后，决策者也不必担心对预警做出反应所需付出的代价。剩下的问题——攻击的地点和时间，已从破译的结果中得到了近乎确定的答案，使情报预警过程比“珍珠港事件”前更为容易。[2]

莱维特回应，他认为两起案例的差异并没有贝茨描述得那么大。比如，“珍珠港事件”之前，美国政界和军事领导人都清楚日本准备开战，而且美国将会卷入其中，这意味着战争是否会打响这一重要问题已得到解决。[3] 此外，莱维特坚持认为，这两起案例之间的差异性不如相似性那么重要，特别是它们都发生在同一地理区域、同样的两个国家，并且几乎是在同一个时段。他说，事实上这两起案例如此相似，为我们提供了“功能上近似于对照实验（controlled experiment）的产品”。[4]

尤里·巴尔－约瑟夫（Uri Bar-Joseph）在其对莱维特作品的详细书评中，提出了反对对比这两个案例的基本论点：尽管两起案例有极高的相似性，但其实各不相同，很难对其进行归纳总结。他认为，两起案例的主要失误都在于失败方（“珍珠港事件”中的美国，“中途岛战役”中的日本）未能定位对方的舰队。巴尔－约瑟夫认为，这一问题是海军所特有的，而且由于情报收集能力的提高，这一问题在今天不太可能出现。[5]

批评者认为，这两起案例中的突袭性质不同，这一点所言不虚。“珍

[1] 原注：参见 Betts, “Surprise, Scholasticism, and Strategy,” 338。

[2] 原注：参见同上, 332。

[3] 原注：参见 Levite, “*Intelligence and Strategic Surprises* Revisited,” 348。

[4] 原注：参见同上, 29–33, 129。

[5] 原注：参见 Bar-Joseph, “Methodological Magic”。

珠港事件”是一种战略意外，震惊了美国，促使其参战，并动摇了美国对自身安全和自身在国际中地位的认知；然而“中途岛战役”中，突袭更具战术性，考虑的是战争中敌人可能的攻击方向和时间。但是，“珍珠港事件”既是一种战术突袭，也是一种战略冲击（strategic shock），而两起事件在战术层面的高度相似性支撑了莱维特的观点，即它们可作为自然实验进行研究。诚然两个案例的特征并非一模一样，主要区别是，一起涉及战争爆发前的决策和行动，而另一起涉及战时的未遂袭击。正如凡·埃维拉（Van Evera）所说，案例之间的差异可能会使案例对比的方法难以证明相应理论；但即便如此，这种对比也有助于产生新的假说（hypotheses），这也正是我的目的所在。[1]

我选择对比这两个案例，一方面因为它们是有关情报失误和情报成功的经典案例，本身就具有重要的意义。另一方面，它们让我们有机会使用“差异法”（method of difference）来开展研究：二者在许多方面极其相似，但基于因变量（dependent variable），二者产生了不同的值（预防袭击的成功或失败）。[2] 未能侦测并预警日本突袭珍珠港的美国情报界，仅仅在6个月后就成功预警了日本在中途岛的后续袭击。同样的敌人，同样的地域，同样的情报机构、情报来源和情报方法。虽然几名主要决策者有所不同，但我认为，很难找到比这更好的对比案例来确定预防突袭成败的关键因素了。[3]

---

[1] 原注：参见 Van Evera, *Guide to Methods*, 57。

[2] 原注：案例选择，参见同上，84–87。

[3] 原注：领导层之间最鲜明的对比是，夏威夷的高级官员在12月7日之前从金梅尔将军和肖特将军换任尼米兹将军，担任“中途岛战役”之前的总指挥。但是就所涉及的决策者而言，另一个不同之处是，华盛顿的罗斯福总统和其他官员在参与“中途岛战役”的决策时，远远低于他们在“珍珠港事件”之前对美国太平洋政策的参与度。

战役背景

“珍珠港事件”后最初的几个月里，日本的策略是向南进军，占领东南亚和太平洋西南地区。但1942年3月中旬，海军大将山本五十六指挥的日本联合舰队（Japanese Combined Fleet）在参谋人员的策划下，将注意力转移到了夏威夷西北1000余英里的小岛（实际上就是两块小环礁）上，即中途岛。在4月2日至5日的一系列会议上，日本海军军令部（Naval General Staff）讨论了山本大将对中途岛展开军事行动的提议。几位高级军官强烈反对，认为中途岛并没有什么战略价值。几次会议山本都未参加，但当他的参谋官汇报会议情况后，山本威胁如果方案不通过，他就辞职。最终，军令部长接受了该计划其中一个版本，包括对阿留申群岛展开行动，以分散美军注意力。[1]

接下来的几周，日本联合舰队和海军军令部继续就方案的细节不断争执讨论，直至4月18日，美军中校詹姆斯·杜利特（James Doolittle）率队从“大黄蜂”号（*Hornet*）航母起飞，空袭日本本土，争论终止了。杜利特的空袭迫使日本高层下定决心，早日执行中途岛行动，行动方案也迅速完成。5月5日，永野大将（Admiral Nagano）发布《大本营海军部第18号命令》（Imperial General Headquarters Navy Order No. 18），要求联合舰队司令“协同陆军占领中途岛及西阿留申群岛要地”。[2]

尽管日本中途岛行动的目的之一是为了占领这片小环礁作为基地，以便未来展开针对夏威夷的军事行动，及拓展日本防线，但日本最高指挥部认为，行动方案的主要价值是将美国舰队拖入到一场激烈的战斗中。这一方案围绕日本三支主要海军力量突袭中途岛而设计：第一支突击力

[1] 原注：参见 Prange, *Miracle at Midway*, 16, 21–24; Fuchida and Okumiya, *Midway: The Battle That Doomed Japan*, 60–61。

[2] 原注：参见 Fuchida and Okumiya, Midway, 71–72; Morison, *Coral Sea, Midway and Submarine Actions*, 75。

量以四艘航母编队，由 6 个月前参与突袭珍珠港的南云忠一（Chuichi Nagumo）中将率队从西北方向靠近中途岛，从空中开展打击。这支力量也称机动舰队（Mobile Force）、第一航空舰队（First Air Fleet）；第二支入侵部队称为中途岛登陆舰队（Midway Occupation Force），与运输船一道从西边靠近，使登陆力量占领岛礁；以三艘战列舰为核心的第三支主力舰队（Main Battle Force），则由山本大将指挥，潜伏在后方寻找机会，伺机与被引出珍珠港的太平洋舰队主力决战。与此同时，第二航空母舰突击部队（Second Carrier Striking Force）将牵制阿留申群岛，对群岛东端的荷兰港展开空袭，并派遣 2500 人的登陆部队占领群岛西部，以吸引美军注意力。[1]

美军获胜的常规观点

历史学家和情报学者普遍将“中途岛战役”称为美国情报史上的辉煌胜利。比如，詹姆斯·沃茨将“中途岛战役”视为决策者们能够获得他称之为“情报圣杯”（Holy Grail of intelligence）的罕有案例：敌人何时、何地、何种方式、何种原因展开袭击均一一预测到位。[2] 美国情报机构经常夸耀“中途岛战役”，尤其是尼米兹的情报官——埃德温·莱顿上尉，对日本舰队出现位置和时间的著名预测，堪称情报运用的杰作。[3]2003 年“海军情报论文大赛”（Naval Intelligence Essay Contest）的一篇获奖论文讲述了莱顿预测的故事，称其为“我们海军历史上的辉煌一页”[4]。“中途岛战役”尤其被视为美国海军密码破译员的胜利。卡恩说：“作战情报部

[1] 原注：参见 Prange, *Miracle at Midway*, 30–39; Morison, *Coral Sea, Midway and Submarine Actions*, 75–77。

[2] 原注：参见 Wirtz, “Responding to Surprise,” 63。

[3] 原注：参见 US Navy, *Naval Doctrine Publication* 2, 21。

[4] 原注：参见 Studeman, “Pacific Faces Crisis in Intel Analysis”。另见 Elder, “Intelligence in War: It Can Be Decisive”。

门（Combat Intelligence Unit）的密码破译员逆转了战争的方向，他们让一轮冉冉升起的旭日落了下去。”[1]

尼米兹上将在战果报告中赞扬了情报工作："如果我们没有提前获知日军动向，如果我们被散布在珊瑚海的航母特遣舰队（Carrier Task Forces）发现，'中途岛战役'的结果很可能截然不同。"[2] 尼米兹自己也因对情报的果断运用而广受赞誉。雷蒙德·斯普鲁恩斯（Raymond Spruance）上将后来对戈登·普兰奇说，"必须把功劳给尼米兹。他不仅认可了情报分析，还立即据此采取了措施"[3]。塞缪尔·莫里森（Samuel Eliot Morison）在其对"二战"期间美国海军官方历史的描述中，也将功劳归于已获情报和情报运用，尤其是尼米兹对情报的运用："要不是充足的早期预警，以及（同样重要的）迅速和明智的运用，太平洋舰队取胜的机会微乎其微。"[4]

然而，尽管美国拥有卓越的情报，但美国海军在"中途岛战役"中距离失败仍仅一步之遥，并不是所有的历史学家都认为情报立了头功。约翰·基根（John Keegan）是对共识观点持怀疑态度的人中最强烈的一位。在其《战时情报》（*Intelligence in War*）一书中，他认为尽管"尼米兹及其部下所掌握的关于袭击中途岛的准确情报确实令人称道"，但战果并非如此顺理成章，"随机应变和一点运气才是这场胜利的决定性因素"[5]。维克特·汉森（Victor Davis Hanson）认为，情报人员的工作成果固然是关键因素，但他认为个人主义、勇于创新和积极主动等美国人骨子里的东西才是更深层次的因素，"个人的力量远胜于运气、偶然或意外，这也解释了

[1] 原注：参见 Kahn, *Codebreakers*, 573。

[2] 原注：参见 CinCPac message, June 28, 1942, cited by Connorton, *National Security Agency Special Research History (SRH)* 012, 323。

[3] 原注：参见 Prange, *Miracle at Midway*, 393。另见 Foreword to Fuchida and Okumiya, Midway, vi。

[4] 原注：参见 Morison, *Coral Sea, Midway and Submarine Actions*, 80–81。

[5] 原注：参见 Keegan, *Intelligence in War*, 218。

为何称这场战役为美国人不可思议的胜利”。[1]

还有一些作者认为，最重要的问题不是为什么美国**赢**了，而是为什么日本**输**了。一个常被援引的因素是，在珍珠港获胜后，日本人陷入所谓的“胜利病”（victory disease）中，之前的胜利使得他们的胃口越来越大。在用标准英语撰写的关于“中途岛战役”的书籍中，作者丰田章男（Mitsuo Fuchida）和冈口正彦（Masatake Okumiya）称：这是一种过度自信病。他们说，由于日本成功突袭了珍珠港，日本高层认为他们有能力在中途岛再给美国人送上一记闷棍。[2] 更普遍地说，二人认为根本原因在于“日本的国民性”，以及内在的无理性和冲动，这些往往导致盲目和矛盾的行为。[3] 帕沙尔和图利认为，日本在中途岛失利是其海军全线溃败的结果，根本原因是日本海军的体制已经跟不上现代战争的发展。[4]

很少有文章明确认为，珍珠港之败和中途岛之胜之间存在关联。然而，某种程度上，学者们已经考虑了这种关系，常规观点认为，后者的成功是因为汲取了前者的教训。汉德尔写道：“若非珍珠港的灾难震动了海军总部和海军情报机构，尼米兹和他的情报官们，在向华盛顿决策者坚持自己观点时，可能无法感受到成功的同等喜悦。”[5]

尽管当时有一些不同观点，但至少就情报而言，关于“中途岛战役”的常规解读是非常清楚的：美国情报机构吸取了“珍珠港事件”的教训，破译了日本的密码，从而精准地预测了日本下一波重大攻击的时间和地点。尼米兹上将利用这些信息，巧妙地部署舰队迎战日本舰队，尽管最终的胜利离不开美国人的勇气和命运的眷顾，但如果没有情报工作奠定先发优势，胜利绝不会来得如此理所当然。

---

[1] 原注：参见 Hanson, *Carnage and Culture*, 368。

[2] 原注：参见 Fuchida and Okumiya, *Midway*, 247。另见 Morison, *Coral Sea, Midway and Submarine Actions,* 4。

[3] 原注：参见 Fuchida and Okumiya, *Midway*, 247。

[4] 原注：参见 Parshall and Tully, *Shattered Sword*, 415。

[5] 原注：参见 Handel, “Intelligence and Military Operations,” 38。

这个关于“中途岛战役”的常规观点令人信服，但过于简单。当我们更仔细地审视情报和“中途岛战役”的问题，试图找出是什么人、什么组织或哪种类型的情报立下大功，试图找出关键情报是如何产生并被使用时，就会发现，故事远没有那么清晰。下面几节我们将仔细回顾战役前美国决策者获得的情报预警，首先是战略情报，其次是战术和行动情报。

战略情报与预警

尽管日本突袭珍珠港解答了美国战略规划者的很多疑问，比如，预料之中的战争究竟何时打响这个问题，但却没有解答他们应该何时准备应对日本下一次攻击的问题。“珍珠港事件”后的几周到数月时间里，日本人的行动明显是要把战火烧到东南亚和太平洋西南部。但是，再往后的攻击计划是什么呢？

外交通信等战略情报的传统来源回答不了这个问题。但这并不等于对日本下一步的军事计划无计可施。1942 年早期，华盛顿的海军情报官认为日本将攻击阿留申群岛，金上将（Admiral King）有时认为日本会再次进攻夏威夷，有时也认为日本会继续关注南太平洋。同时，美国陆军航空军部队（US Army Air Force，USAAF）担心日本对旧金山发动空袭，战争部长史汀生更担心巴拿马运河受到攻击，而非夏威夷。[1] 然而，两件事提供了宏观的战略预警，暗示着日本在太平洋地区将有大动作，第一件是日本人的一次行动，第二件是美国情报机构的评估。

K行动：“再袭珍珠港”

1942 年 3 月 3 日至 4 日夜间，日本人显示出了策划另一次“珍珠港

[1] 原注：参见 Prados, *Combined Fleet Decoded*, 317; Lord, *Incredible Victory*, 21。另见 Larew, “December 7, 1941: The Day No One Bombed Panama,” 291。

事件”的迹象。在日本所称的“K 行动”（Operation K）中，两架水上飞机从马绍尔群岛（Marshall Islands）的沃伊特起飞，又在弗伦奇弗里盖特沙洲（French Frigate Shoals）短暂降落，从等待在那里的潜艇上加了油，然后继续在瓦胡岛上空进行夜间侦察飞行。飞行员明显是想把四枚炸弹投向珍珠港，普兰奇将其描述为“出于彻头彻尾的恐怖主义目的”，日方的标准说法则是出于“心理效应”。不过由于光线不佳，炸弹误投到了火奴鲁鲁附近的庞奇包尔火山口（Punch Bowl crater），没有造成任何破坏。[1]

尽管这一行动并不是对夏威夷发动后续攻击的序幕，但它给美国领导人敲响了警钟：日本可能发动第二次攻击。[2] 该行动同样警告美国人应该采取预防措施以应对类似的小规模袭击。3 月 9 日至 10 日期间，美军击落了一架正企图在中途岛进行侦察飞行的日机 [3]。

但是对日本而言，“K 行动”应产生更为重要的结果。中途岛入侵计划很大程度上依赖于出其不意的方式，日本舰队为了确保美军事先不知情，在突袭中途岛前几天，还在夏威夷地区安排了一次侦察任务。然而，日本在 3 月 4 日的行动，使得尼米兹上将命令密切监视弗伦奇弗里盖特沙洲，他怀疑日机可能在此地加油。5 月 31 日，当一艘日本潜艇来到弗伦奇弗里盖特沙洲，为“K 行动”的后续行动准备加油时，却发现有两艘美国军舰在那里。日本的侦察任务不得不取消，从而使攻击部队无法知晓大

---

[1] 原注：参见 Prange, *Miracle at Midway*, 32; Fuchida and Okumiya, *Midway*, 88。另见 Horn, *Second Attack on Pearl Harbor*, 72–103; and Morison, *Coral Sea, Midway and Submarine Actions*, 69–70。这次轰炸发生在 3 月 4 日凌晨，一些作者将其描述为发生在 3 月 5 日，但这可能是因为是夏威夷时间是 3 月 4 日，日本时间是 3 月 5 日。

[2] 原注：参见 Fuchida and Okumiya, *Midway*, 88。莫里森写道：“尼米兹认为他们向夏威夷发动了进攻，他是对的。”参见 Morison, *Coral Sea, Midway and Submarine Actions*, 70。

[3] 原注：参见 Horn, *Second Attack on Pearl Harbor*, 136–41; Parshall and Tully, *Shattered Sword*, 50。卡尔森描述这次击落事件发生在 3 月 11 日上午。参见 *Joe Rochefort's War*, 251–52。

部分美国舰队已驶离海岸这一关键信息。[1]

金上将的评估要求

4 月，美国海军舰队总司令金上将，直接要求夏威夷信号情报站的负责人罗彻福特评估日本的下一步动向。罗彻福特后来称，金上将此前从未直接对他要求提供此类信息，“他想直接听取我们的看法，这让我们有些意外。此前，我认为我们在他那里没有存在感”[2]。罗彻福特和他的团队立即投入工作，呈送的评估报告称，他们认为日本已完成在印度洋的军事行动，估计会在新几内亚东部策划新一轮的行动（即后来的“珊瑚海战役”）；并认为日本无意入侵澳大利亚，而且日本还正在策划一次新行动，并且会是个大动作，但只知道位置会在太平洋地区。所有这些评估事后都得到了印证，他们所预测的大动作就是：攻击中途岛[3]。

战术情报与预警

最终改变战局的关键是密码情报，即密码破译，它提供了日军策划攻击中途岛的具体情报。但在“珍珠港事件”后的几天到数周时间里，夏威夷的海军情报部门陷入了弗雷德里克·帕克所言的“黑暗时刻，直到1942 年 1 月底才出现转机”[4]；这个代号为 Hypo 的通信情报站的全体成员都觉得自己非常失败，有一段时间他们在情报报告里不敢给出任何分析和评估，只说些人所共知的事实。

---

[1] 原注：参见 Parker, *Priceless Advantage,* 42; Prange, *Miracle at Midway*, 122–23; Parshall and Tully, *Shattered Sword*, 99。

[2] 原注：参见 Rochefort, *Oral History of Captain Joseph J. Rochefort,* 177。另见 Layton, “*And I Was There,*” 383。卡尔森讨论了金的要求，另见 *Joe Rochefort's War*, 284–89。

[3] 原注：参见 Rochefort, *Oral History of Captain Joseph J. Rochefort*, 173–75。另见 Potter , “Admiral Nimitz and the Battle of Midway,” 61。

[4] 原注：参见 Parker, *Priceless Advantage*。

除了这种挫败感，Hypo 情报站的人手还长期不足。这一问题后来得到了解决：海军第 14 军区纠察长（chief master at arms，相当于海军中的军事警察）杜伍德·罗伊（Durwood K. Rory），奉命为 Hypo 情报站从刚到夏威夷的新手中招募人员，他对“加利福尼亚”号战列舰上的无线电工作人员进行了筛选，并重新分派了任务，这艘战列舰在“珍珠港事件”中被炸沉了。帕克称罗伊的“成功堪称传奇”[1]。卡恩写道，这些无线电工作人员“在新岗位上超常发挥，异常出色”。罗彻福特后来评价说，“毫无疑问，他们相当优秀”[2]。此外，尼米兹得知夏威夷的无线电部门极度缺乏人手，可能听从了罗彻福特的建议，于 2 月、4 月和 5 月三次要求为 Hypo 情报站增派人手。5 月的那一次，他极力要求将人数从 170 人增加到 400 人[3]。

JN-25的初步进展

最关键的情报来自罗彻福特及其团队对日本海军密码的破译，即美国所称的 JN-25。但夏威夷的密码学家必须获得相应的任务指派，才能施展他们破译密码的才能。战前，夏威夷的作战情报部门的主要任务是研究海军将官密码，这方面他们从来也没什么进展，根据当时华盛顿、夏威夷和科雷希多三大情报站的任务分配情况，夏威夷并不研究 JN-25。然而，“珍珠港事件”三天后，华盛顿重新调整了密码工作的职责，Hypo 情报站不再研究日本海军将官密码，开始转攻 JN-25，据信该密码系统能提供更有用的情报。[4] 同时，改变了原来只重视情报分析的做法，将情报搜集置

---

[1] 原注：参见同上。另见 *Carlson, Joe Rochefort's War*, 226–30。

[2] 原注：参见 Kahn, *Codebreakers*, 563; Rochefort, *Oral History of Captain Joseph J. Rochefort*, 120。

[3] 原注：参见 Parker, “How OP-20-G Got Rid of Joe Rochefort,” 219。

[4] 原注：参见 Safford, *Pearl Harbor Hearings*, vol. 18, 3336。另见 Safford, National Security Agency *Special Research History* (SRH) 149, 15。（在这份由国家安全局于 2009 年发布的文件中，萨福德将 JN-25 称为“数字系统”。）另见 Rochefort, *Oral History of Captain Joseph J. Rochefort*, 120; Frederick D. Parker, *Pearl Harbor Revisited*, 49; and Kahn, *Codebreakers*, 562。JN-25 背景信息，参见 Budiansky, “Closing the Book on

于与情报分析同等重要的地位，这成为日后准确判断日本海军意图的关键，而日本海军当时用了障眼法来掩盖自己的真实意图。

在罗彻福特手下工作的Hypo情报站成员佛利斯特·比亚德（Forrest R. Biard）称，获准研究JN-25后，Hypo情报站开始活跃起来。"珍珠港事件"后短短几周，"我们小组从一个无足轻重的部门成为国家最重要的战时部门"[1]。Hypo情报站的工作人员与在华盛顿、菲律宾的密码破译人员一道，开始夜以继日地破译日军密码。据罗彻福特所说，他们在1月和2月分别取得了重大突破。[2]到了4月中旬，Hypo情报站已经能在JN-25首次传输6小时内，定期拦截、解密、翻译、重新加密情报并发送给华盛顿和其他地方[3]。尽管有些人认为破译JN-25的头功应当记给OP-20-G情报站（华盛顿海军情报总部），但显然密码破译的关键性工作是由夏威夷的密码学家完成的，这些密码学家在"珍珠港事件"之前，未被获准研究JN-25。[4]

莫尔兹比军事行动中的指征

日本军方使用两个和三个字母的代码来表示地名，美国情报部门称之为二字符（digraphs）和三字符（trigraphs）。1942年3月25日，截获的日本信息显示将对"RZP"展开攻击，"RZP"初步被确定为莫尔兹比港（Port Moresby）——一处位于新几内亚东南海岸的澳大利亚基地。[5]这是

Pearl Harbor"。请注意，温顿说Hypo情报站于12月17日开始研究JN-25，但这似乎是不正确的，参见*Ultra in the Pacific*, 10。

[1] 原注：参见Biard, "Breaking of Japanese Naval Codes," 152。

[2] 原注：参见Rochefort, *Oral History of Captain Joseph J. Rochefort*, 143。

[3] 原注：参见Parker, *Priceless Advantage*, 20; Layton, "*And I Was There*," 376。

[4] 原注：参见Elder, "Intelligence in War: It Can Be Decisive"; Porch and Wirtz, "Battle of Midway"。在OP-20-G情报站中任职的Van Der Rhoer也认为该组织没有注意到Hypo情报站的贡献，参见*Deadly Magic*。

[5] 原注：参见 Schorreck, *National Security Agency Special Research History (SRH) 23*。另见Connorton, *National Security Agency Special Research History (SRH) 012*, 211。

第一个表明日本在这一区域意图的具体情报，从进一步截获的信息可以确认日本计划夺取该港。[1]4 月 29 日，尼米兹上将手中已掌握足够的情报来展开行动，当天，他下令弗兰克 · 弗莱彻（Frank Jack Fletcher）上将指挥"莱克星顿"号（*Lexington*）和"约克城"号（*Yorktown*）航母，前往珊瑚海迎战日本舰队。从战术上看，"珊瑚海战役"（Battle of the Coral Sea）打了个平手；但从战略上看，这是日本首次在开战后受挫，也是美国通信情报的一次重要胜利。正如一位国家安全局（National Security Agency，NSA）历史学家后来所写："通信情报通过了第一场实战考验，证明其能够提供准确、及时的情报。"[2]

确认目标：中途岛

1942 年 3 月上旬，一组新的二字符"AF"出现在日本的信息通信中。[3] 东京于 3 月 9 日给其空军指挥官去电，要其预测"AF"两天的风力和风向。罗彻福特认为"AF"可能是马绍尔群岛范围内的一处美国岛屿军事基地，该信息是第一条显示"AF"可能代表中途岛的指征。[4] 科雷希多岛的通信分析提供了更多的证据，显示中途岛可能是日本下一步的行动目标。[5]

5 月的第一周，通信分析显示，日本海军可能在策划一场新行动，

[1] 原注：参见 Connorton, *National Security Agency Special Research History (SRH)* 012, 25–26。

[2] 原注：参见 Schorreck, *National Security Agency Special* Research History (SRH) 230, 7。关于"珊瑚海战役"的综述以及情报扮演的角色，参见 Spector, *Eagle against the Sun*, 156–63。另见 Lundstrom, Black Shoe Carrier Admiral, 157, and "A Failure of Radio Intelligence"。

[3] 原注：参见 Connorton, *National Security Agency Special Research History (SRH)* 012, 262–63。

[4] 原注：参见 Layton, "*And I Was There*," 376–77。

[5] 原注：参见 Whitlock, *Silent War against the Japanese Navy*, 49–50。另见 Parker, *Priceless Advantage*, 43。

这一新行动将调动其几乎全部的主力航母。5 月 2 日，日本第二舰队（Japanese Second Fleet）参谋长在一份电文中指示塞班岛上的指挥官做好准备，在 6 月 20 日之后的两周内接手“A 部队”和特鲁克的突击队。[1] 很明显，日本人要有大动作了，问题是在哪里，干什么？

随后，5 月中旬截获的几条信息让罗彻福特和莱顿确信，中途岛就是下一步的目标。5 月 13 日，一封电文提到了“AF 地勤人员”，这既意味着 AF 有空军设施，也意味着 AF 是下一步的攻击目标。[2]5 月 14 日，罗彻福特给莱顿打电话称他发现了些“炙手可热”的信息，很可能与“AF 地勤人员”相关。[3] 之后，通信情报指征开始逐步填满了日军下一步行动的情报图。5 月 18 日，密码专家破译出的一份 5 月 16 日的电文中，日本第一航空舰队写道，“行动当天我们将尽力前往 AF 西北 50 英里处，并尽快派出飞机”。[4] 尽管电文未完全破译，但指向已经很明确：日本飞行员将于中途岛西北 50 英里处，发动袭击。

对日军密码的破译，使美国情报分析人员得以掌握大量日军攻击行动的情况。但要了解完整规模的行动，尚需诸如通信分析等其他信息来源。因为破译出的信息含义仍不明确，只是读懂信息还无法完成分析工作。比如，罗彻福特后来说，他能够得出日本人空袭中途岛及其他地方的结论，并非电文中直接提及，而是说日军将携带有制冷设备的舰船，以及可以运载约 15000 名士兵的七八艘运输工具。“这些人到那里是有所图谋的。图什么？占领中途岛。”罗彻福特说。[5]

---

[1] 原注：参见 Schorreck, *National Security Agency Special Research History (SRH)* 230, 7; Connorton, *National Security Agency Special Research History (SRH)* 012, 263–64。

[2] 原注：参见 Schorreck, *National Security Agency Special Research History (SRH)* 230, 6。另见 Connorton, *National Security Agency Special Research History (SRH)* 012, 273。

[3] 原注：参见 Layton, “*And I Was There*,” 411。

[4] 原注：参见 Connorton, *National Security Agency Special Research History (SRH)* 012, 277; National Security Agency, SRMN-005, 233。

[5] 原注：参见 Rochefort, *Oral History of Captain Joseph J. Rochefort*, 196。

不过，仍是通信情报和密码分析提供了最为关键的答案。5月20日，一封被截获的电文称占领“MI”的部队将于27日从塞班岛出发，“MI”是“AF”的新代码。[1] 此外，另一条被截获的电文，内容看起来清楚地表明了日方态度：“第14空军中队的下一个目的地是AF。”[2]

确认中途岛：“AF计策”

到了1942年5月中旬，尽管夏威夷的高级情报官员已经确定日本将计划对中途岛展开重大攻击，但并非所有人都相信这一点。位于华盛顿的海军密码分析总部OP-20-G情报站认为，“AF”未必就是中途岛，海军部作战计划处也同样对此心存疑虑。[3] 为了说服这些怀疑者，尤其是身处华盛顿的怀疑者，夏威夷的情报官员想出了一个计划，这个计划后来成为美国情报史上最著名的计策之一。

为了确认“AF”就是中途岛，美方通过海底电缆向中途岛发送了一封电文，这封电文日本无法截获。电文中指示中途岛发送回一条**未加密**的信息，称当地净水厂出现问题，淡水短缺。果不其然，信息发出后几天，一封日本加密电文被美军截获并破译，上面称：“AF”目前淡水短缺。[4]

尽管“AF计策”成为美国情报轶闻中广为流传的故事，但故事的两位主角都淡化了其重要性。莱顿和罗彻福特认为，这出戏并非要确认日本是否当真要攻打中途岛，因为他们此前已经确信；也不是为了说服尼米兹，因为当时他也对此深信不疑；而是演给华盛顿的怀疑者看。然而，即便这样，也还是有人不相信。罗彻福特后来觉得这个小伎俩没那么重要，

---

[1] 原注：参见 Schorreck, *National Security Agency Special Research History (SRH)* 230, 7。从AF到MI的变化，另见 *National Security Agency, SRMN-005*。

[2] 原注：参见 Schorreck, *National Security Agency Special Research History (SRH)* 230, 7。

[3] 原注：参见 Parker, *Priceless Advantage*, 50。

[4] 原注：参见 Prange, *Miracle at Midway*, 45–46; and Layton, *"And I Was There,"* 421–22。另见 Weadon, *Battle of Midway: AF Is Short of Water*。

以至于这个计策是不是他，又或者是不是莱顿想出来的，他都记不清楚了。他说 :“很多人都在工作中付出了大量心血，我真没觉得探究究竟是谁想出了这个计策有那么重要。”[1]

他认为，简单的推理就能明显得出“AF”就是中途岛的结论。已知日方提到了要在“AF”进行空中搜寻，通过分析其他方面的日本信息通信，很明显“AF”只能是中途岛。但他说，并非所有人都能理解这一点，“整件事情中最让人不解的是，许多人无法接受这个推理过程。不可能有其他的说法，绝不可能。因此，还有人不认同这一点让 Hypo 情报站的人员很烦恼，明明那些人得到的信息与我们一模一样，脑筋都不用多转一下，也会得出一样的结论啊”[2]。

关于这个计策还是有些未解之谜，除了不明确究竟是谁想出的以外，还有具体实施的时间问题。关于这个计策的三份最知名的记述中，整件事的功劳归给了罗彻福特。密码史学家卡恩写道，是罗彻福特“酝酿了这个计策”[3]。但似乎这个计策最初是罗彻福特的助手——贾斯珀・霍姆斯（Jasper Holmes）想出来的。霍姆斯此前在夏威夷大学工作时了解到中途岛的淡水供应问题。他在回忆录中说，一天早上，他与另外两位分析人员，托马斯・戴尔（Thomas Dyer）和约瑟夫・芬尼根（Joseph Finnegan）站在罗彻福特办公桌前，他提议淡水可能短缺的问题可以拿来作文章，芬尼根完善了许多细节，罗彻福特表示喜欢这个计划，那是霍姆斯当时最后一次听到此事。直到战争结束后，他才了解到这个计策被使用了，于是他问了罗彻福特，罗彻福特确认他们确实用了[4]。

---

[1] 原注：参见 Rochefort, *Oral History of Captain Joseph J. Rochefort,* 198。另见 Layton, “*And I Was There,*” 421。

[2] 原注：参见 Rochefort, *Oral History of Captain Joseph J. Rochefort,* 203, 211–12。

[3] 原注：参见 Kahn, *Codebreakers,* 569。另见 Prange, *Miracle at Midway,* 46; and Lord, *Incredible Victory,* 23。

[4] 原注：参见 Holmes, *Double-Edged Secrets*, 90。莱顿确认了霍姆斯在计策中的作用，另见 Donald M. Showers: Layton, “*And I Was There,*” 421; and *At the Interface: The*

计策使用的确切时间也不确定。国家安全局历史学家亨利·肖瑞克（Henry Schorreck）指出，“从未明确记录确切时间”[1]。有些作者认为发生在 5 月 10 日至 12 日，[2] 但是并未找到给岛上守军发电报的记录。也有说法是大约于 5 月 19 日发送。据莱顿称，该计划是让岛上的人用更为浅显的语言传回信息，用日方掌握的“流密码”（strip cipher）进行加密，信息在威克岛被截获，称中途岛上发生爆炸，损坏了淡水箱，让淡水危机问题更显急迫。现在已无法确定这样一条加密信息是否真的发出过，不过 5 月 21 日，位于东京的日本海军情报机构发电称：“AF 航空兵部队”（AF Air Unit）汇报称“当前淡水只够两周。请立即补给”[3]。

这个计策运用得天衣无缝，有些美国分析人员甚至都被迷惑了。Hypo 情报站的另一位破译员戴尔并未参与这一计策（但据霍姆斯的描述，最开始戴尔可能也有参与），他是在日本电文中谈到这条中途岛发出的无线电信息时才知道这件事的。他曾这样说：“我当时还在想，‘这帮傻子，为什么用这么浅显的明码发电文？’并不知道他们是有意为之”[4]。

罗彻福特破译日期和时间

至少对夏威夷官员而言，情况至此变得明朗起来，日本正密谋对中途岛发起重大攻击。但攻击时间还未知，因为日军密电中这一部分内容是另行加密的。罗彻福特说这种特殊加密法此前只用过两次，“所以究竟是 6 月 4 号、8 号、10 号又或者是 7 月 19 号？这些假设都无从证实或者排除。

WWII Recollections of Donald M. Showers。

[1] 原注：参见 Schorreck, *National Security Agency Special Research History (SRH)* 230。

[2] 原注：罗德、普兰奇以及莱顿都表示，发送消息到中途岛的时间是 5 月 10 日左右，日语回应消息是 5 月 12 日左右。

[3] 原注：参见 Layton, *“And I Was There,”* 421。National Security Agency, *SRMN-005*, 235。此事件的时间，参见 *Carlson, Joe Rochefort’s War*, and Parker, *Priceless Advantage*。

[4] 原注：参见 Dyer, *Oral History of Captain Thomas H. Dyer*, 242。由于这个计策，日本向入侵舰队增加了两艘淡水船。参见 *At the Interface: The WWII Recollections of Donald M. Showers*。

我们对此一筹莫展”[1]。

终于在5月26日夜晚，当海军在太平洋地区的所有破译机构——夏威夷、科雷希多、华盛顿通力合作破解一封日本长电文时，答案浮出了水面。那封长电文中，夹带着经过加密处理的日期和时间，是山本大将中途岛作战的整个行动计划。罗彻福特回忆道，“所有人齐心协力”，终于攻破了这一密电，虽然看到的东西还是“相当可疑”[2]。第二天一大早，尼米兹就叫罗彻福特参加参谋会议，但他还是待在自己的办公室里，直至确信破译信息完全无误，才去参会。莱顿是这样描述罗彻福特现身会议时的场景的：“迟到半小时后，乔（罗彻福特）终于出现了，由于缺乏睡眠，他两眼惺忪，衣衫不整。他知道自己让领导等候多时，所以进行了简短的道歉，但迎来的仍是冰冷的瞪视。”[3]

但是，当他说到他们不仅掌握了日本计划攻击的日期、具体时间，还掌握了这次攻击的全盘计划时，所有人都原谅了他的迟到。情报信息如此完整，以至于引起了夏威夷和华盛顿一些参谋官的怀疑，他们认为这也可能是日方的计谋。不然日本为什么要在我们可以截获和破译的线路上发送如此敏感的信息？莱茨·波特（Writes Potter）写道：“所谓山本大将计划的曝光，不仅没能取信太平洋舰队总司令部（CinCPac），反而加深了他们的怀疑。”[4]

事实证明，日本人并没有用计，但他们确实意识到自己的密码有可能已被破译。同一天，5月27日，他们更换了密码，直至战役打响前，美国也未能再获得更多的信息，但前期泄露的情报已无可挽回。5月27日，尼米兹就一触即发的战役下达了自己的作战计划，称“预计敌人近

[1] 原注：参见 Rochefort, *Oral History of Captain Joseph J. Rochefort,* 216。

[2] 原注：参见同上。

[3] 原注：参见 Layton, “*And I Was There,*” 429。另见 Schorreck, *National Security Agency Special Research History (SRH) 230*, 7–8。西蒙德认为，破译的可能不是日本的单条消息，而是一系列消息得以解密。参见 Symonds, *Battle of Midway*, 387–88。

[4] 原注：参见 Potter, *Nimitz,* 82–83。

期占领中途岛”[1]。

莱顿的预测

美军指挥官战前所获得的最后一点信息，作为美国历史上战术情报分析中最为重要的部分之一而闻名于世。在尼米兹为在即的大战制定舰队部署计划时，莱顿受到了尼米兹的召见，做出了分析。尼米兹的问题很简单：日本何时进攻？

在尼米兹的传记作者波特（E. B. Potter）的一次口述历史采访中，莱顿这样描述当时的场景：“事实上，尼米兹要的是具体的日期和时间，我说，‘我很难给出明确时间’。他说，‘我要求你说得明确一些。毕竟这是我给你的任务，你如果是指挥日本军队的将军，你会怎么做？告诉我’。我说，‘那好吧，将军。之前的情报里我已经说过航母很可能于 6 月 4 日清晨发起攻击，所以时间上我们现在还是认定这一天。他们将从西北方向，方位 325 度而来，距中途岛 175 英里发起攻击，时间是中途岛时间早上 6 点左右’。”[2]

后来，当第一份日本航母迫近的报告传来时，尼米兹前往作战室，在地图上查看方位。然后，他转向莱顿，笑着说：“嗯，只有 5 分钟、5 度、5 英里的误差。”[3]

正如关于中途岛的很多其他故事一样，莱顿做出这番预测的时间也不明确。[4] 莱顿在自己的书中指出是在罗彻福特迟到参谋会议的前一天，5

[1] 原注：行动计划参见 Kahn, *Codebreakers*, 570。日本密码变化，参见 Schorreck, *National Security Agency Special Research History (SRH)* 230; and Parker, *Priceless Advantage*, 54。

[2] 原注：参见 Layton, *Oral History of Rear Admiral Edwin T. Layton*, 30。值得注意的是，莱顿在此记录中表示他给出的时间为中途岛时间 0600；但在其书中他说应该是当地时间 0700，参见“*And I Was There,*” 430。

[3] 原注：参见 Layton, *Oral History*, 30; Layton, “*And I Was There,*” 438。另见 Prados, *Combined Fleet Decoded*, 324。

[4] 原注：参见 *Winton, Ultra in the Pacific,* 2。

月 26 日。[1] 大多数其他报道则将莱顿的预测时间放到了 5 月底。[2] 但实际发生的时间看上去更为戏剧化——6 月 4 日，就在报告美军侦察机发现日本航母的 1 个小时之前。[3]

情报预警接受度

“珍珠港事件”对决策者的接受度产生了什么影响？令人惊讶的是，“珍珠港事件”的情报失误和“中途岛战役”的情报成功之间没有**直接**联系。正如莱维特所言，最初，事件对决策者接受度产生了负面影响：“最开始时，‘珍珠港事件’碾碎了人们对情报的信心，让情报机构和情报产品变得不可信。在这种情况下，各级决策者对情报预警的接受度都降到了史上最低。”[4] 国家安全局历史学家肖瑞克表示，高级官员对通信情报尤其持怀疑态度，这种情报获取方式属于新手段，让人难以捉摸，况且又未能预警“珍珠港事件”[5]。

哪怕是“再袭珍珠港”的“K 行动”发生后，我们本以为美国决策者会更倾向于听取情报预警，但事实是好的情报还是不容易被采纳。罗彻福特曾警告过日本可能进行海上飞行侦察，可他的预警还是没多少人严肃对待。罗彻福特为后来的事情感到苦恼，他说：“第二天早上，海军第 14 军区司令气急败坏地叫我过去，因为日本人又出现了，而且还在瓦胡岛上肆无忌惮地飞行。真是太不可思议了！”[6]

---

[1] 原注：参见 Layton, “*And I Was There*,” 429–30。

[2] 原注：参见 Potter, *Nimitz*, 83; Potter, “Admiral Nimitz and the Battle of Midway,” 64。

[3] 原注：参见 Prange, *Miracle at Midway*, 408n16。

[4] 原注：参见 Levite, *Intelligence and Strategic Surprises*, 134。

[5] 原注：参见 Schorreck, *National Security Agency Special Research History (SRH)* 230, 4。

[6] 原注：参见 Rochefort, *Oral History of Captain Joseph J. Rochefort*, 205。另见 Layton, “*And I Was There*,” 373。

尼米兹上将：审慎地接受

“珍珠港事件”后，尼米兹从抵达夏威夷的那一刻起，就是情报的坚定支持者。从一件事可以看出这一点：从他上任起，就一直把莱顿带在身边。在整个战争期间，除了尼米兹本人之外，莱顿是唯一一位始终效力于太平洋舰队总司令部的军官。[1] 而这并非莱顿本人的主动意愿。莱顿后来在一次口述历史采访中称，尼米兹上任时，“我告诉他，如果可以，我想出海指挥一艘驱逐舰，去杀日本人。他说，希望我继续干情报工作，他对我有信心。比起指挥军舰，我当他的参谋能杀死更多日本人”[2]。

莱顿写到，尼米兹刚一上任就鼓励莱顿一有新信息就去他办公室汇报，“除了司令秘书（flag secretary），我是唯一获此特权的人。尼米兹显然清楚地知道，优秀的情报是运筹帷幄的根本”[3]。但这并不意味着尼米兹相信其情报参谋官所说的一切。戈登·普兰奇说：“最开始抵达珍珠港时，尼米兹对 Hypo 情报站评价不高，对其价值持怀疑态度。要是无线电情报真有那么高效，为什么 1941 年 12 月 7 日的袭击还会发生？”[4] 上将上任伊始，第一次检阅 Hypo 情报站全体成员时，只问了几个问题就离开了。表明当时他对这个情报站的印象很一般。[5] 莱顿和罗彻福特推测日本正在计划攻击中途岛时，尼米兹同样并非一开始就相信。他后来对普兰奇说，他当时一直怀疑是日本人在下套。[6]

尼米兹对中途岛感兴趣的早期指征始于 5 月 2 日，当天他突击视察了这片环礁。海军陆战队的官方史料清楚地记录，那次视察说明尼米兹开始担忧日本的进攻了。经过一天的艰苦视察后，上将问岛上的海军高级军官哈罗德·香农上校（Colonel Harold D. Shannon），需要

---

[1] 原注：参见 Potter, *Nimitz,* 21。

[2] 原注：参见 Layton, *Oral History of Rear Admiral Edwin T. Layton*, 79。

[3] 原注：参见 Layton, “And I Was There,” 356–57。

[4] 原注：参见 Prange, *Miracle at Midway*, 20。

[5] 原注：参见 Potter, *Nimitz,* 64。

[6] 原注：参见 Prange, *Miracle at Midway*, 37。

什么条件来抵御大规模进攻。听完香农的需求后，尼米兹问："如果我把你要的东西都备齐，你能不能抵御一场大规模的两栖攻击？"上校回答："能，将军。"[1]

与其说是尼米兹听取了情报预警，不如说他只是在审慎地采取预防措施，毕竟这是一处连接夏威夷与日本的美军前哨站。这一点从尼米兹发给金上将的电文中可见端倪。4月29日，尼米兹在电文中称，他很担心中途岛防御大规模攻击的能力（但尼米兹没提到任何具体预警），并提到他准备于5月2日视察中途岛。[2] 尼米兹的传记作者波特也持这种观点，他称尼米兹此行更可能源于对中途岛潜在威胁担忧的直觉，而不是出于对战争即将发生的确信。[3] 莱顿认为，由于金上将对太平洋岛屿前哨站的防御能力的担忧促成了尼米兹这次的视察，"很多历史学家错误地认为是因为他预计日本可能进攻，其实当时日本的攻击计划还未暴露"[4]。

即便日本行动计划的相关情报报告越发清晰地显示大战在即，对于中途岛作为日本的下一个目标，尼米兹还是将信将疑。尼米兹"没有立刻采信莱顿和罗彻福特的全部情报"，他认为这可能是日本人设下的圈套，普兰奇如是说。[5] 大约5月8日，莱顿找到尼米兹，警告他越来越多的迹象表明中途岛就是日本的下一个目标。莱顿后来称：我当时告诉上将，他需要亲眼看看那些第一手的情报资料，他得亲自去作战情报部门。我要面对面向他进行一次详细的汇报。尼米兹说他太忙了，说我汇报的他都信。我说，"我不是这个意思。我请你来看，是想让你和我一

[1] 原注：参见 Heinl, *Marines at Midway*, 22。

[2] 原注：参见 Prange, *Miracle at Midway*, 29。

[3] 原注：参见 Potter, *Nimitz*, 78。

[4] 原注：参见 Layton, "And I Was There," 409。另见 Heinl, *Marines at Midway*, 23。

[5] 原注：参见 Prange, *Miracle at Midway*, 37。罗德写道，此时，尼米兹"半信半疑，但没有确信中途岛将成为下一个目标"。参见 Lord, *Incredible Victory*, 22。

样，确信。”[1]

尼米兹同意派他的作战计划官林德·麦考密克上尉（Captain Lynde D. McCormick）去过目那些原始信息。麦考密克也说很忙，最后同意挪出两个小时。上尉一进 Hypo 情报站的门，罗彻福特就将他截获的日本电报铺在一张用木板和锯木架临时搭建的桌子上。罗彻福特仔细地向上尉展示这些信息碎片是怎样拼到一起的。据罗德所说，“麦考密克饶有兴味，结果，他花了三个半小时，指着材料四处查看，问了一千次‘证明给我看’式的棘手问题”。最终，“麦考密克完全信服地离开了，说服了麦考密克就等于说服了尼米兹。此后，尼米兹上将就成为罗彻福特和莱顿所希望拥有的最坚定的盟友”[2]。

珊瑚海战役：为情报正名的关键胜利

此前提过，“珍珠港事件”后，情报在高级官员眼中变得无足轻重。罗纳德·卢因（Ronald Lewin）写到，“因此，太平洋舰队无线电班（FRUPac）亟须一场胜利来证明自己的价值”[3]。“珊瑚海战役”就是这样一场为情报翻身的正名之战。罗彻福特向金上将预测日本即将对太平洋西南部展开行动，这个预测得到了应验。这一战对情报而言意义非凡，“因为这让尼米兹在罗彻福特和华盛顿海军情报机构——这两个结论常常不一致的二者之间，选择相信罗彻福特”。[4]

尼米兹成为情报信徒

尼米兹上将越来越确信中途岛面临着威胁，但到了 5 月中旬，许多不同的声音从夏威夷和华盛顿传了出来。分管夏威夷的陆军司令德

[1] 原注：参见 Layton, *Oral History of Rear Admiral Edwin T. Layton*, 122–23。

[2] 原注：参见 Lord, *Incredible Victory*, 22–23。

[3] 原注：参见 Lewin, *American Magic*, 91。

[4] 原注：参见 Layton, *“And I Was There,”* 405。卢因称“珊瑚海战役”为情报转折点，参见 Lewin, *American Magic*, 95–96。

洛斯·埃蒙斯（Delos C. Emmons）中将，自然关心夏威夷的安危。他向尼米兹转发了一份陆军情报部门的评论，认为应最大限度考虑敌人的作战能力，制定计划时要更为谨慎。陆军也警告说，日本已经证明了他们有能力攻击夏威夷[1]。此外，华盛顿 OP-20-G 情报站依然不相信莱顿和罗彻福特的判断，认为日军的入侵目标应该是在约翰斯顿岛(Johnston Island)。[2]

面对这些控诉，尼米兹派他的另一个参谋，詹姆斯·斯蒂尔上尉(Captain James Steele）重新评估情报，扮演故意唱反调的人（devil's advocate）进行挑刺，对数据提出种种质疑，让罗彻福特和莱顿一条一条地证明他们的论断。据罗德说，“斯蒂尔完全融入了挑刺者这一角色。莱顿对此很不爽，但在尼米兹看来，这么做有两方面的好处”。首先，此举回应了埃蒙斯的评论；其次，这也是对情报的复核，万一他们真的全都错了呢。[3]

结果，这一步步进展的结果——“珊瑚海战役”的情报成功、麦考密克和斯蒂尔的详细核查，以及尼米兹和情报官的密切联系，使尼米兹相信了情报的价值，并确信中途岛就是日本下一步攻击的目标。不过即便如此，他也非常谨慎，未对全部情报表现出太多的信心。5 月 16 日，尼米兹的《司令部简报》(*Command Summary*）推断，日军将于 6 月上旬袭击中途岛，突击瓦胡岛，并谨慎地补充道，“除非敌人正用许许多多的无线电假情报欺骗我们，否则，我们有相当充分的把握”[4]。

华盛顿的接受度

说服华盛顿的军事领导者，比说服尼米兹困难多了。Hypo 情报站

---

[1] 原注：参见 Potter, *Nimitz,* 79; Lord, *Incredible Victory*, 24–25。罗德写道，尼米兹在 5 月 16 日或 17 日收到了埃蒙斯的信。

[2] 原注：参见 Layton, “*And I Was There,*” 413。

[3] 原注：参见 Lord, *Incredible Victory,* 25。

[4] 原注：参见 Parker, *Priceless Advantage*, 48。

的比亚德后来就抱怨说，整个5月中旬，华盛顿的高层都没理睬他们："Dungeon（罗彻福特、芬尼根、拉斯韦尔、莱顿）一喊'中途岛！中途岛！'华盛顿就立马喊'错！错！错！'"[1]据唐纳德·肖尔斯（Donald M. Showers），一位1942年2月被派往Hypo情报站的海军青年军官说，"华盛顿认为，日本目标要比太平洋中部的一处小环礁更大"[2]。

5月14日，当时金上将还没有确信目标为中途岛，就指示尼米兹宣布"舰队防入侵"（Fleet Opposed Invasion）状态。他列出了敌人四个潜在的方案：攻击中途岛－瓦胡岛、阿留申群岛、瑙鲁或新几内亚东南部。[3]然而，几天后，金上将接受了夏威夷的判断，即日本正密谋攻击中途岛和阿留申群岛，于是他发电对尼米兹说他同意尼米兹的意见。[4]但是OP-20-G情报站和理查蒙德·特纳（Richmond K. Turner）上将负责的海军部作战计划处却不这么认为。5月15日，一条显然来自特纳的消息称，日本将于6月中旬展开新一轮的攻击行动，目标是澳大利亚东北部、新喀里多尼亚和斐济。[5]

罗斯福总统和其他文职领导人在"中途岛战役"前的决策中没起到什么重要作用。一方面可能是因为绝大多数关键情报来源于通信拦截。据克里斯托弗·安德鲁（Christopher Andrew）称，罗斯福几乎对信号情报不感兴趣，即使在"珍珠港事件"之后亦是如此，"尽管对战事具有极其重要的意义，但信号情报还是没能吸引总统的注意力。罗斯福一直觉得谍战和秘密行动比破译密码更有用"。[6]卡恩也研究了罗斯福对信号情报的使用

---

[1] 原注：参见Biard, "Breaking of Japanese Naval Codes," 156–57。

[2] 原注：参见*At the Interface: The WWII Recollections of Donald M. Showers*。肖尔斯后来升至海军上将。

[3] 原注：参见Parker, *Priceless Advantage,* 46。

[4] 原注：参见Prados, *Combined Fleet Decoded*, 318。

[5] 原注：参见Parker, *Priceless Advantage*, 47, 50。OP-20-G情报站和作战计划处的工作人员不同意，他们进行了一系列激烈的争执（包括日本意图）。

[6] 原注：参见Andrew, *For the President's Eyes Only*, 126。

情况，总结道：整个“二战”期间，没有证据表明总统用了哪怕一丁点破译得来的情报。据查，只有少数明确的破译情报上报给了他，但也没有证据表明他据此做出过任何决定。[1]

西奥博尔德少将：好情报不被采信

美军在“中途岛战役”中成功运用情报的过程中，也有明显的例外。这个例外就是西奥博尔德（Theobald）少将，他的故事说明，就算有再好的情报，如果决策者决定不采信，那情报也发挥不了作用。

由于截获的日本计划表明，在突击中途岛的同时还将佯攻阿拉斯加，于是尼米兹于5月下旬派西奥博尔德去阿留申群岛指挥小型特遣舰队。西奥博尔德被告知：情报显示日军意图入侵阿留申岛群岛西端的基斯卡岛（Kiska islands）和阿图岛（Attu islands），但是情报的具体来源并未透露给他。同时他被告知：日本人意图在荷兰港发动牵制性空袭，荷兰港更接近陆地，是美军重要的空军基地。西奥博尔德十分怀疑上述情报：日本人为何要兴师动众不远万里跑来占领基斯卡和阿图这些荒无人烟的小岛？他得出的结论是，情报报告可能是圈套，日本其实要大举进攻荷兰港。于是他把部队部署到科迪亚克岛（Kodiak）以南400英里处。日本按预计计划攻击了阿留申群岛的外围，西奥博尔德少将的军队几乎毫无用处。[2]

“中途岛战役”解读

美国在“中途岛战役”的胜利，很大程度上要归功于出色的情报。然而，战场上不到最后一分钟分不出胜负，此次的情报获取和情报运

[1] 原注：参见 Kahn, “Roosevelt, Magic, and Ultra,” 123–53。

[2] 原注：参见 Prange, *Miracle at Midway*, 155–59; Levite, *Intelligence and Strategic Surprises*, 121–22。

用，并非像常规观点认为的那样游刃有余，实际上距离失败也仅有一步之遥。

此次情报成功，最重要的因素是“珍珠港事件”后，罗彻福特及其团队获准破译日本舰队行动密码 JN-25，最终揭露了日军的作战企图，使美军能据此迎敌。JN-25 是位于华盛顿、菲律宾、夏威夷的三个情报站联手破译的，但是，历史记录清晰地表明，如果没有罗彻福特和 Hypo 情报站的预测成果，如果罗彻福特和莱顿没能说服尼米兹，那么战役的结果，甚至太平洋战争的结果可能都是另一番景象。然而，“中途岛战役”的胜利，不只是成功破译密码那么简单。

“珍珠港事件”的失败，根本没让军事指挥官更重视情报，反而使他们更轻视情报参谋的报告。即便是相对于其他长官而言，已经算得上善于倾听情报的尼米兹，也需要确凿证据才能被说服。尤其是当情报来自琢磨不透的密码破译，以及华盛顿和夏威夷得出的评估结论不一致时。“珍珠港事件”后，这种缺乏接受度的最典型事件发生在 1942 年 3 月，当时罗彻福特预警日本水上飞机可能执行空中侦察，结果无人理睬，直至“再袭珍珠港”，才证明他所言不虚。直到当“珊瑚海战役”的初步胜利展示了情报的威力，尼米兹和其他人才开始将信任票投给了密码破译人员。也只有当罗彻福特和莱顿能够给出尼米兹所需的准确预测时，尼米兹才能下定决心部署美军迎战来敌。

莱顿称当日本舰队终于被发现，他和尼米兹松了一口气，“当我们看到日本船只出现在预测地点时真是太高兴了！有些人一直不承认中途岛是攻击目标；也有人甚至认为‘AF’行动就是个惊天骗局，日本其实是想攻打瓦胡岛或者美国西海岸。他（尼米兹）说：‘现在一切怀疑烟消云散了。他们只要看看这个，就会知道我说的是对的’。”[1]

[1] 原注：参见 Layton, *Oral History of Rear Admiral Edwin T. Layton*, 48。

小结：“珍珠港事件”与“中途岛战役”之差异阐释

“珍珠港事件”与“中途岛战役”两起案例中情报运用的对比，支持了我的观点：关键因素是精准的战术情报和决策者对情报的高接受度。“珍珠港事件”前几个月，美国有大量的、长期的关于日本威胁的战略情报，但却没有具体信息指向日本计划对夏威夷发动攻击。但是，即使挖掘出来了这样的具体情报，也不确定会被夏威夷和华盛顿的官员所采信，因为他们一致认为珍珠港受袭是根本不可能的。

“珍珠港事件”后，日本的战略威胁显露无余。但战略预警并不足以防御日本的下一次突袭，正如“中途岛战役”中，光靠战略情报是难以预测这么具体的地点的。美国的舰船力量有限，指挥官需要具体的情报以确定如何最佳部署兵力。幸好美国的情报官，主要是夏威夷的情报官，能够通过破译日军密码，得知日本攻击计划的细节，来提供这种情报。

美国后来能够成功破译密码，得益于“珍珠港事件”促成了密码分析职责的重组。夏威夷情报站的人不再破译那个举全站之力却几无成效的密码，转攻更有价值的 JN-25。然而，仅仅破译了密码还不够，还需要军事指挥官相信这一情报。他们要冒着夏威夷失去防守，太平洋西南部暂时不顾，甚至美国西海岸遭受攻击的风险，集结军舰在中途岛迎击日本。尼米兹上将最终相信了情报，但这也是情报在“珊瑚海战役”中证明了自己的价值之后。相反，西奥博尔德少将，在不知道情报来源的情况下，拒绝相信情报，导致在阿留申群岛作战失利。

“中途岛战役”的案例表明，要让预防行动成为可能，情报机构需要将重心放在具体问题上。“珍珠港事件”的情报失误让人意识到了这一点。此外，“珍珠港事件”让美国领导人意识到日本的威胁比预期的更为严重；日本有能力发动更远程和更具毁灭性的攻击。然而，就算决策者相信威胁，他们却还是不相信情报。为此，情报需要获得成功来为自己正名。

决策者不仅要相信他们所面临的威胁，还要相信呈送给他们的情报。“珍珠港事件”确认了威胁的存在，但还是“珊瑚海战役”的情报小胜，以及尼米兹及其高级情报官员之间的密切关系，才促成了情报被采信。

第四章
观点论证
突袭典型案例

前两章剖析了“珍珠港事件”的情报失误和“中途岛战役”的情报成功，针对两起案例的不同结果，提出了一种试验性的假说。本文认为，如果决策者能够获得具体的预警情报，尤其是战术情报，并且他们愿意采信，那预警就能够促成预防行动。这两起案例尤其表明，虽然决策者往往最需要长期、宏观的战略情报和预警，这类情报也被视为大多数情报机构追求的工作目标，但它们却不足以防止突袭。

为全面检验预防行动理论，我们需要剖析大量突袭的案例，最好是成功和失败兼具的案例，从而论证精准情报与决策者的接受度这两个因素是否能更好地解释这些结果。这样的研究已经超出了本书的范畴，部分原因在于兼具成功和失败的突袭案例并不存在。尽管市面上已有大量研究突袭问题的书籍和论文，但突袭成功的案例不胜枚举，突袭被挫败的案例却屈指可数。

本章运用常规突袭中的“小型案例研究”（mini–case study），初步尝试检验预防行动理论。目的在于通过对几起著名案例的简短评述，探讨本书提出的两个关键因素，即精准的预警和决策者的接受度能否解释对应的结果。本章以理查德·贝茨和理查德·波斯纳（Richard Posner）著作中的类似章节为蓝本，剖析的九个案例囊括了二人探讨的所有“二战”后的案例，还包括两起二人未涉及的著名案例[1]。

这些案例尽管为人所知，但本书观点是，相比于传统论述，预防行动理论能更有力地解释案例的结果。其中四起案例常在情报失误的案例中被提及：1950 年 6 月朝鲜战争、1950 年中国后来的被迫干预、1968 年越南春季攻势和 1973 年第四次中东战争。其余五起案例更值得探讨，因为在这些案例中，美国情报机构和分析人员至少预警到了突袭的可能性，这五起案例包括：1956 年以色列袭击埃及、1967 年第三次中东战争、1968 年苏联入侵捷克斯洛伐克、1979 年苏联入侵阿富汗，以及 1990 年伊拉克入侵科威特。这些案例中，绝大多数都不属于本书所说的情报成功案例，因为绝大多数案例中袭击最终均发生了，而且美国决策者虽然收到了预警，但依然感到“意外”。但是这些案例却有助于我们理解突袭为何能够频频得手。

1950年6月，朝鲜战争爆发

1950 年 6 月 25 日，朝鲜对韩国发动袭击，让绝大多数美国决策者、军事指挥官和情报机构极为震惊。华盛顿的高层官员当时正专注于更重要的冷战问题，理所当然地认为朝鲜只会听命于苏联，而苏联显然明白此举会导致他们绝对无法容忍的世界大战。在东京远东司令部（Far East

[1] 原注：在本章中综述的九个案例中，贝茨或波斯纳在其关于突袭的书中考察了七个案例。贝茨在《突击袭击》（*Surprise Attack*）中讨论了 1950 年 6 月朝鲜战争、中国的被迫干预、1956 年以色列袭击埃及、1967 年第三次中东战争、1968 年苏联入侵捷克斯洛伐克以及 1973 年第四次中东战争。在《防止突然袭击》（*Preventing Surprise Attack*）中，波斯纳研究了 1968 年春节攻势和 1973 年第四次中东战争。除了这七个案例外，我还增加了另外两个著名的突袭案例：1979 年苏联入侵阿富汗和 1990 年伊拉克入侵科威特。

Command）的麦克阿瑟将军眼里，羸弱的朝鲜军队并没有引发他的担忧。美国情报界也没什么机构或分析人员，把关注点放在朝鲜这么不显眼的地方。正如中央情报局期刊《情报研究》（*Studies in Intelligence*）中的一篇文章称，“美国政府内部似乎无人关注朝鲜”。[1]

然而，朝鲜准备发动进攻的预警已多次出现，从许多方面来看，朝鲜战争的爆发都不失为情报失误和突袭的典型案例。这起案例倒是可以用沃尔斯泰特后来的观点来解释：已有的预警信号淹没于噪声之中。非具体的战略预警随时可见，比如朝鲜的声明、边境的摩擦等。贝茨说，这些预警的唯一作用是“降低了敏感度，而非提升了它[2]”。决策者误解的问题是很明显的：美国领导人即使面对威胁证据依然固执己见。比如，1950 年 3 月，麦克阿瑟的司令部发布了一份报告，预警朝鲜可能于 6 月发动进攻，但报告里又评论道，“但我们并不相信这种说法”。

朝鲜战争暴露的另一个典型问题是能力和意图之间的困境，即敌人的军事能力通常不难掌握，但其意图却难以琢磨。1950 年春，中央情报局报告指出，朝鲜正在加强其军事力量；6 月 20 日的一份报告称，朝鲜有能力随时对韩国发动进攻。但同一时期的中央情报局的其他报告则认为，朝鲜是“苏联牢牢掌控的卫星”，不会擅自行动。[3]

朝鲜战争的案例，可以用大多数情报无法预测突袭的常规理论来解读。但同样也可以用预防行动理论来解读，因为两大要素——精准的预警和决策者接受度都是缺失的。

美国之所以未能获得具体的战术情报，部分原因在于战争爆发前几周，朝鲜有意减少了军队活动，并采取了更温和的外交立场。但无论如何，美国情报部门确实没有认真对待朝鲜战争的预警。国家安全局的一份

[1] 原注：参见 Johnson, “American Cryptology,” 31。另见 Finnegan, “Evolution of US Army HUMINT”。

[2] 原注：参见 Betts, *Surprise Attack*, 53。

[3] 原注：参见 Rose, “Two Strategic Intelligence Mistakes”。

历史研究指出，对朝鲜通信的监控力度也不够，“忽略了朝鲜”[1]。对中央情报局来说，它针对朝鲜的信息渠道不足，战争爆发前，中央情报局大多数报告的来源是国务院、军方或公开的新闻报道。[2]

今天，专家们还在争论，1950 年 6 月朝鲜战争主要的情报失误究竟是在分析还是在搜集[3]。理查德·莫布利（Richard Mobley）的观点很有说服力，他认为缺乏明确的战术指征表明朝鲜正准备进攻，说明主要的失误在于情报搜集。[4]不过，即便收集到更多情报，也不确定美国政府或军方的领导人会不会予以更多关注，他们是不太容易接受情报的，即使接受，也没几个美国领导人或高级情报官员会意识到朝鲜发生战争的风险[5]。正如莫布利所说，就算书面预警再紧急，也不太可能说服美国领导人采取行动："就算想尽办法发布预警，关键决策者还是会索要更令人信服的证据，以表明攻击迫在眉睫，而非只是可能。"[6]

1950年10月，中国出兵朝鲜

1950 年秋，中国被迫干预朝鲜战争，让美国领导人和情报官员再次大吃一惊。在历史学家看来，这次的情报失误更让人感到困惑。尽管 6 月的战争预警因大多数情报是宏观的战略情报而无人问津，但后来有关中国军队威胁的情报则要清晰得多，战略、战术情报均有。中方已经发出了强硬的外交信号，比如通过印度驻华大使传达中国的警告，称如果美军跨过

---

[1] 原注：参见 Aid, *Secret Sentry,* 25。另见 Johnson, “*American Cryptology*”; and Johnson, *American Cryptology during the Cold War, 1945–1989, Book I*。

[2] 原注：参见 Laurie, “Korean War,” 9。

[3] 原注：尽管多数情报专家与历史学家认为，朝鲜战争是美国情报的失误，但是托马斯·巴顿（Thomas Patton）认为在当时的情况下，中央情报局的工作完成得相当出色。参见 Patton, “Personal Perspective”。

[4] 原注：参见 Mobley, “North Korea’s Surprise Attack”。

[5] 原注：参见 Cynthia M. Grabo, “Strategic Warning”。

[6] 原注：参见 Mobley, “North Korea’s Surprise Attack,” 510。

三八线，中华人民共和国将会被迫干预。10月至11月，大批中国军队正前往中朝边境集结的报告纷至沓来。那么，为什么美国官员又一次未能理解那些预警?

一些专家认为，情报机构在搜集与报告来自中国威胁的问题上十分得力。例如，国家安全局的某涉密期刊中的一篇文章就指出，大量通信情报预警中国可能参战，并称“那些接收到通信情报（COMINT）报告的人，包括麦克阿瑟在东京的情报部门G-2在内，不应对中国参加朝鲜战争感到惊讶”[1]。6月，朝鲜战争一打响，中央情报局立即发出预警称中国军队可能会参战。不过，中央情报局一方面提供的战术报告令人警觉：中国由朝鲜族士兵组成的军队已准备入朝；另一方面提供的战略分析报告又让美方有所放松：没有任何迹象表明苏联会让中国进行干预。中央情报局某内部期刊的一篇文章指出，这种平衡方法成为“11月底大多数情报报告的惯用模式”[2]。即使美军于9月在仁川登陆后，接到内部称中国军队正在边境集结的报告时，中央情报局的评估仍然认为，“1950年不太可能发生”中国军队的全面参战。[3]

韩国军队于10月25日首次遭遇中国军队，当时中国开始了第一次战役（First Phase Offensive）。美国情报官员得知，大量中国军队已入朝。但是中央情报局和麦克阿瑟远东司令部的情报评估还是认为，当时中国军队并未大规模进行干预。11月，美军遭遇中国军队，到了11月中旬，美军已在朝鲜发现了中国12个师。尽管如此，11月24日刊发的《国家情报评估》（*National Intelligence Estimate*）还在称：中国有发动大规模军事行动的能力，但目前没有迹象表明中国正在发动大规模攻击。[4]当天，中国发动了第二次战役。到了11月28日，麦克阿瑟终于意识到他面对的是一

[1] 原注：参见 Vanderpool, “COMINT,” 1。
[2] 原注：参见 Rose, “Two Strategic Intelligence Mistakes”。
[3] 原注：参见同上。
[4] 原注：参见 National Intelligence Estimate 2/1。

场全新的战争。

无疑，这是一起即使有了充足预警，攻击发生时却依然让人十分意外的典型案例。格拉博（Grabo）等专家认为这个情报失误案例中的问题在于：对手的意图难以确定。[1] 贝茨认为，美国决策者和军方高层应负主要责任，他们“自以为是、一厢情愿又错判形势”，不相信中国会出兵，也拒绝接受收到的预警。[2] 这起案例中缺乏的关键要素是决策层对情报的接受度。鉴于情报已经非常具体，它们本可更具可行性，但决策者接受度这一关键元素却缺失了。有这样一个例子，可以表明美国军事领导人多么抵制关于中国军队的预警：有报告称麦克阿瑟的情报主管查尔斯·威洛比少将（Major General Charles Willoughby）有意操纵情报报告，删除了关于中国威胁的内容。[3]

1956年，以色列袭击埃及

1956 年 10 月 29 日，以色列对西奈半岛发动袭击，揭开了第二次中东战争的序幕。这次的袭击代号为“卡德什行动”（Operation Kadesh），令埃及领导人极为震惊。虽然以色列没有向美国透露其行动计划，但美国情报界还是成功预判了局势，并向美国领导人发出预警，称以色列的行动迫在眉睫。尽管如此，以色列的袭击还是让美国决策者颇为意外。本案例也很好地展示了，为何决策者在收到预警的情况下，仍会感到突然。[4]

1956 年 7 月，埃及领导人贾迈勒·阿卜杜勒·纳赛尔（Gamal Abdel Nasser）宣布苏伊士运河国有化，随后，美国发布的评估称，没有迹象表明以色列将采取任何大规模的军事行动。7 月 31 日，《国家情报特别评

[1] 原注：参见 Grabo, “Strategic Warning,” 86–87。

[2] 原注：参见 Betts, *Surprise Attack*, 56。

[3] 原注：参见 Bar-Joseph and Levy, “Conscious Action,” 471–72; Budiansky, “What’s the Use of Cryptologic History?” 772–73。另见 Ovodenko, “(Mis)interpreting Threats”。

[4] 原注：参见 Betts, *Surprise Attack*, 63–65; and Calhoun, “Musketeer’s Cloak”。

估》（*Special National Intelligence Estimate*）称，以色列会“高兴地看到”埃及和西方的裂痕正在加深，同时补充说，“我们不认为以色列会攻击埃及，至少在危机早期不会”[1]。

然而，到了10月下旬，预警信号开始增加。10月26日，全国征候中心（National Indications Center）主任撰写了一篇备忘录，标题是《以色列可能突袭埃及》。备忘录指出，观察委员会（Watch Committee，负责高层预警的组织）全体成员“一致认为，以色列大规模报复行动的可能性增加，很可能将于近期进攻埃及”。不过备忘录也补充，以色列似乎没有进行全面动员，不认为以色列准备进行全面战争。[2] 然而，美国驻特拉维夫的军事观察员发回华盛顿的报告称，以色列动员规模是自1948—1949年的战争以来最大的一次。[3]

于是，10月28日发布的《情报顾问委员会特别观察报告》（后称《特别观察报告》，*Special Watch Report of the Intelligence Advisory Committee*）报道了以色列大规模动员的新证据，认为如此大规模的动员使以色列有能力入侵约旦或埃及。报告表示，以色列的动员规模与其他因素一起，“为大规模攻击提供了有利时机”，并认为事件进展表明，“针对埃及的攻击行动即将展开”[4]。当天，全国征候中心主任向情报顾问委员会（Intelligence Advisory Committee）发送了另一份备忘录，概括了支持《特别观察报告》的相关证据。该备忘录的标题是《关于以色列袭击埃及可能性的证据》（*Evidence Bearing on the Possibility of an Israeli Attack on Egypt*）。[5]

当时，美国的情报既提供了阿以危机的长期战略预警，也提供了以色

---

[1] 原注：参见 Director of Central Intelligence, Special National Intelligence Estimate Number 30–3-56, “Nasser and the Middle East Situation,” iv–v。

[2] 原注：参见 US Department of State, *Foreign Relations of the United States, 1955–1957, Suez Crisis, July 26–December 31, 1956,* 787。

[3] 原注：参见同上，382。

[4] 原注：参见同上，798–99。

[5] 原注：参见 NIC TS-6–372, ibid., 799。

列准备发动军事行动的具体的战术情报。后来，中央情报局的一份评估指出，观察委员会“提前几天预警了双方可能产生敌对行动，并提前24小时具体预警了以色列打算在法国和英国的默许下攻击埃及”[1]。据国家安全局一位专家称：“1956年阿以战争前几周，信号情报（SIGINT）是预测这场战争迫近的关键情报源。”[2]

然而，以色列的攻击还是让艾森豪威尔总统和其他美国领导人感到震惊，因为他们并不相信接收到的预警。一方面因为艾森豪威尔相信以色列领导人的保证，他们承诺以色列不会卷入苏伊士运河的争端中。同时，总统和其他美国高官也被以色列所欺骗，他们以为以色列哪怕有行动也是针对约旦，而不是埃及。中央情报局《情报研究》中的一篇文章指出，“苏伊士运河危机（Suez Crisis）期间，英法以三国对美国实施了有史以来最为成功的一次欺骗”。[3]

1967年，第三次中东战争

1967年6月5日，以色列对埃及再次发动了突袭，即“第三次中东战争”。美国情报界在这场战争中的表现，经常被认为无可挑剔，提供了近乎完美的评估：以色列需要用7到9天的时间重新占领苏伊士运河。最后，战争实际上持续了6天。国家情报负责人称：“情报界的分析人员正确预测了阿以危机的发生时间、持续时长和最后结果。他们的情报报告言简意赅、论证充分，使总统能够及时调整美国的参与度，避免了更严重的美苏对抗局面。”[4]中央情报局骄傲地指出，“通过严密的分析，中央情报局近乎完美地预测了1967年的中东战争”[5]。中央情报局前副局长理查

[1] 原注：参见 Aid, *Secret Sentry*, 50。

[2] 原注：参见同上。

[3] 原注：参见 Calhoun, “Musketeer’s Cloak,” 51。

[4] 原注：参见 Office of the Director of National Intelligence, *Vision* 2015, 8。

[5] 原注：参见 Central Intelligence Agency, “CIA Statement on ‘Legacy of Ashes’”。中央

德·克尔（Richard Kerr）写到，“1967 年‘第三次中东战争’是美国情报界如何‘正确’的典型案例”。[1]

中央情报局的评估其实并没有人们印象中的那么精准，但“第三次中东战争”无愧为美国历史上少数几个杰出的情报成功案例之一：出色的战略和战术预警加上决策者的接受，促成了情报成功。它比 1956 年的情报预警更为成功，因为这次预警获得了总统的采信，战争的发动在美国领导人的意料之中。[2]

实际上，预测有两个，由中央情报局领导的情报界均给出了正确的答案。第一个也是最广为人知的一个预测，即每个人都预计到阿以战争即将来临，但其结果如何：以色列仅凭一己之力能搞定吗？美国需要主动介入吗？第二个是战争时间的预测：以色列何时发动攻击？

作为总统，林登·约翰逊（Lyndon Johnson）对情报界的报告并不怎么感兴趣；中央情报局内部期刊的一篇文章称，“约翰逊很难对付”[3]。不过中央情报总监理查德·赫尔姆斯（Richard Helms）让部门做好准备以备不时之需，当中东紧张局势于 1967 年升温时，他成立了一支工作组来监控局势发展。5 月 23 日，约翰逊让赫尔姆斯提交中东局势评估报告，此前的积极作为奏效了，赫尔姆斯在 4 个小时内提交了报告，正好赶上了总统著名的星期二午餐会。赫尔姆斯一共提交了两份备忘录。其中一份认为以色列自身具备良好的防御能力，能够赢得即将开始的战争。

另一份报告由国家评估委员会（Board of National Estimates）编报，标题是《以色列及阿拉伯国家的军事能力》（*Military Capabilities of Israel and the Arab States*），这份评估报告因准确预言了战争走向而闻名。虽然报告的草案曾预言以色列需要 7 到 9 天抵达苏伊士运河，但最终的报告没

情报局的声明是在回应蒂姆·韦纳（Tim Weiner）撰写的批判中央情报局的一本书。

[1] 原注：参见 Kerr, “Track Record,” 47。

[2] 原注：参见 Pillar, “Predictive Intelligence”。关于反转派认为中央情报局的成功更多靠的是运气，而非分析能力的观点，另见 Ginor and Remez, “Too Little, Too Late”。

[3] 原注：参见 Robarge, “Getting It Right,” 2。

写得这么精确，而是估计以色列能在“几天”内突破埃及在西奈的前锋线(forward line)[1]。这些信息对约翰逊来说已经足够,他据此决定不公开支持以色列，也不提供军事援助。

回答了谁将获胜这一问题后，赫尔姆斯还向总统汇报了何时开战这一问题。6 月 1 日，赫尔姆斯曾与一位以色列高官会面，对方告诉他，以色列已经不能再拖，必须马上决定下步行动。翌日，该名官员被召回以色列后，赫尔姆斯立即提醒总统，战争即将打响。[2] 接着，6 月 3 日，中央情报局特别工作组发布了一份备忘录，预警“来自以色列的所有报告均显示，做出‘决定’的压力不断增大”，6 月 4 日，以色列发动攻击的前一天，据称国家安全局破译了一份拦截的电文，显示以色列准备在 24 小时内对埃及发动攻击。[3]

这起案例中的关键因素是，总统愿意听取赫尔姆斯提交的报告，尽管这些信息与以色列官员发给他的危急预警（和援助请求）相矛盾。这种接受度并不是基于他和赫尔姆斯的个人关系，[4] 也不是在回应富有想象力或特别出色的情报分析 [5]。在这起案例中，成功的关键在于 ：中央情报局主动作为，提前谋划，快速回答了总统的问题，加上问题相对清晰，以及分析人员不遗余力地搜集和分析情报。除此之外，此次情报成功多少得益于在以色列的情报人员的洞察力（尤其是在以色列发动攻击的时间问题上）。再有一点就是，此次含义明确、意见一致的情报评估，恰好与美国政府的

[1] 原注：参见同上 , 4。另见 Freshwater, “Policy and Intelligence,” 4–5。

[2] 原注：参见 Freshwater, “Policy and Intelligence,” 6; Robarge, “Getting It Right,” 5。另见 Hathaway and Smith, *Richard Helms*, 145。

[3] 原注：参见 Freshwater, “Policy and Intelligence,” 7。国家安全局信息，参见 Aid, *Secret Sentry*, 136。

[4] 原注：实际上，情况恰恰相反。由于美国中央情报局对该案例的评估，赫尔姆斯成为约翰逊总统星期二午餐会中的常客，而且情报与政策的关系也变得更加紧密。

[5] 原注：淡水（Freshwater，中央情报局作者的笔名，曾在此案例中担任分析人员）指出了这一点，他认为分析的成功是由于先前建立的分析人员小组已经能够对情况做出判断，然后将其快速传递给决策者。

政策预期不谋而合——美国不插手，以色列自己赢。

1968年1月，春节攻势

距朝鲜战争带来的两次冲击不到 20 年，另一个分裂的亚洲国家的北部势力的进攻再次震惊了美国领导人。对“春节攻势”的预测失误是另一典型案例，其中大量的预警信号和情报报告再次被忽视，从两个方面看都与朝鲜战争中没能预测到中国军队的参与极为相似。第一方面，和 1950 年秋天的朝鲜战争一样，在 1967 年和 1968 年，都出现了大量的战略、战术情报预警，显示出对手的下步计划。但几乎所有的美国情报官和军事指挥官——不管是在西贡还是在华盛顿，除了少数几个人之外，都没有予以重视，结果被北越的大举进攻打了个措手不及。

第二个方面更是非同寻常，“春节攻势”的意外并非发生在战争开始时，而是发生在战争进行中。詹姆斯·沃茨在他叙述“春节攻势”情报失误的著作中称，我们本来预计的是，情报机构和决策者不会在战争期间遭到重大意外，尤其是当敌人身份清晰，大家的注意力都集中在关注下步行动时[1]。但“春节攻势”这个案例中，正如当年中国军队出兵朝鲜一样，着实出现了让美国意想不到的情况。

1967 年 7 月，北越领导人决定于春节发动进攻，春节是农历新年的开始，也是越南最重要的节日。从那时起，至 1968 年 1 月 31 日开始实质性进攻，诸多表明威胁正在迫近的迹象都被美国官员所忽视。1967 年 9 月，北越国防部长武元甲将军（General Giap）发表了一篇长文，标题为《巨大的胜利，伟大的任务》(*The Big Victory, The Great Task*)。这样一个具有重大意义的战略指征被忽视了。在这篇由河内电台公开播报的文章中，武元甲宏观地描述了将要到来的“春节攻势”。[2]

---

[1] 原注：参见 Wirtz, *Tet Offensive*。

[2] 原注：参见同上，55–71。

美国也获得了许多“春节攻势”具体的战术情报，比如发现越共在西贡周边设置了一些武器储藏室。随着春节临近，通信情报也越来越多地揭示了北越活动的具体信息。然而，在诸多迹象面前，美军指挥官威廉·威斯特摩兰（William Westmoreland）上将及其在越南军事援助司令部（Military Assistance Command）的人员，仍不相信这会对南越造成什么严重威胁。常规的看法是，如果北越打过来，攻击将集中在非军事区（Demilitarized Zone）附近，而不是南越的城市地区[1]。沃茨写到，美军指挥官并不接受情报："尽管在1967年12月至1968年1月，关于北越攻击目标、攻击战术，甚至是攻击时间等详细信息如雪片般飞来，但美军基本没重视过针对城市、政府设施、南越军队以及美军装备的威胁。"[2]

尽管中央情报局越南站及国家安全局发布了重要的（后来发现也是精准的）预警和情报报告，但华盛顿的决策者和越南的指挥官还是不相信。中央情报局情报研究中心（Center for the Study of Intelligence）后来的一份研究发现，"美国感到意外的根本原因在于，关键决策者在'春节攻势'前始终保持的乐观心态"，可惜他们的"理想和现实中间，隔着巨大的鸿沟"[3]。"春节攻势"后，情报界撰写了一份事后分析报告来查找问题。该报告基本认可了情报机构的表现，指出情报机构其实已研判出了大量预警信息。报告也指出，因为"大多数的各级指挥官和情报官员，都不认为对手有能力实现其在公开新闻和缴获文件中所声明的目标"[4]，所以对手大范围、大规模的攻击行动出乎了美国领导人的意料。

在这起案例中，关键问题是军事指挥官、决策者，甚至高级情报官都对预警情报缺乏接受度。这一点在华盛顿表现得尤为突出，在西贡的美国官员和情报分析人员对预警情报的接受度则高一些，至少他们能相对更好

[1] 原注：参见同上，253。
[2] 原注：参见同上，222。
[3] 原注：参见 Ford, *CIA*。
[4] 原注：参见 Director of Central Intelligence, "Intelligence Warning," 4。

地运用手中的情报，对将要发生的攻击有相对清醒的判断。[1]

1968年8月，苏联入侵捷克斯洛伐克

1968 年 8 月 20 日，苏联入侵捷克斯洛伐克。这一案例清楚地展示了，如果决策者缺乏接受度，哪怕预警及时，分析到位，也难以避免对发生的事件表示震惊。美国领导人清楚，亚历山大 · 杜布切克（Alexander Dubček）领导的“布拉格之春”（Prague Spring）很可能招致苏联的入侵；美国情报界对苏联集结军力也进行了大量预警；中央情报总监甚至单独面见总统约翰逊，提醒其很可能发生入侵。但是当从苏联大使那里听到苏联入侵的消息时，总统还是感到非常意外。[2]

在这个案例中，长期的战略预警已做到了极致，国家安全局官方历史中对这一案例的描述是，“战略预警无可挑剔”[3]。在 2010 年的一场“情报与入侵”的学术研讨会上，一位学者在谈到苏联入侵捷克斯洛伐克事件时表示，“在战略预警方面，美国人做得非常出色”[4]。美国的预警很早就开始了。在事后对情报机构的调查中发现，情报机构最早在 1968 年 3 月下旬，就开始表明苏联对捷克斯洛伐克的军事干预“具有极大的可能性”[5]。7 月，中央情报局报告称，苏联存在军事干预的可能性，但也谨慎说道，“捷克斯洛伐克的事件可能引发苏联的极端反应，但我们无法准确预测”[6]。

---

[1] 原注：参见 Ovodenko, “Visions” 。

[2] 原注：参见 Betts, *Surprise Attack*, 83–84。

[3] 原注：参见 Johnson, *United States Cryptologic History, American Cryptology during the Cold War, 1945–1989, Book II, 460*。已获战略预警，参见 MacEachin, “Analysis,” 123。

[4] 原注：参见 Vertuno, “CIA Monitored Soviet Forces before ‘Prague Spring,’” Associated Press, April 16, 2010。

[5] 原注：参见 Memorandum for the Director of Central Intelligence, “Post Mortem on Czech Crisis” 。

[6] 原注：参见 Central Intelligence Agency Office of National Estimates, Memorandum

美国情报机构从未收到过苏联决定干预的预警信息，但随着入侵临近，他们确实搜集了一些苏联准备工作的具体战术情报。8 月 2 日，中央情报局一份备忘录称，五支苏联方面军在捷克斯洛伐克边境部署，“苏联统帅部已在约两周时间里做好了干预捷克斯洛伐克的军事准备，这是出于政治力量的需要”[1]。这一时期，并非所有情报源都有收获，入侵前几周，中央情报局并未得到空中侦察卫星的任何支持。当时一颗卫星在运行，但其数据盒直到入侵发生后才回收。唐纳德·斯图里（Donald Steury）写到，“当时，拍到的照片显示了苏联军队已部署到位，即将入侵：机场停满了飞机，苏联的军用车辆涂上了白色十字，以区别于捷克斯洛伐克的相同装备”[2]。然而，信号情报倒是有所收获，就在入侵发生前不久，国家安全局的分析人员截获了通信，这让他们确信苏联即将行动。8 月 19 日，国家安全局发布警报，称苏联无线电通信显示苏联即将入侵。[3]

这起案例生动展示了，如果决策者充耳不闻，那即使有卓越的情报分析，以及高超的“关联线索”的能力也无济于事。入侵当天清晨，中央情报总监理查德·赫尔姆斯与几位中央情报局高级官员进行了会面。他们刚刚从一份通讯社的报道中得知，苏联领导人已被召到莫斯科参加一次政治局紧急会议。这个会议不同寻常，结合苏联最近的军事动作，赫尔姆斯认定苏联即将入侵捷克斯洛伐克。赫尔姆斯当天已有面见总统的日程安排，于是他当面向总统传达了他的预警。但总统否定了他的结论，说，“迪克，莫斯科会议是要讨论我们”[4]。总统知道，苏联和美国即将就战略武器限制

---

for the Director, “The Czechoslovak Crisis,” 7。

[1] 原注：参见 Central Intelligence Agency Intelligence Memorandum, “Military Developments in the Soviet-Czech Confrontation,” 2。

[2] 原注：参见 Central Intelligence Agency, “The CIA and Strategic Warning: The 1968 Soviet Led Invasion of Czechoslovakia,” 7。另见 Bischof, Karner, and Ruggenthaler, *Prague Spring*。

[3] 原注：参见 Aid, *Secret Sentry*, 144。

[4] 原注：参见 Central Intelligence Agency, “The CIA and Strategic Warning: The 1968 Soviet Led Invasion of Czechoslovakia,” 8。

的对话发表重要声明，所以他错误地认为这次克里姆林宫里讨论的是这个问题。[1]

要多少预警才足够？美国决策者已知捷克斯洛伐克政府的行动已激怒了莫斯科（战略预警），他们也知道苏联正在集结军队，为一场行动做准备（战术预警）。约翰逊总统的首席情报官员甚至对他当面发出预警：入侵即将开始。不过即使到了那个时候，也没有证据证明苏联的真正意图，结果约翰逊和其他高级官员不认为苏联会入侵。有几份记述材料表明，也许只有获得了苏联决定入侵的确切情报，预警才有可能取信于美国领导人。中央情报局的事后分析发现，当时“并未收到苏联决定入侵的预警，而且在当时的情况下，也不可能收到这类情报，只能根据所获得的情报来做判断”[2]。

美国决策者没有得到关于苏联意图的情报，只有模棱两可的预警，这些不足以让他们认真对待威胁。但这一案例也佐证了辛西娅·格拉博（Cynthia Grabo）等专家的论断，他们认为，很难获得对手决定发动攻击的预警，而决策者又对此过分期待。[3] 哪怕获得了这样的情报，比如“中途岛战役”的案例，领导人又很容易怀疑这是个圈套。真正能起作用的，还是对手准备发动攻击的具体战术情报，但这也需要决策者善于接受，才能奏效。捷克斯洛伐克的这起案例，情报界预测到了，但约翰逊总统和其他领导人却不予理会。

1973年10月，第四次中东战争

1973 年 10 月的“第四次中东战争”，又称“赎罪日战争”“十月战争”，以埃及发动突袭、越过苏伊士运河进入以色列拉开序幕。尽管以军

[1] 原注：参见 Johnson, United States *Cryptologic History, Book II,* 458。

[2] 原注：参见“Post-Mortem on Czech Crisis,” 4。

[3] 原注：参见 Grabo, “Strategic Warning”。

后来成功收复失地并发动了反击，但最初的突袭还是重创了以色列的自尊心，也被视为与“珍珠港事件”“朝鲜战争”及“春节攻势”一样的情报失误案例。

以色列情报机构并不是唯一未能预测到战争发生的情报机构，美国情报一直密切关注着以色列的阿拉伯邻居们，而这起威胁美国最亲密盟友的攻击，竟然真的在美国眼皮底下发生了。用理查德·贝茨的话说，“美国情报机构，坐拥海量先进的情报搜集手段，却犯了和以色列一样的错误”[1]。而事实上的情况更糟糕：面前堆着即将发生敌对冲突的情报，美国情报机构不仅视而不见，反而预测不会发生战争。[2]

查尔斯·艾伦（Charles Allen）当时在中央情报局任职，后来在情报界多个机构任要职，包括负责预警的国家情报官（national intelligence officer）、国土安全部（Department of Homeland Security）情报主管等。他曾说：“时至今日，对于我个人和中央情报局未能预警 1973 年 10 月的中东战争，我仍深感痛心。各项预警指征摆在那里，显示中东地区将会发生大规模冲突，可我们却没能按照这些再明显不过的指征采取行动。”[3]

当时，许多战略、战术情报已经存在，但大多数的情报报告还是认为不可能发生战争。比如攻击前一天，10 月 5 日，中央情报局的一份报告称，“埃及正在进行的演习和警戒活动可能比以往规模更大、更贴近实战，但他们似乎并未准备对以色列发动军事进攻”[4]。

情报界研究此次失误的一份报告认为，当时获得的信息应足以让分析人员发出战争即将打响的预警；情报“虽非不容置疑，但也足够充分、足以引以警觉，而且大多都十分准确”[5]。这份报告列出了当时获得的一系列

[1] 原注：参见 Betts, *Surprise Attack*, 78。

[2] 原注：参见 Shalev, *Israel's Intelligence Assessment*。

[3] 原注：参见 Allen, “DHS Under Secretary for Intelligence and Analysis Charles E. Allen Address”。

[4] 原注：参见 Ford, *Estimative Intelligence*, 245。

[5] 原注：参见 Director of Central Intelligence, “Performance of the Intelligence Community,” i。

具体情报片段，在公开版本中大多数被涂黑了。报告以强烈的措辞抨击道："不管什么原因，那些负责情报分析的人，在进攻紧迫性问题上做出并重申的主要结论，显而易见是完全、极度错误的。"[1]

1973 年，美国的情报专业人士错在哪里？原因有很多，比如分析人员先入为主，不相信阿拉伯的军事能力能够冲击以色列。这虽然是信息闭塞导致的偏见，但某种程度上这种看法也没错：埃及其实缺乏打赢以色列的军事能力。因此，分析人员认定埃及领导人也清楚这种情况，会采取理性的行动。[2] 美国官员同样过分信赖以色列情报人员盲目乐观的推断。正如国务院情报主管雷·克莱恩（Ray Cline）所说，"我们的部分问题在于，以色列自行洗脑了，而我们被以色列洗脑了"[3]。结果，美国和以色列的情报机构都被埃及蒙骗了。最终，熟悉的问题又出现了：所有的原因均在于，美国高级官员和情报官员没有接受预警信息，这些信息至少在事后看来是非常明显的。

1979年12月，苏联入侵阿富汗

捷克斯洛伐克的事件证实了良好的预警不足以避免突袭，然而后来苏联入侵阿富汗的案例，更清楚地揭示了即使出色的战略、战术情报在手，要避免意外依然很是困难。整个 1979 年，美国情报界都在频繁报告阿富汗日益恶化的安全局势。1979 年初，阿富汗各地陆续爆发反政府武装斗争，情报报告最初判断苏联不太可能派驻军事力量。到了夏秋季，阿富汗境内及周边的苏军活动有所增加。中央情报局的事后调查和中央情报局负责情报工作的前副局长道格拉斯·麦凯岑（Douglas

[1] 原注：参见同上，4。

[2] 原注：玛丽·麦卡锡写道："未能预警阿拉伯人于 1973 年 10 月袭击以色列，这是情报灾难最明显的例子之一。情报灾难源于假定外国领导人通过理性分析会改变他们的意图。"参见 McCarthy, "National Warning System," 12。

[3] 原注：参见"Transcript of Secretary Kissinger's Staff Meeting," 22。

MacEachin）的研究报告表明，当时大多数分析人员认为苏联不太可能调集大部队进入阿富汗。[1]

然而，到了 12 月，阿富汗周边的苏军军事活动急剧增加。12 月 19 日，一份警报备忘录（Alert Memorandum）称，“苏联已经明显改变了其在阿富汗的军事介入情况，现在有能力进行多个营的作战行动”[2]。12 月 22 日，国家安全局局长博比·英曼（Bobby Ray Inman）召集国家安全顾问兹比格涅夫·布热津斯基（Zbigniew Brzezinski）和国防部长哈罗德·布朗（Harold Brown），称苏联“无疑”将在未来 72 小时内发动大规模军事干预，接着在 24 日，他再度召集二人，称苏联的行动将于 15 小时内展开。[3]

即便有这样的预警，但入侵真正发生时，包括总统吉米·卡特在内的美国决策者还是颇为震惊。许多情报官员同样也深感意外，他们想不到苏联真的发动了大规模入侵。[4] 哪怕入侵发生后，情报机构内的很多人还是难以相信，苏联会采取明显违背自身最大利益的行动。12 月 26 日、27 日的情报报告评估称，苏联部署于阿富汗的军队可能只开展小型军事行动来巩固阿富汗的政权。[5] 当绝大多数情报官员都不相信苏联会发动大规模入侵时，也就不难理解为什么美国高级领导人对收到的情报报告不予采信了。

这个案例说明了评估**能力**和评估**意图**二者区别的重要性。有几份相关研究总结道，问题不在于缺乏对苏联“**能力**”的预警，而在于未能评估苏联的“**意图**”。后来，中央情报局一项关于情报失误的研究指出：“事后看

[1] 原注：参见 Director of Central Intelligence, “Soviet Invasion,” 15; MacEachin, *Predicting the Soviet Invasion,* 15–20。

[2] 原注：参见 Director of Central Intelligence, “Soviet Invasion,” 35。

[3] 原注：参见 MacEachin, *Predicting the Soviet Invasion*, 33。关于国家安全局的预测，另见 Aid, *Secret Sentry,* 168–69。

[4] 原注：参见 Georgetown University, “Soviet Invasion,” 7。

[5] 原注：参见 Director of Central Intelligence, “Soviet Invasion,” 38。麦凯岑指出，中央情报局的官员后来开玩笑说，他们的分析人员是正确的，而苏联人是错误的。另见 MacEachin, *Predicting the Soviet Invasion,* 46。

来，情报界准确评估了苏联军事干预的利弊，我们很清楚他们的军事能力，但我们误判了他们的意图。”[1]

对于美国情报界而言，情报行动可以称得上是成功的，因为从 1979 年秋天起，情报机构就反复向决策者们发出预警，苏联可能会军事干预阿富汗。美国情报机构通过图像、信号情报和其他情报源，能够追踪到阿富汗周边苏联军队的绝大部分活动。在事后研究报告中，中央情报局称，“在这种情况下，情报界的分析人员履行了他们的基本职责，事先提供了充分的预警报告，以确保关键决策者不应对入侵感到意外”[2]。国家安全局对这段历史的官方评估则更为积极：“这一次‘不存在情报失误’”。[3]

这些官方评估过度美化了情报界在 1979 年的表现。无可厚非，情报官员应该获得一些称赞，至少是功过相抵：他们报告了一些苏联可能入侵的预警信号，但许多分析人员自己又不太相信这些预警。不过本书认为，如果决策者没有采信，那情报预警的价值就乏善可陈。美国领导人收到了自相矛盾的情报报告，未能被说服相信苏联会入侵阿富汗的事实。所以对美国情报而言，这一事件最终还是一次情报失误。

1990年，伊拉克入侵科威特

1990 年 8 月 2 日，伊拉克入侵科威特，可以说是最突出的“战略意外”案例：所有战略、战术指征均已呈报，情报界也发出预警大战在即，而决策者们却再一次地不予接受，也再一次地感到震惊。

就情报界的表现而言，这一次无疑是成功的。中央情报局称已经“准

[1] 原注：参见 Armstrong et al., “Hazards,” 254。另见 Georgetown University Institute for the Study of Diplomacy, “Soviet Invasion”。

[2] 原注：参见 Director of Central Intelligence, “Soviet Invasion,” 4。

[3] 原注：参见 Johnson, *United States Cryptologic History, Book III*, 254。约翰·戴蒙德（John Diamond）就此案例是否标志着情报失误进行了更为全面的讨论，并指出，即使在情报界内部，如何对其进行分类也存在不确定性，参见 Diamond, *CIA*, 71–72。

确、及时地预警了1990年萨达姆·侯赛因对科威特的军事入侵"[1]。随着萨达姆对邻国的言辞越来越激烈，美国情报机构从1990年初起，就在密切监视伊拉克的一举一动[2]。1月，《国家危机预警》（*National Warning Staff*）综述了伊拉克袭击科威特和沙特阿拉伯（后称沙特）的主要指征。4月，美国国防部的情报机构加强了信息搜集工作，正式提出了所谓的伊拉克"地区性预警问题"（regional warning problem）[3]。7月，巨额的国际债务和石油价格下跌，使伊拉克的财政状况越发艰难。萨达姆开始公开指责科威特从边境的油田开采石油。7月15日，他把共和国卫队（Republican Guard）几个师的兵力派到了边境。

7月25日，负责预警的国家情报官查尔斯·艾伦发布了一份"战争预警"备忘录，其中评估伊拉克几乎已具备发动军团规模行动的能力，并认为伊拉克入侵的可能性超过了60%。[4]随后，8月1日，卫星图像和其他情报源显示伊拉克军队已进入攻击位置，艾伦亲自致电给国家安全委员会、副总统办公室、国务院和五角大楼的高级官员们，向他们发出"攻击预警"，他称伊拉克军队已经整装待发，并发誓说这次预警已再明确不过了。[5]尽管如此，当入侵真正发生时，美国领导人还是十分震惊，他们想不到萨达姆真的要兑现他的狂言。艾伦写到，尽管情报界正确地评估了各项指征，"但国家情报官的预警信息——既包括战争预警，也包括袭击预警，均未被采信，不管是高级情报官员，还是决策者，他们都不信"[6]。

问题出在哪里？在这个案例中，伊拉克的军事准备活动尽在美国掌握中，萨达姆也毫不掩饰他的侵略性，但问题在于，情报未能获知伊拉克会采取何种行动。入侵前几周的多数报告都认为，虽然伊拉克有能力发动

[1] 原注：参见"CIA Statement on 'Legacy of Ashes'"。
[2] 原注：参见 Karabell and Zelikow, "Iraq, 1988–1990"。另见 Diamond, *CIA*, 107–40。
[3] 原注：参见 Allen, "Warning," 38; US Central Command, *Operation Desert Shield,* 2。
[4] 原注：参见 Allen, "Warning," 40。
[5] 原注：参见同上，41–42。
[6] 原注：参见同上，43。

大规模攻击，但他们不太可能这么做。比如7月25日，查尔斯·艾伦发布他具有前瞻性的“战争预警”备忘录当天，高级别的情报报告——《国家情报日报》(*National Intelligence Daily*）发表了一篇观点更模棱两可的文章，题为《伊拉克—科威特：伊拉克在虚张声势吗？》(*Iraq-Kuwait: Is Iraq Bluffing?*）[1]。国防情报局（Defense Intelligence Agency）的《国防特别评估》(*Defense Special Assessment*）同日发布的观点也是左右摇摆：“尽管不太可能使用军事手段，但伊拉克正在调集足够的军队入侵科威特，并可能在5天之内完全占领科威特。[2]”到了8月1号，就在艾伦预警战争在即之时，其他高级情报官员却判断不太可能发生大规模攻击。[3]

不过，对美国领导人而言，有着比评估能力和意图二者区别更重要的问题。在决定如何看待时局时，许多高级官员在很大程度上依赖的是中东同行的意见。时任国家安全副顾问的罗伯特·盖茨（Robert Gates）事后回忆道，“谁更了解萨达姆·侯赛因？是法赫德国王（King Fahd）、科威特的阿米尔（Amir of Kuwait），还是中央情报局GS-15（美国公务员薪级第15级）的分析人员？”[4] 问题在于，这些国外的领导人让美国确信伊拉克在虚张声势，只是在向科威特的石油生产状况施压，这是完全错误的。比如，约旦的侯赛因国王（King Hussein of Jordan）曾在7月31日的电话中向布什总统保证，这场危机将在非武力情况下解决。[5]

国内模棱两可的情报，加上国外盲目乐观的判断，使得美国官员在听到伊拉克将入侵科威特的预警情报时无动于衷。艾伦后来说道，“我拉响

---

[1] 原注：参见Russell, “CIA’s Strategic Intelligence,” 194。

[2] 原注：参见Shellum, *Chronology,* 7。

[3] 原注：参见Russell, “CIA’s Strategic Intelligence,” 194。艾伦指出，在7月31日情报界的电话会议中，大多数分析人员认为不可能采取重大军事行动。参见Allen, “Warning,” 41。

[4] 原注：参见Karabell and Zelikow, “Iraq,” 199。

[5] 原注：参见Russell, “CIA’s Strategic Intelligence,” 196。

了警报，可奇怪的是那边基本没有人听。还说我危言耸听”[1]。玛丽·麦卡锡说道，“有人预警了，可情报界的其他人却含糊其词。因此，决策者不可能相信威胁真实存在”[2]。时任参谋长联席会议（Joint Chiefs of Staff）J-5部门的高级计划官员、后任美国战略司令部（US Strategic Command）总司令的乔治·L. 巴特勒（Lee Butler）将军对此直言不讳，“我们收到了情报界的预警，但拒绝承认它”[3]。

小结

从以上案例中可以看出，避免突袭是极具挑战性的，无论是在战争爆发前，还是在战争期间都一样。例如，1950 年秋天的朝鲜，中国将出兵的预警信息从多个渠道清晰地传来，远远大于朝鲜在 6 月出兵前的预警强度，结果第二次带来的冲击与 6 月同样强。1968 年“春节攻势”的情况也差不多，尽管处于战时状态，想必所有的威胁已被充分知晓，美国也几乎把全部的情报力量用在了判定北越的意图上，结果攻击的发动还是出乎美国领导人的意料。

这些案例表明，长期的战略预警无法说服决策者采取措施防止突袭。但同时也表明，就算有非常精准的战术预警也未必能成功。正如陈思德（Steve Chan）所言，情报预测和预警的精准性本身并不是预防突袭的决定性因素。精准的预警信息是成功预警的必要条件，而不是充分条件[4]。一条精准的预警有可能因来得太晚而失去了作用，也有可能因未获决策者采信而形同虚设，特别是当决策者从其他渠道收到了相矛盾的评估结论时，尤其如此。

在提供可行性情报预防常规突袭方面，最重要的因素就是决策者的接

[1] 原注：参见 Allen, “Intelligence,” 5。

[2] 原注：参见 McCarthy, “National Warning System,” 7。

[3] 原注：参见 Quoted by McManis, “Technology,” 20。

[4] 原注：参见 Chan, “Intelligence,” 179。

受度，但本章也展示了决策者对情报接受度的衡量标准是难以确定的。他们会出于种种原因拒绝倾听情报专家的预警。一些案例中，他们认为敌人会按常理出牌，比如 1973 年的战争；另一些案例中，他们固执地认为形势会按自己设想的方式发展，又或者他们更倾向于相信其他的情报源，比如他国的领导人。我们也看到，即便决策者收到了攻击迫在眉睫的预警，他们也还是会选择采信其他模棱两可的报告。

怎样提升接受度？“春节攻势”的案例中，西贡的官员比远在华盛顿的官员更相信威胁临近，因此接受者与威胁的距离可能是影响接受度的一个因素。但在本章最有代表性的情报成功案例中，约翰逊总统和美国对 1967 年“第三次中东战争”的评估也表明，要预测领导人对情报的接受度有多难。本来总统对情报并不太重视，是多种因素的叠加才使他采信了接收到的建议。最后，起决定作用的因素很可能是情报评估与他想要的政策预期相一致——美国远离冲突，让以色列靠自己取胜，才促成了情报成功的结局。

所以，在常规突袭的案例中，接受度应该是最关键的限制因素。就像这些案例已经证实的那样，预防行动的另一个要素——具体的战术情报通常已经获得。因为一次国家层面的大型攻击行动的准备工作对现代国家情报系统而言，是无法保密的。本章所剖析的一些案例中，除了不知道“敌人意图”这样的情报以外，情报构图已经非常清晰。评估常规敌人的意图不仅仅是一门艺术，更是一门科学，而说服决策者采信评估则是情报流程中最难的环节。美国情报的成败历史表明，即便情报正确，甚至情报机构及分析人员已经强烈预感到了敌军的攻击即将扑面而来，然而在充耳不闻的决策者手中，他们的评估一文不值。

然而，如果是恐怖分子发动突袭，情况就完全不同了。国家情报系统虽然能够从常规军事力量收集到预警，然而对于非国家行为者的行为，却无法收集到同等水平的预警。同样，确定敌人意图的挑战也有所不同。本书第二部分将探讨预防恐怖袭击的问题。

第二部分

恐怖主义突袭问题

第五章

东非大使馆爆炸案

预警之下的灾难

1997 年 11 月，一个名叫穆斯塔法·马哈茂德·萨义德·艾哈迈德（Mustafa Mahmoud Said Ahmed）的埃及男子走进美国驻肯尼亚大使馆，向使馆工作人员讲述了一件非同寻常的事。他称，其组织准备在地下停车库引爆装满炸弹的卡车，对使馆进行轰炸，这次攻击的用车不止一辆，而且还会用到震爆弹（stun grenades），并称他已经拍摄了不少对使馆的监控照片。但中央情报局的官员在询问后，对其说法表示怀疑。他们对他进行了测谎，结果显示他在说谎。而且，以色列的情报人员也告诉中央情报局艾哈迈德不可信。同时，有报告显示，此人以前也跑到其他大使馆里做过类似的声明。最终，中央情报局向国务院发送了几份预警报告，位于肯尼亚首都内罗毕的美国大使馆也临时加强了安保措施，而对于艾哈迈德声称的威胁，却没有采取任何针对性措施。艾哈迈德被移交给肯尼亚当局，后者将他驱逐出境。

不到一年时间，1998 年 8 月 7 日，两名男子驾驶一辆装载炸弹的卡车，闯入美国大使馆地下车库并发动袭击。在被肯尼亚安保人员拦截时，二人开枪射击并投掷震爆弹，随后引爆了炸弹。总共 213 人在此事件中丧生，其中包括12名美国人，另有约4000人受伤。几乎在同一时间，位于首都达累斯萨拉姆的美国驻坦桑尼亚大使馆也遭到袭击，造成11人死亡。这是“基地”组织（al-Qaeda）在奥萨马·本·拉登（Oama bin Laden）及其主要副手的直接指挥下，策划和实施的第一次袭击。

事后来看，中央情报局无视艾哈迈德的预警也是可以理解的，毕竟他可能是个为了钱而兜售假情报的骗子。不过，1998年美国驻肯尼亚和坦桑尼亚大使馆爆炸案之前，美国当局收到的预警可不止这名不速之客的造访。美国当时几乎已掌握了所有阻止突袭所需的因素：情报搜集和分析工作进展有序，战略和战术情报信息充足，当地的美国官员对这些预警有着很高的接受度。尽管如此，“基地”组织在东非的恐怖分支还是成功实施了袭击。

问题出在哪里？为了更好地回答这个问题，本章首先回顾了“东非大使馆爆炸案”的背景，介绍了“基地”组织如何早有预谋，及其行动人员如何实施了袭击[1]；随后回顾了事故官方调查委员会及其他人对这一事件的解释，然后通过一份爆炸案之前已经给出的情报研究，从战略和战术两个层面进行分析；接着展示了内罗毕和达累斯萨拉姆当地的美国官员以及华盛顿的官员对预警的接受度。最后，本章按照预防行动的模型分析这起案例，并得出结论。

---

[1] 原注：本章的主要信息来源是2001年在纽约市美国地方法院进行的联邦审判的笔录和其他材料，4名被告被指控犯有与大使馆爆炸案有关的一系列罪名。爆炸案的官方调查是《克劳委员会报告》，正式称为 *Report of the Accountability Review Boards on the Embassy Bombings in Nairobi and Dar Es Salaam on August 7, 1998*。《9·11调查报告》是有关大使馆爆炸案情报报告的另一重要来源。文献摘抄参见 Nolan and MacEachin, Discourse, *Dissent, and Strategic Surprise*; Miller, Stone, and Mitchell, *The Cell*; and Ridgway Center, “Anatomy of a Terrorist Attack”。

爆炸案背景

尽管“东非大使馆爆炸案”应算是“基地”组织直接策划并实施的首次恐怖袭击，但是早在1991年，本·拉登就开始号召对美国和其他西方国家发动攻击。当时他刚从沙特阿拉伯来到苏丹，曾与伊朗开展了合作并获得了伊朗的支持。“基地”组织和伊朗代表于1991年底（或1992年）在苏丹会面，并达成非正式协议，伊朗同意与“基地”组织就以色列和美国的行动展开合作，并提供支持。“基地”组织高级行动人员和训练人员随后进入伊朗学习爆炸技术。1993年秋天，“基地”组织的另一组人马了抵达黎巴嫩贝卡谷地，接受更多关于爆炸、情报和安全技能的培训。《9·11调查报告》写道：“据称，本·拉登对学习如何使用汽车炸弹表现出特别的兴趣，比如1983年在黎巴嫩杀害241名美国海军陆战队员的汽车炸弹。[1]

20世纪90年代早期至中期，“基地”组织主要在为其他恐怖组织实施的袭击提供资金、训练、武器的支持[2]。1993年，“基地”组织成员向索马里军阀提供军事训练和武器支持，帮助他们打击在索马里的美军。“基地”组织后来吹嘘，1993年10月，美军两架黑鹰直升机（Black Hawk helicopters）是在他们的帮助下被击落的，尔后美军撤出索马里也有他们的功劳。[3] 对索马里的支持，大部分来自一支成立于内罗毕的“基地”组织分支，该分支就是后来策划并实施“东非大使馆爆炸案”的主要力量。

---

[1] 原注：参见 *9/11 Commission Report,* 61, 68。另见 trial testimony of al-Fadl, February 6, 2001, 290; *United States v. Ali Mohamed* Plea Agreement, S(7) 98 Cr. 1023 (LBS) (SDNY 2000), 30; Gunaratna, *Inside Al-Qaeda*, 195; federal judge John D. Bates in the case of *James Owens et al. v. Republic of Sudan et al.*, issued November 28, 2011。

[2] 原注：参见 *9/11 Commission Report,* 67。

[3] 原注：参见同上，60。另见 *United States v. bin Laden*, S(9) 98 Cr. 1023, 16–17。

阿里·穆罕默德："基地"组织在美国的眼线

1993 年，一个名叫阿里·穆罕默德（Ali Abdelsoud Mohamed）的前埃及军官，开始策划"东非大使馆爆炸案"。阿里·穆罕默德不仅是"基地"组织恐怖袭击的策划人员，他还是中央情报局招募的重要眼线，提供"基地"组织的信息。他的故事展示了"基地"组织在美国安插潜伏间谍的能力，也表明了美国情报工作在爆炸案前的重大纰漏。[1]

穆罕默德曾是埃及军队的一名少校。据报道，他在特种部队服役，负责保护在海外的埃及外交官，然而，他秘密参加了极端分子的"伊斯兰圣战运动"（Islamic Jihad movement），1984 年因其原教旨主义倾向而被迫退伍。同年，他进入中央情报局驻开罗站工作，并被派往德国做特工，渗透进清真寺。不过中央情报局很快就结束了与他的雇佣关系，因为他对一所清真寺的神职人员坦承自己是中央情报局派来监视他们的。他不知道清真寺里还有其他美国特工，这些特工上报称穆罕默德是双面间谍。

据称，在被中央情报局解雇之前，穆罕默德已经利用中央情报局免签的便利，前往加利福尼亚。[2] 在飞往美国的航班上，他结识了一名美国女子，二人很快结为夫妻，随后他成为美国公民，并参军入伍成为中士，被派往北卡罗来纳州布拉格堡的特种作战中心（Special Warfare Center）执行补给任务。在此期间，他还是一名教员，在军队中讲授中东文化。[3] 在布拉格堡执行任务期间，有一次他请了几周的假，对朋友说想加入阿富汗"圣战"组织，杀俄国人。归队之后，他自称参加了战斗。他如此可疑的行为被报告给了陆军情报部门，但似乎没有引起相关部门足够的重视。

---

[1] 原注：穆罕默德的背景，参见 Weiser and Risen, "The Masking of a Militant"; Waldman, "Lapses in Handling Sergeant"; Emerson, *American Jihad,* 55–60。

[2] 原注：参见 Quinn-Judge and Sennott, "Figure Cited in Terrorism Case Said to Enter US with CIA Help"。中央情报局官员后来否认曾经帮助过他。参见 Risen, "CIA Said to Reject Bomb Suspect's Bid to Be Spy"。其他报道表明，尽管中央情报局官员努力将穆罕默德列入国务院监控名单，但他还是抵达了美国，参见 Weiser and Risen, "Masking of a Militant"。

[3] 原注：参见 Wright, *Looming Tower*, 180–81。

1989年，他被推选录制了一系列教学视频，内容是教士兵有关伊斯兰激进分子如何看待世界的知识。同年他光荣退伍，加入了军队预备役。[1]

随后，穆罕默德搬到了加利福尼亚州的圣克拉拉，他开始频繁旅行，不知在什么时候与本·拉登建立了联系。他还与布鲁克林的阿尔基法难民中心（Alkhifa Refugee Center）有联系，还是埃尔·塞伊德·诺赛尔（El Sayyid Nosair）的朋友，诺赛尔因暗杀犹太激进教士梅厄·卡赫纳拉比而在1990年被判有罪。[2] 到了1991年，穆罕默德已成为"基地"组织领导人的高级助手，并于当年受命协助本·拉登从阿富汗前往苏丹。[3]

穆罕默德曾试图再次接近中央情报局，但中央情报局已对他不感兴趣。不过，当他表示够能提供非法移民走私的线索时，联邦调查局对他表现出了兴趣。由于当时美国当局已经获悉他与"基地"组织有关系，穆罕默德成为联邦调查局的线人很可能是为了避免更多怀疑。据称，1993年他在加利福尼亚圣何塞接受美国反间谍专家的询问，提供了一些本·拉登和"基地"组织的信息，[4] 不过他并没有被捕，也没有人继续深挖此事将他列为双面间谍。

阿里·穆罕默德在内罗毕

1993年底，穆罕默德前往内罗毕，带领"基地"组织的一支行动小组，对潜在的攻击目标开展监视工作。[5] 该小组在一间属于"基地"组织成员侯赛因（L' Houssaine Kherchtou）的公寓里搭建了一个简易工作室，用来拍摄监控照片。他们从德国的经销商那里搞到了先进摄像机，对内罗毕和吉布提的美、英、法、以目标进行监视。位于内罗毕的美国大使馆成

---

[1] 原注：参见 Weiser and Risen, "Masking of a Militant"。

[2] 原注：我将在第六章讨论诺赛尔。

[3] 原注：参见 Emerson, American Jihad, 57; Weiser and Risen, "Masking of a Militant"。

[4] 原注：参见 Wright, Looming Tower, 181–82。

[5] 原注：内罗毕的"基地"组织似乎是哈立德·法瓦兹首次成立的，他于1993年被派往那里进行商业活动，购买住宅。参见 Indictment S(10), 18。

了他们的目标，部分原因在于，汽车炸弹能够停得足够近。穆罕默德花了四五天时间进行拍摄，监测交通模式，观察守卫换岗情况。他制定了一个攻击计划，并把这个计划写在了一台苹果 PowerBook140 电脑上。[1]

穆罕默德随后前往喀土穆（Khartoum，苏丹首都）向本·拉登和其他“基地”组织高级领导人汇报，他们详细讨论了他的监控记录、照片，以及监控小组中一位电脑专家绘制的图表。穆罕默德后来作证称，本·拉登指着一张大使馆的照片说，这个位置是汽车炸弹可以攻击的地点。[2] 但对大使馆的袭击计划似乎被推迟了，原因至今尚不完全清楚。“9·11 调查委员会”认为因为袭击行动计划被打乱了，本章后面会讨论到这个问题。劳伦斯·赖特（Lawrence Wright）认为，一旦国际社会撤出索马里救援行动，本·拉登袭击大使馆的理由也就不复存在。但无论如何，赖特认为“该计划只是暂时搁置，并未被取消”[3]。

因何选择大使馆作为袭击目标?

本·拉登选择大使馆作为袭击目标的原因同样不清楚。部分原因可能在于：位于内罗毕的大使馆是美国在 1992 年至 1993 年索马里救援行动的后勤基地。本·拉登后来在一次采访中称，“美国对索马里的野蛮入侵就始于那里”[4]。阿里·穆罕默德也给出了同样的理由，在其认罪协议中，他称，前往内罗毕是为了“报复美国插手索马里”[5]。

但原因不止于此。一名在袭击中被俘的“基地”组织分支成员，在审讯中提到了几个不同的原因。他说，据他所知，袭击大使馆的原因包括：

---

[1] 参见 *9/11 Commission Report,* 68; *United States v. Ali Mohamed Plea Agreement*; Wright, *Looming Tower*, 198; Bergen, Holy War, Inc., 135。另见 Feuer, “Witness in Bombing Case Describes Scouting Mission”; Benjamin and Simon, *Age of Sacred Terror*, 124–27。

[2] 原注：参见 *United States v. Ali Mohamed Plea Agreement,* 27; Wright, *Looming Tower*, 198。

[3] 原注：参见 Wright, *Looming Tower*, 198; *9/11 Commission Report*, 68。

[4] 原注：1999 年 6 月本·拉登接受半岛电视台采访，参见 Bergen, *Holy War, Inc.*, 89。

[5] 原注：参见 *United States v. Ali Mohamed* Plea Agreement。

那里有很多美国人；大使是位女性，把她炸死一定会掀起轰动性的舆论关注；大使馆的一些职员在苏丹工作；大使馆里有很多基督教传教士；大使馆门口把关不严，便于他们下手。[1] 据称，本·拉登在其他场合还给出了更多原因，比如卢旺达种族大屠杀（genocide in Rwanda）的计划就是在这些美国大使馆里开展的等等。[2]

穆罕默德·奥德抵达蒙巴萨

大约在 1994 年 8 月，一个名叫穆罕默德·奥德（Mohamed Saddiq Odeh）的约旦人从巴基斯坦抵达蒙巴萨（Mombasa）。[3] 他与一名当地女子结婚，并买了一条渔船。接下来的三年，他以卖鱼为生，从肯尼亚海岸沿线的渔民手中收鱼，然后运回蒙巴萨贩卖。1997 年，他的妻子生下了一个男孩，随后他妻子的叔叔给了他一间土房子，位于蒙巴萨北部一个叫维图的小镇上。他在那儿开了间木工店，想做点家具生意，不过他的亲戚对记者表示，奥德好像不太懂木工，日子也过得穷困潦倒。[4]

其实，奥德并不是木工。大使馆爆炸案发生后他被抓获，对巴基斯坦官员坦白自己是“基地”组织成员，早在 1990 年阿富汗抗击苏联入侵时就认识本·拉登了。购买渔船的钱是“基地”组织给的，他在肯尼亚沿岸收鱼的同时，也在一直收集和转运制造炸弹的零部件。[5] 最终，他用这些材料做成了在达累斯萨拉姆使用的炸弹。

1994 年至 1995 年，其他“基地”组织成员也开始在肯尼亚开展活动。瓦迪·哈格（Wadih el Hage）从喀土穆来到内罗毕，开了几家公司。

[1] 原注：这名分支成员是奥哈里，参见 testimony by FBI special agent Stephen Gaudin, March 7, 2001, 2020–21。

[2] 原注：参见 Wright, *Looming Tower,* 272。

[3] 原注：他也被称为穆罕默德·豪达。

[4] 原注：参见 McKinley, “In-Laws Say Bomb Suspect Led Quiet Life”; trial testimony of FBI agent Anticev, February 28, 2001, 1649; indictment S(10), 18。另见 www .pbs.org/wgbh/pages/frontline/shows/binladen/bombings/interrogation.html。

[5] 原注：参见 Watson et al., “Our Target Was Terror”; Hamm, *Terrorism as Crime*, 55。

他是美国公民，是本·拉登在苏丹时的秘书。他的业务包括经营一个叫“坦桑尼亚国王”（Tanzanite King）的珠宝公司，以及一个名叫“帮助非洲人”（Help Africa People）的穆斯林慈善组织。[1] 此外，一个名叫阿布·乌巴达·班希里（Abu Ubaidah al-Banshiri）的前埃及警察也在肯尼亚，他是本·拉登的高级助手和东非分支的行动指挥官。

计划推迟

1996年和1997年，东非袭击的计划因故推迟。最重要的原因是1995年，本·拉登在苏丹遇到了麻烦。苏丹政权面临着国际社会要求驱逐本·拉登的强大压力，同时，本·拉登的好几家公司开始亏损，他被迫削减开支。1996年5月，他返回阿富汗，用“9·11调查委员会”的话说，“尽管他野心勃勃，手段高明，但此时已不堪一击”[2]。

另一个重要原因发生在1996年5月左右，“基地”组织东非分支的指挥官班希里乘坐的木筏出了意外，在维多利亚湖里淹死了。本·拉登派哈伦·法祖尔（Harun Fazul）代替他。法祖尔是肯尼亚人，早在1990年就加入了“基地”组织。他于1997年抵达内罗毕，与瓦迪·哈格住在一起。[3]

“9·11调查委员会”称，1997年8月，一份英国报纸报道称，前“基地”组织财务委员会主席马达尼·塔伊布（Madani al Tayyib）已被沙特当局拘押，这让“肯尼亚分支陷入恐慌”。报道大体不差，但报纸错误地报道称，沙特与中央情报局以及英国军情六处（MI6）分享了马达尼·塔伊布的相关情报。[4] 全球的“基地”组织成员，包括在东非的人员

[1] 原注：参见 Indictment S(10), 19。另见 Shultz and Beitler, “Tactical Deception and Strategic Surprise”。

[2] 原注：参见 *9/11 Commission Report*, 63。

[3] 原注：参见同上, 65–69。另见 trial testimony of Ashif Juma, who was with Banshiri when he died, February 14, 2001, transcript, 626–27; and the testimony of Kherchtou, February 22, 2001, 1264–67; Bergen, Holy War, Inc., 109; and indictment S(9), 22, also found in indictment S(10), on 24。

[4] 原注：参见 *9/11 Commission Report*, 68; Hugh Davies, “Saudis Detain Member of

开始互相打探塔伊布究竟交代了什么。肯尼亚分支的成员曾一度警告汉堡的行动人员不要再打电话，因为线路已被监听。

几周后，美国和肯尼亚官员搜查了瓦迪·哈格位于内罗毕的住所，这让分支成员确信他们已经不安全了，哈格的电话很可能也被窃听了。[1] 哈格于次月（1997 年 9 月）返回美国，被送到调查本·拉登的大陪审团面前。法祖尔留在肯尼亚负责行动，他给几处“基地”组织的据点发传真，警告分支成员面临“巨大威胁”，因为“美国人知道本·拉登的追随者们在索马里实施了攻击美国人的行动”[2]。

最终计划启动

到了 1998 年 2 月，本·拉登已经摆脱了前两年的困境，开始为袭击做最后的准备。2 月 23 日，他公开发表了一份法特瓦 [3]，命令所有穆斯林尽可能地杀死美国人及其盟友。很快，两支实施袭击的人马组建了起来。5 月，伦敦的一份阿拉伯语报纸发布了一份法特瓦，称对伊斯兰的敌人发动“圣战”并将美国人赶出海湾地区，是每个穆斯林的职责。法特瓦是由阿富汗的几名酋长发出的，但是“基地”组织把它传到了伦敦。5 月晚些时候，本·拉登接受了美国广播公司（ABC）的视频采访，传达了基本相同的信息，并补充，“军人和平民没什么区别；他们都是这个法特瓦的目标”。采访中，本·拉登坐在一幅巨大的非洲地图前面。[4]

---

antiAmerican Terror Group," *Daily Telegraph*, August 2, 1997。米勒和斯通写道，塔伊布同意与沙特人分享秘密以换取庇护，但前提是他的情报不会传递给美国人。他们报告说，沙特人保持了讨价还价的目的。参见 Miller, Stone, and Mitchell, *Cell*, 200。塔伊布显然是在 8 月之前的某个时候被捕的。中央情报局于 1997 年 5 月 7 日发布的一份涉密报告称，塔伊布当时“在一个未指明的国家被捕”。参见 Gertz, *Breakdown*, 178。

[1] 原注：参见 Miller, Stone, and Mitchell, *Cell*, 200。

[2] 原注：参见 *9/11 Commission Report*, 68–69。

[3] 译注：法特瓦（fatwa），伊斯兰教法用语，意为教法判决。

[4] 原注：参见 *9/11 Commission Report*, 69。John Miller describes his May 1998 interview in "Greetings, America. My Name Is Osama Bin Laden." PBS Frontline, www.pbs.org/wgbh/

分支成员们在内罗毕和达累斯萨拉姆租了房子，作为策划行动的基地。5 月，法祖尔在内罗毕的高档地段用现金租了一处别墅。6 月，一个名叫哈尔凡·哈米斯·穆罕默德（Khalfan Khamis Mohamed，KK Mohamed）的坦桑尼亚人在达累斯萨拉姆的贫民区租了套房子。[1] 同时，这些人也购买了制造炸弹的材料和用于运输的车辆。一名爆炸专家也被请来协助武器组装；也为随时到来的其他行动人员在内罗毕租了一处旅馆房间。大约 6 月底或 7 月初，这些人买来了自杀袭击用的车辆：用在内罗毕的丰田戴娜卡车，用在达累斯萨拉姆的日产阿特拉斯卡车。[2]

8 月 1 日，不直接参与袭击的成员大多已离开东非，但有一名准备执行自杀炸弹任务的人于 8 月 2 日才抵达。此人名叫穆罕默德·拉希德·奥哈里（Mohamed Rashed al Owhali），是个沙特阿拉伯激进分子，已在阿富汗"基地"组织的多个营地接受了训练，并曾与塔利班一道对抗阿富汗政府。公众对他并不陌生，因为他后来被抓获，并受到了美国当局的长期审讯。最终他和其他 3 名阴谋策划者在 2001 年纽约市的联邦审判中被判有罪。[3]

奥哈里本来计划于 8 月 1 日从巴基斯坦启程赶到内罗毕，但他错过了中转航班（connecting flight），所以于 8 月 2 日星期天才到达。当天，内罗毕的一帮阴谋者（显然没有奥哈里），在山顶酒店（Hilltop Hotel）碰头，这是一家位于内罗毕中心城区面向阿拉伯人的廉价酒店。法祖尔主持了会议，并警告说除了炸弹手，其余所有人必须在袭击发生之前离开肯尼亚。第二天，8 月 3 日，奥哈里与阿卜杜拉·艾哈迈德·阿卜杜拉

---

pages/frontline/shows/binladen/who/miller.html。

[1] 原注：参见 Hamm, *Terrorism as Crime*, 65。

[2] 原注：参见 *United States v. Bin Laden* Indictment, S(10) 98 Cr. 1023 (LBS) (SDNY 2001), 36。参见 Mintz, "15 Freighters Believed to Be Linked to Al-Qaeda"; and John Mintz, "On the Waterfront," CBSNews.com, August 3, 2003。

[3] 原注：参见 Trial testimony of FBI agent Gaudin, March 7, 2001, 2007。另见 Hamm, Terrorism as Crime, 110。

(Abdullah Ahmed Abdullah)，也就是萨利赫（Saleh）碰面，第一次明确了自己的任务。萨利赫在加入反埃及政府的武装力量之前，是一名著名的足球运动员，也是深得本·拉登信任的东非分支协调人。[1]

8 月 4 日，萨利赫带奥哈里来到美国大使馆，告诉他炸弹卡车应该停放的位置。萨利赫说，袭击的时间定在了星期五上午 10 点 30 分至 11 点，因为这个时间大多数穆斯林应该在清真寺，不会被卷入这场危险中。到 8 月 6 日，攻击前一天，除了炸弹手和少数几个准备在爆炸后销毁证据的人员，其余所有人都离开了肯尼亚。[2]

坦桑尼亚的袭击

尽管东非行动的总体规划是在肯尼亚境外进行的，耗时数年，但坦桑尼亚炸弹袭击的具体规划和准备却只用了几个月的时间。后来，因直接参与袭击而被起诉的 5 个人中，只有哈尔凡·哈米斯·穆罕默德（KK·穆罕默德）被美国拘押。2001 年审判期间，他的证词全面还原了坦桑尼亚炸弹袭击的策划过程。

KK·穆罕默德在坦桑尼亚桑给巴尔岛的一个小村庄长大，在高中时辍学，与"基地"组织一同作战。他于 20 世纪 90 年代早期在阿富汗受训，但没有被委派任何任务，最终回到了坦桑尼亚，开始渔业生意。1998 年春，他在午夜接到了一个电话，当时他已在一间杂货铺当店员，那头的人问："你想参加圣战吗？"[3] 电话是一个叫侯赛因的男子打来的，别名穆斯塔法·法德尔（Mustafa Fadl）。侯赛因受萨利赫的指派，负责"基地"

[1] 原注：关于萨利赫，参见 trial testimony by FBI agent Anticev, February 28, 2001, 1652–53; Schmidt and Farah, "Al-Qaeda's New Leaders"; and Hamm, *Terrorism as Crime*, 59–60。

[2] 原注：参见 Trial testimony March 7, 2001; *9/11 Commission Report*, 69; Vick, "Assault on a US Embassy"; Bergen, *Holy War*, Inc., 110–11。

[3] 原注：参见 Post, "New Face of Terrorism," 456。参见 Weiser, "Defense Psychiatrist Tells Jury of Embassy Bomber's Remorse"。另见 Bergen, Holy War, Inc., 113–14; and Hamm, *Terrorism as Crime*, 61。

组织达累斯萨拉姆分支的事务，这个所谓的“圣战”就是协助袭击美国驻坦桑尼亚大使馆。

KK · 穆罕默德受命负责炸弹材料的运输工作，并负责给炸弹的组装找场地，付租金。袭击当天，他的任务是开车将自杀袭击者带到指定地点，并把车交给后者。自杀袭击者被称为“德国的艾哈迈德”，但他其实是个皮肤白皙的埃及人，不会讲当地语言，可能还找不到去大使馆的路。[1]

“基地”组织成员将肯尼亚的袭击称为“神圣天房行动”（Holy Kaaba operation），得名于伊斯兰世界圣地麦加的高大石殿。坦桑尼亚的行动代号为“阿克萨行动”（Operation al-Aqsa），取自耶路撒冷的清真寺。[2] 尽管尚不明确袭击时间究竟有没有什么纪念意义，但 1998 年 8 月 7 日，正好是美国军队奉命进入沙特阿拉伯参加“沙漠之盾行动”（Operation Desert Shield）8 周年。

袭击及确认炸弹手

1998 年 8 月 7 日，当地时间上午 10 点 30 分，奥哈里和阿扎姆（Azzam）开着卡车来到内罗毕的美国大使馆，试图进入地下停车场的后门。当地的安保人员将他们阻拦，于是袭击者开枪并投掷震爆弹震晕了守卫，随后引爆了炸弹。袭击共造成 213 人丧生，其中包括 44 名大使馆雇员，12 名美国人。大使馆及附近区域约 4000 人受伤。[3]

几乎同一时间，“德国的艾哈迈德”在达累斯萨拉姆发动了袭击。由于无法突破大使馆外围区域，他在大使馆办公处外墙 35 英尺（约 10.6

---

[1] 原注：参见 Trial testimony February 28, March 7, and March 19, 2001; Bergen, *Holy War, Inc.*, 115。

[2] 原注：参见 Trial testimony May 1, 2001, 5376; April 4, 2001, 3894; 另见 Bergen, *Holy War, Inc.*, 108。

[3] 原注：袭击本身，参见 Crowe Commission Report。Ambassador Bushnell testified about her experience that day on March 1, 2001, 1858–63。

米）远的地方引爆了炸药。一辆挡在中间的喷水卡车承受了爆炸的主要冲击，但使馆建筑结构仍遭严重损毁，无法使用。大使的住所位于1000码（约914米）以外，当时屋内无人，房顶受损，天花板震落。伤亡人数还不算惨重，11人死亡，其中并没有美国人，另有85人受伤。[1]

接下来的几天里，375名联邦调查局探员及调查人员相继抵达东非，对两起代号为"KENBOM"和"TANBOM"的爆炸案开展了调查工作。这是联邦调查局有史以来最大规模的人员部署，共派出了900多名特别探员在全球开展工作。[2]在当地政府的协助下，他们很快逮捕了一批与本·拉登有关联的嫌疑人。[3]

同时抵达的还有情报人员，《9·11调查报告》指出，"对'基地'组织内罗毕分支长达一年的监视，加之高质量的情报"，很快确定了本·拉登的组织应当为爆炸负责。[4]据称，获得的情报包括一封国家安全局在爆炸案后截获的"基地"组织电文，文中抱怨美国人死得太少，非洲人死得太多了。[5]"基地"组织也声称为袭击事件负责；8月7日和8日，一家位于伦敦的组织也向各大媒体发传真，声称代表"基地"组织对袭击事件负责。[6]

8月8日凌晨3点，时任外国情报监视法庭（Foreign Intelligence Surveillance Court）首席法官的地区法院法官罗伊斯·兰博斯（Royce C. Lamberth），在家中接到电话，要求他批准五个窃听申请，包括对在得克

---

[1] 原注：达累斯萨拉姆的代表团副团长约翰·兰格（John Lange）主管使馆，因为没有任命大使。他于2001年3月13日为爆炸案作证，描述爆炸发生于上午10点39分。

[2] 原注：参见" The War on Terrorism: Remembering the Losses of KENBOM/TANBOM," Federal Bureau of Investigation press release August 6, 2003, www.fbi.gov/page2/aug03/ kenbom080603.htm。

[3] 原注：参见 Kaplan, "On Terrorism's Trail"。

[4] 原注：参见 *9/11 Commission Report,* 115–16。

[5] 原注：参见 Aid, "All Glory Is Fleeting," 87。另见 Vistica and Klaidman, "Tracking Terror"。

[6] 原注：参见 *9/11 Commission Report*, 69–70。

萨斯州的瓦迪·哈格展开窃听。[1] 联邦调查局的探员们则在两个爆炸现场搜寻汽车碎片，尤其是车辆识别码（vehicle identification number，VIN）。经过艰辛的努力，他们在达累斯萨拉姆重新拼凑起了炸弹卡车，找出了车辆识别码，从而找到了位于日本的制造商。随后，他们从日本经销商到第一个车主再到出口商，顺藤摸瓜，找到了坦桑尼亚当地的进口商，然后是二道贩子，最后找到了购买卡车的“基地”组织分支人员。[2] 同时，联邦调查局在内罗毕的调查人员也确认了炸弹车辆的类型。[3]

联邦调查局是幸运的，因为爆炸案发生后，两名主要策划者很快被捕，大量的信息也浮出水面。其中一个人是奥德，他于 8 月 6 日袭击前一天离开了肯尼亚，登上了经卡拉奇转飞阿富汗的航班。巴基斯坦的移民局官员当场就觉得可疑：这个脸面干净、身材矮小的奥德，怎么看也不像护照上那个满脸胡须、体格魁梧的男子。这其实是个伪造的也门护照，由于奥德未能及时更新自己的约旦护照，于是萨利赫给了他这个假护照。[4]

巴基斯坦的安全官员连续审问了奥德三天，显然还动了粗。据《新闻周刊》报道，奥德一开始拒绝开口，但“随后被移交给了巴基斯坦三军情报局（Inter-Services Intelligence Directorate），在那里，他的心理防线终于崩溃了”。奥德后来称自己是屈打成招，但巴基斯坦官员称其在审讯中大肆炫耀自己的壮举。周末，一支中央情报局和联邦调查局的联合工作组将他秘密带回了内罗毕，面对从自己住处搜出的证据，他终于招供。[5]

第二个阴谋者是奥哈里，有两个人直接参与了肯尼亚大使馆的炸弹袭

---

[1] 原注：参见 Pincus, “Judge Discusses Details”。

[2] 原注：参见 Kaplan, “On Terrorism’s Trail”。关于尼桑车的识别，另见 trial testimony March 13, 2001, 2554。

[3] 原注：参见 Trial testimony March 12, 2001, 2242。

[4] 原注：参见 Bergen, “Bin Laden Trial,” 432。另见 Hamm, *Terrorism as Crime*, 69–70。奥德到达巴基斯坦的信息，参见 testimony by Pakistani immigration officials in the trial transcript, April 2 and April 3, 2001。

[5] 原注：参见 Watson et al., “Our Target Was Terror”; Kaplan, “On Terrorism’s Trail”。

击，他是其中一个。让调查人员感到幸运的是，他没有死于爆炸中。炸弹爆炸前几秒，他跳下车，拔腿就跑，只受了些伤。后来他去当地医院进行检查，于8月12日被肯尼亚当局抓获并移交给了联邦调查局。[1]

还有一名策划者，达累斯萨拉姆分支成员KK·穆罕默德，后来也被逮捕。爆炸案后，他离开坦桑尼亚逃往南非首都开普敦，在那里被捕并被移交给了联邦调查局。上文已提到，他招供了大量坦桑尼亚爆炸案的相关信息。[2]

错在何处的常规解读

爆炸案发生后，国务卿和中央情报局局长共同选派人员成立了两个问责审查委员会，对“东非大使馆爆炸案”启动了官方调查。小威廉·J. 克罗（William J. Crowe Jr.）上将是委员会的总负责人，两支委员会也被统称为克罗委员会。委员会发布了两起爆炸案的联合报告，本书称之为《克罗委员会报告》（*Crowe Commission Report*）。[3]

《克罗委员会报告》称有“两个互相关联的问题最让人担忧：一是防止恐怖袭击的安保资源不足，二是美国政府对安全不够重视”。委员会并未指责美国政府中的任何个人，但它认为，“过去十年，几届政府和国会都未能做出足够的努力、投入足够的资源去提升美国在全世界的外交使团应对恐怖袭击的能力，这是全局性的失误”。[4]

委员会认为不存在情报失误的问题，因为情报机构没有忽视任何具体的情报。克罗上将在新闻发布会上说，委员会发现，“情报部门对8月7

---

[1] 原注：参见 Trial testimony March 7, 2001, 2030。另见 Bergen, *Holy War*, Inc., 120–21。

[2] 原注：参见 Trial testimony March 19, 2001。

[3] 原注：参见 *Report of the Accountability Review Boards on the Embassy Bombings in Nairobi and Dar Es Salaam* [Crowe Commission Report]。

[4] 原注：参见同上 , cover letter。

日的袭击没有及时发出战术预警”，他结合当前的情报现状补充说，“我们现在也没有能力获得这种战术预警”[1]。但是委员会也批评了情报界对战术情报的过分依赖。尽管过去的恐怖袭击的教训已表明，即时的战术预警很难获得，但该报告认为，“情报界和决策层仍然过度依赖战术情报，去判断潜在恐怖分子在世界范围内带来威胁的程度”[2]。在没有战术情报预警的情况下，威胁程度容易被低估。[3]

爆炸案的其他研究

爆炸案的其他研究结果基本认为，大使馆的安保不力是灾难发生的重要原因。[4] 但一些学者在情报问题上与克罗委员会持不同意见。[5] 乔治城大学外交研究所（Institute for the Study of Diplomacy）的工作人员就对事先获得的情报展开了深入调查，发现相关部门确实过度依赖战术情报。[6] 但与克罗委员会不同，乔治城大学的研究认为，情报机构其实已经掌握了足够的**战略**情报，足以让情报官员和政府官员意识到潜在恐怖威胁的严重性；认为关键情报是“战略预警——大量情报显示一支恐怖组织专门杀美国人，而且已经在这么干了，在内罗毕有一个重要的行动分支。”[7]

其他对于爆炸案的研究结论基本相似，认为事前已获得足够的预警，官员足以据此采取更有力的预防和防御措施。[8]“9·11 调查委员会”发

[1] 原注：参见 Admiral William J. Crowe, “Press Briefing,” Washington, January 8, 1999, www .state.gov/www/policy remarks/1999/990108_emb_rpt.html。

[2] 原注：参见 Crowe Commission Report, “Executive Overview”。

[3] 原注：参见 Risen and Weiser, “Before Bombings, Omens and Fears”。

[4] 原注：参见 McKinley, “Security Flaws Left Embassy in Nairobi Open to Attack”。另见 Hempstone, “Embassies at Risk”。

[5] 原注：参见 Pillar, “Adapting Intelligence to Changing Issues,” 160–61。

[6] 原注：参见 Nolan and MacEachin, *Discourse, Dissent, and Strategic Surprise*。

[7] 原注：参见同上，36。

[8] 原注：参见 Vadlamudi, “The US Embassy Bombings in Kenya and Tanzania,” 106–8;

现，“东非大使馆爆炸案”前的几年里，美国情报界疏于对“基地”组织进行战略情报分析。委员会报告称，当时，情报界就“基地”组织的威胁已掌握了大量信息。但这些信息掌握在个人和个别情报机构手上，并且“中央情报局‘本·拉登工作站’（Bin Ladin Unit）自 1996 年工作所产生的大量新信息，并未统筹起来与其他政府部门进行融合”[1]。

报道爆炸案的记者们则直斥美国情报界。一些记者认为，情报界未能做出足够努力去收集这场阴谋的情报。例如，詹姆斯·巴姆福德（James Bamford）写道，中央情报局过于关注阿富汗和巴基斯坦，忽视了非洲等其他地区，也未能做好在“基地”组织内安插眼线的工作：“中央情报局再一次震惊了。因为他们将大部分时间和金钱都花在了关注驻阿富汗士兵的命运上，却没有真正对‘基地’组织进行过渗透，结果这样长期策划的复杂阴谋发生时，却连个主使者的人影都见不到。”[2]

其他一些人则批评情报界没有成功解读手头的情报预警，称爆炸案是“情报失误的典型案例”[3]。约翰·米勒（John Miller）和迈克尔·斯通（Michael Stone）写到，联邦调查局、中央情报局、国务院、以色列和肯尼亚的情报部门早就掌握了东非阴谋的蛛丝马迹，所以“大使馆爆炸案是执法部门最无法容忍的失误，他们在应对本·拉登的恶毒‘圣战’时未能保护美国及盟友的利益及生命安全”[4]。他们将未能预防爆炸描述为未解之谜：“美国情报界未能预测到（更不用说阻止）使馆爆炸案，引出了一些最棘手的问题。我们撰写报告《分支机构》（*The Cell*）时，几乎询问了所有的消息来源，从最高行政官员和情报官员，到一线调查人员：‘东非大

Hamm, Terrorism as Crime, chap. 2; and Copeland, “Surprise, Intelligence Failure, and Mass Casualty Terrorism”。

[1] 原注：参见 *9/11 Commission Report*, 118。

[2] 原注：参见 Bamford, *Pretext for War*, 208。

[3] 原注：参见 Gladwell, “Connecting the Dots”。

[4] 原注：参见 Miller, Stone, and Mitchell, *Cell,* 194。

使馆爆炸案’问题出在哪里？但我们从未获得令人满意的回答。”[1]

已获的战略预警

早年的美国外交官和大使馆遇袭事件，尤其是 1983 年和 1984 年发生在贝鲁特的美国大使馆爆炸案，让美国政府清楚地意识到其驻外机构面临着恐怖袭击的威胁。贝鲁特的爆炸案发生后，前中央情报局副局长博比·英曼上将牵头一个委员会研究了使馆安全的问题，并于 1985 年发布了一整套建议方案，该方案被确定为安全标准（security standard）。[2] 许多建议集中在物理安全层面，比如大使馆建筑应远离街道等等。但内罗毕和达累斯萨拉姆的大使馆在安全标准执行前就已经投入使用了，所以它们并未被要求达到安全标准。[3]

早期情报预警

据称，早在 1995 年，国家安全局就通过监控喀土穆市外一处地面基站中的本·拉登通话信号，获得了“非常有用的信息”[4]。但对于“基地”组织其他方面的情报获取却相当有限。1996 年，中央情报局设立了“本·拉登工作站”，这是一个由 12 名情报官员组成的虚拟情报站，专门分析有关本·拉登的情报，并制定针对本·拉登的行动计划。[5] 然而，小组成员虽然强烈地确定本·拉登带来的威胁，但情报界的其他人却不这么认为。小组成员后来对“9·11 调查委员会”说，感觉“他们的郑

[1] 原注：参见同上，341。

[2] 原注：参见 *Report of the Secretary of State's Advisory Panel on Overseas Security* (Inman Report)。

[3] 原注：参见 *Crowe Commission Report*, sections on Nairobi and Dar es Salaam “Discussion and Findings”。

[4] 原注：参见 Aid, *All Glory Is Fleeting,* 83。

[5] 原注：参见 *9/11 Commission Report*, 109。

重其事却引来了同行们的挖苦嘲笑”[1]。即使是在广泛研究恐怖主义问题的中央情报局反恐中心（CIA’s Counterterrorist Center）看来，本·拉登最多也就是个“极端分子的赞助商”，而没有被视为恐怖主义行动的策划人、组织者。

沙特阿拉伯的袭击

1995 年 11 月，一辆炸弹汽车在利雅得一处用来训练沙特国民卫队（Saudi National Guard）的美国与沙特联合设施外爆炸，炸死了 5 名美国人。沙特当局最终抓获了 4 名嫌疑人，这些人自称行动是受本·拉登的启发。沙特当局最终处决了这 4 个人。没有证据表明是本·拉登下令袭击，不过情报报告确实表明，“基地”组织曾将爆炸物运到沙特，用以攻击美国人。[2] 随后，1996 年 6 月，在沙特宰赫兰市，美国空军霍巴塔住宅区遭遇炸弹袭击，19 名美军人员丧生，372 人受伤。联邦调查局经过详细调查发现，伊朗政府支持的沙特真主党（Saudi Hezbollah）实施了这次袭击。也有迹象显示“基地”组织牵涉其中，但无法确认。[3]

苏丹

本·拉登从 1991 起就将苏丹作为大本营，1996 年，发生在苏丹的两件事极大改变了美国情报部门搜集“基地”组织信息的能力。第一件事削弱了这种能力，而第二件事又增强了这种能力。

1996 年初，苏丹日益恶化的安全局势迫使美国关闭了驻当地的大使馆，紧接着，也关闭了中央情报局驻当地情报站。因为大使馆收到了一系列预警，显示恐怖分子可能会攻击美国在喀土穆的工作人员及其子女。

[1] 原注：“本·拉登工作站”的评论，参见“9/11 Commission Staff Statement Number 7,” 4。

[2] 原注：参见 *9/11 Commission Report*, 60; Benjamin and Simon, *Age of Sacred Terror*, 132。

[3] 原注：参见 *9/11 Commission Report*, 60; “9/11 Commission Staff Statement Number 5,” 4–5; Benjamin and Simon, *Age of Sacred Terror,* 224–25。

有消息称，中央情报局情报站站长曾催促美国人要尽快撤出，因为之前，他本人及其下属发现自己受到了监视，并且曾两次遇袭，一次是用刀子，另一次是用榔头。[1]1995 年底，中央情报局发现，发出一系列威胁预警的主要线人其实是在捏造情报，但安全问题还是很严重，而且第二名线人警告说苏丹准备暗杀美国国家安全顾问安东尼·雷克（Anthony Lake），因为他对苏丹当权者进行了强烈批评。[2]1996 年初，美国驻苏丹大使馆关门。中央情报总监乔治·特尼特在个人回忆录中说，事后来看，这次关门是个错误："结果，我们关上了一扇宝贵的透视迅猛发展的恐怖主义的窗户。"[3]

1996 年的第二件事则让美国情报界借机增强了对本·拉登的了解：这名"基地"组织领导人被逐出苏丹，转往阿富汗开展行动。在阿富汗，美国的人力情报搜集工作更容易开展。这倒不是因为美国特工能自行打入恐怖组织，而是在这里能重启早年中央情报局在当地建立的支持反苏联武装的情报网络。"本·拉登工作站"站长对"9·11 调查委员会"说，对美国情报界而言，本·拉登前往阿富汗简直是"天赐良机"，反恐中心主任当时也说，中央情报局在当地的情报源能"近乎实时地告知本·拉登在阿富汗的一举一动"[4]。

阿富汗的信号情报搜集工作同样容易开展。因为该国电信基础设施太原始了，"基地"组织成员不得不通过卫星电话进行联络，而国家安全局追踪起卫星通信则相对容易。一名情报分析人员称，国家安全局在这一时期实际上监控了"进出阿富汗的所有卫星通话"[5]。1996 年 11 月，一

---

[1] 原注：参见 Weiner and Risen, "Decision to Strike Factory"; Gellman, "US Was Foiled Multiple Times"。另见 Hendrickson, *Clinton Administration's Strikes on Usama Bin Laden*, 196–216。

[2] 原注：参见 Gellman, "US Was Foiled Multiple Times"。

[3] 原注：参见 Tenet and Harlow, *At the Center of the Storm*, 102。

[4] 原注：参见 *9/11 Commission Report*, 110。

[5] 原注：参见 Aid, "All Glory Is Fleeting," 86。

名居住在美国的行动人员为本·拉登购买了一部国际海事卫星电话，这成为美国情报机构极好的情报来源。两年里，这部电话成为本·拉登与全球各处行动人员联络的主要工具，通话内容都被美国情报机构进行了监听。[1]

评估威胁

今天看来，在美国情报界，至少有一个情报机构对本·拉登愈发严重的威胁做出了精准预测。1996 年 7 月，国务院情报部门的一份报告称，本·拉登可能不满足于赞助商的身份，准备在恐怖活动中发挥更积极的作用。该报告应该写于本·拉登离开苏丹，正四处逃亡之际。报告称，媒体近期对本·拉登的采访“显露出一个越来越狂妄的激进分子头目”。报告认为，如果本·拉登准备回到阿富汗，那里将成为他的“理想避风港”，而且“从长远看，可能给美国的利益带来更多危险，远远大于他在喀土穆的那三年”。[2]

尽管这些事件发展表明，美国情报和国家安全界已经逐渐意识到了国际恐怖主义的威胁，但记录同样显示，恐怖主义问题在美国情报界的优先权级别仍然较低。1997 年 1 月，中央情报局发布了《情报界活动年度报告》(*Annual Report on Intelligence Community Activities*)，这份报给国会的非涉密报告评估了 1996 年情报界在政府优先关注问题上的表现。[3] 恐怖主义问题并未出现在名单之首，反而更关注“流氓国家”(Rogue States)、中国与俄罗斯的变化，以及大规模杀伤性武器扩散问题。

---

[1] 原注：参见同上，87。另见 Kessler, “File the Bin Laden Phone Leak under ‘Urban Myths’”。其他有用信息，参见 Shafer, “Don’t Blame the Washington Times”。

[2] 原注：参见 US Department of State, “Terrorism / Usama Bin Ladin: Who’s Chasing Whom?” 另见 Lichtblau, “State Dept. Says It Warned about bin Laden”。

[3] 原注：参见 Central Intelligence Agency, *Annual Report on Intelligence Community Activities*。

贾迈勒·法德勒

1996 年，美国情报界已开始意识到日益增长的伊斯兰激进恐怖主义的威胁，但是对本·拉登及其“基地”组织的情报获取并不理想。当年 6 月，情况有所改变。一个名叫贾迈勒·法德勒（Jamal al-Fadl）的前“基地”组织成员，出现在厄立特里亚首都阿斯马拉的美国大使馆签证办理队伍中。他对工作人员说，他有事关美国国家安全的重要情报。[1] 随后的几年时间里，他成为美国针对“基地”组织最重要的情报源。

法德勒出生于苏丹，高中毕业后移民到了纽约。不久之后，他前往阿富汗参加了反对苏联的战争，并最终成为“基地”组织首批成员，与本·拉登关系密切。但他对自己在“基地”组织的待遇很不满，因为肥差基本上都给了沙特人和埃及人，并且他们能够获得丰厚的薪酬，于是他开始私拿回扣。1995 年，他的行为败露，连忙躲了起来，直到 1996 年现身美国驻厄立特里亚大使馆。中央情报局的官员对他进行了一个半月的仔细盘问，并于 1996 年秋天，将他从厄立特里亚带到美军驻德国的一处军事基地，交给联邦调查局进行进一步审问。[2]

1997 年，中央情报局的“本·拉登工作站”已认定“本·拉登绝不只是个赞助商。他们了解到‘基地’组织拥有一个军事委员会，正在针对美国在全球的利益制定攻击计划，并积极尝试获取核原料”。[3] 这些新信息固然让中央情报局“本·拉登工作站”的成员明显提高了认识，但显然没有改变整个情报界对“基地”组织的认识。本·拉登在国家层面情报评估中仍被视为恐怖主义活动的赞助商。1997 年情报界的一份评估报告表

[1] 原注：参见 Miller, Stone, and Mitchell, Cell, 154–65; and Mayer, “Junior”。参见 al-Fadl’s trial testimony on February 7, 2001, 382–91。他在其中描述了如何成为美国线人，并进入证人保护计划，参见 *9/11 Commission Report*, 62, 109。在他的证词和《9·11 调查报告》中，并未明确提到他是在哪个国家自首的，但其他记录描述为厄立特里亚。

[2] 原注：参见 Mayer, “Junior”。

[3] 原注：参见 *9/11 Commission Report*, 109。

达了这一观点，称“伊朗及其代理人，和恐怖分子的赞助商本·拉登伙同其追随者，加强了对美国海外设施的威胁和监视，这也预示着美国可能会遭受更多的袭击”。[1]

本·拉登的预警

1997 年的这份评估报告，是“9·11 事件”之前，针对恐怖分子威胁的最后一份国家层面的情报评估。[2] 但在这一时间，有关“基地”组织的其他预警信息并不在少数，有一些还是本·拉登自己发出的。1997 年 3 月，他接受了有线电视新闻网（CNN）彼得·阿内特（Peter Arnett）的电视采访，这是他首次接受西方广播公司的电视采访。采访中，本·拉登声称“当前圣战的重点是反抗美国入侵者”[3]。1998 年 5 月，他在阿富汗召开了新闻发布会，一些巴基斯坦记者也参加了。他说“未来几个星期将会有好消息”，并表示一个名为“国际伊斯兰阵线”（International Islamic Front）的组织已经成立，目的是“对十字军和犹太人发动圣战”。他补充道，“真主会保佑他们……杀死美国人，将美国人驱逐”[4]。

鉴于这些威胁，美国国务院于 1998 年 6 月 12 日发布预警称，“美国从其他渠道收到信息，波斯湾的美国人可能会受到袭击”。美国宣布将加强其在中东及亚洲的政府设施的安全措施，但没有提到非洲。[5] 当年早些

---

[1] 原注：参见“The Foreign Terrorist Threat in the US: Revisiting Our 1995 Estimate,” ICB 97–8, April 1997, cited in *9/11 Commission Report*, 342。

[2] 原注：参见 *9/11 Commission Report*, 342。

[3] 原注：参见 Benjamin and Simon, *Age of Sacred Terror*, 147。卑尔根写道，尽管这次采访是在 1997 年 3 月 22 日进行的，但直到 5 月 10 日才在 CNN 上播出。参见 Bergen, *Osama Bin Laden I Know*, 450n15。

[4] 原注：参见 Bergen, *Holy War, Inc.*, 190, 103。参见 Nic Robertson, “Previously Unseen Tape Shows bin Laden’s Declaration of War,” CNN.com, August 20, 2002, and Gutman, “Examining Closely Why an Important Story Is Not Widely Told” 。另见 Bergen, *Osama Bin Laden I Know,* 202。

[5] 原注：参见 “US Increases Security Following ‘Serious’ Threats of Terrorist Attack,” Agence France-Presse, in English, June 13, 1998。另见 Vadlamudi, “US Embassy Bombings in Kenya and

时候，1998年3月，美国国务院就本·拉登对美军及平民的威胁，发布了一份全球预警，该预警同样没有特别指出对东非的威胁。[1]

1998年夏天，针对美国人的威胁的迹象逐步升级。6月，美国挫败了一起针对驻阿尔巴尼亚大使馆的阴谋袭击。这次阴谋的细节尚不明确，但显然几名与“基地”组织有关的人员被捕。[2] 同样在6月，纽约联邦大陪审团提交了一份针对本·拉登的秘密起诉书。1998年夏天，情报界收到的信息显示，本·拉登喜欢公开制造大规模伤亡的袭击。7月29日，中央情报局反恐中心发出预警，本·拉登可能发动化学、生物或放射性攻击。然而，这些报告无一预警本·拉登在非洲的阴谋。[3]

已获的具体预警

法德勒的证词、截获的信号情报，加上阿富汗当地的人力情报资产（human intelligence assets），使得美国情报界对本·拉登“基地”组织的威胁勾勒出了大体的战略性架构图。但要获得“基地”组织东非分支的具体战术情报，却相当困难。获取这个内罗毕分支的情报十分不易，很大原因在于，这个分支的成员相当小心谨慎，精于采用否认、欺骗等反情报手段。成员之间使用假名进行联络。比如，阿里·穆罕默德在认罪协议中称，他在内罗毕使用了“杰夫”（Jeff）这个名字，而瓦迪·哈格使用的名字是“诺曼”（Norman）。[4] 奥德在被捕后对审讯人员表示他们曾使用暗语，比如

Tanzania,” 108。Bergen, *Holy War, Inc.*, 110。

[1] 原注：参见 *Crowe Commission Report*, “Nairobi: Discussion and Findings”。

[2] 原注：参见 *9/11 Commission Report*, 127, 484n103; Kifner, “U.S Fury on 2 Continents”; Anonymous, Through our Enemies' Eyes, 213。参见 Gellman, “Broad Effort Launched after '98 Attacks”。另见 Higgins and Cooper, “CIA-Backed Team Used Brutal Means”。

[3] 原注：参见 *Joint Congressional Inquiry,* Appendix on “Evolution of the Terrorist Threat and the US Response 1983–2001,” 20; Coll, *Ghost Wars*, 404。

[4] 原注：参见 *United States v. Ali Mohamed* Plea Agreement, 26。

用“土豆”表示手榴弹。[1] 他们还建立了包括皮包公司在内的地下组织，与当地人结婚，获得当地人的家族身份。[2] 尽管困难重重，但相较全球其他许多区域，美国情报机构在东非还是获得了较好的关于“基地”组织威胁的战术情报图。

信号情报

与在阿富汗一样，信号情报工作在东非也很有成效。1996 年底，一支由国家安全局和中央情报局组成的特殊手段搜集局（Special Collection Service）在内罗毕的美国大使馆开展工作，拦截当地与“基地”组织有关的电话和传真。[3] 塔伊布在沙特落网的消息在阴谋者之间引发了骚动，一时间，可供监控的通信大幅增加。[4]

1998 年“东非大使馆爆炸案”前，通话内容均处于监听之下，有相当一部分内容在 2001 年纽约联邦审判中成为呈堂证供。不过，并非每一条截获的数据都能在当时及时进行翻译和分析。据媒体报道，爆炸发生后，一条拦截信息被发现来自本·拉登在非洲的同伙，这些人说“有坏事将要发生”，并说他们“要马上离开这里”。[5]

哈拉曼基金会

1997 年夏天，他国情报机构向中央情报局移交了一位线人，内罗毕大使馆面临恐怖威胁的具体迹象随之开始显现。线人称，一个伊斯兰慈善组织的内罗毕分会，也就是哈拉曼基金会（Al-Haramain Foundation），正在密谋针对美国人的恐怖袭击。他最后警告说这个组织正密谋轰炸内罗毕

---

[1] 原注：参见 Trial testimony by FBI agent Anticev, February 28, 1663。

[2] 原注：参见 Shultz and Beitler, “Tactical Deception and Strategic Surprise”。

[3] 原注：参见 Aid, “All Glory Is Fleeting,” 88。

[4] 原注：参见 Miller, Stone, and Mitchell, Cell, 200; *9/11 Commission Report*, 68。

[5] 原注：参见 Vistica and Klaidman, “Tracking Terror”; and Aid, “All Glory Is Fleeting,” 88。

的美国大使馆。[1] 这一事件的具体情况尚不完全清楚，但据另一份报告显示：1997 年 9 月，一位线人走进内罗毕大使馆，称在当地一家伊斯兰慈善组织工作的 7 名阿拉伯人和本·拉登有关联。[2]

1997 年 10 月 31 日，肯尼亚当局逮捕了 9 名与哈拉曼基金会有关的阿拉伯人，并查获了该组织的文件。中央情报局对此高度重视，从总部兰利派出一支工作组进入内罗毕开展调查。工作组翻遍了文件也没发现和爆炸阴谋有关的证据。于是工作组想亲自审问在押的阿拉伯人，但这一想法在中央情报局内部引起了争议。中央情报局驻内罗毕情报站的站长拒绝向肯尼亚请求许可，他说他已跟肯尼亚的情报同行的关系搞得相当紧张；而中央情报局的高级官员则敦促他再次考虑。但因决定权在情报站站长手上，最终工作组未能如愿。由于没找到证据，线人被认为是不可靠的，那 9 名阿拉伯人也被肯尼亚当局驱逐出境。但是工作组的一些人员却对当地情报站站长的决定非常愤怒，他们责怪道，这个情报站站长来自中央情报局的分析部门——情报部，而非行动部，并且他还是个第一次执行海外谍报任务的生手。[3]

瓦迪·哈格

前面已经提到，瓦迪·哈格是美国对“基地”组织肯尼亚行动的重要

[1] 原注：参见 Risen and Weiser, “Before Bombings, Omens and Fears”。

[2] 原注：参见 Waller, “Inside the Hunt for Osama”。另见 *Terrorism as Crime*, 63。克劳委员会指出，在爆炸发生前一年，有报道称内罗毕大使馆遭到炸弹袭击后，达累斯萨拉姆大使馆将“必受到袭击”。这种威胁尚待进一步确定，但可能与哈拉曼基金会有关。克劳委员会的报告发现，该报告已全面散发，但其来源不可信。参见 “Dar es Salaam: Discussion and Findings”。

[3] 原注：参见 Risen and Weiser, “Before Bombings, Omens and Fears”。莱森和魏泽尔报告说，中央情报局监察长正在调查此案，但据我所知，该调查没有任何官方消息被发布。加里·伯恩森也批评中央情报局驻内罗毕情报站站长，认为行动部的站长在防止袭击方面可能更有效。他写道，在袭击发生时，该站负责人正在美国休假。参见 Berntsen, Jawbreaker, 8。哈拉曼基金会及其涉嫌与恐怖组织有关的更多信息，参见 9/11 Commission Monograph on Terrorist Financing, 114–30。

情报来源，他是东非分支的早期成员，出生于黎巴嫩的一个天主教家庭，14 岁时改信伊斯兰教。他曾多次居住在美国，并于 1978 年至 1986 年就读于西南路易斯安那大学（University of Southwestern Louisiana），获得了城市规划学士学位。他娶了一位美国穆斯林妇女，并在图森定居，1989 年成为美国公民。1992 年前后，他受邀给本 · 拉登当私人秘书，接下来的两年里，他住在苏丹，1994 年举家迁到内罗毕。[1]

从对法德勒的盘问中，美国情报机构部分了解到哈格和"基地"组织的关系。1997 年初，情报机构开始窃听哈格在内罗毕的手机通信，由于哈格是美国公民，窃听行为尤为敏感。然而，电话窃听似乎并没找到多少有用的情报来反映东非分支的动向，很大程度上是因为哈格说的是暗语。[2] 最终，美国当局决定采取更强硬的措施，来破坏这个"基地"组织分支。1997 年 8 月 21 日，哈格从阿富汗飞回肯尼亚，在内罗毕机场被联邦调查局官员拦下。他们告诉哈格，当局对他的行踪了如指掌，并"建议"他回美国。在美国，当局可以更好地监视哈格。[3] 次月，哈格和家人飞到纽约，在机场迎接他们的是联邦探员。探员对哈格进行了通宵审讯，第二天一早将他带到了大陪审团面前。他矢口否认一切指证，最终被释放。[4] 后来他在得克萨斯阿灵顿定居下来，在那里当局监视着他的一举一动。

尽管情报人员没能从哈格身上挖出多少东西，但在内罗毕机场拦下哈格的当天，他们也搜查了他的房屋，发现了一部苹果 Power Book 140 笔

---

[1] 原注：瓦迪 · 哈格的背景，参见 Miller, Stone, and Mitchell, *Cell*, 196–97; Bonner, "Public Face of Terror Suspect"; and Cloud, "Can a Tire Repairman in Texas Be the Key?"

[2] 原注：参见 Miller, Stone, and Mitchell, *Cell*, 199–200。

[3] 原注：参见同上 , 200–201。

[4] 原注：他于 1997 年 9 月 24 日在大陪审团的证词，后来在 2001 年 2 月 15 日的庭审中提交，记录为 721–887。大使馆爆炸后，他再次被带到大陪审团面前，其证词于 2001 年 3 月 22 日被记录在案。

记本电脑。[1] 专家后来恢复了几份已被删除的文件，包括法祖尔写的一封信，他是“基地”组织内罗毕分支的领导人之一，曾到过哈格的住所。[2] 在这封明显是写给“基地”组织其他成员的信中，法祖尔写道，“我们现在可以确定，组织的安全地点已经完全暴露”。他警告“东非的兄弟们”，他们应该清楚，“在内罗毕，美国－肯尼亚－埃及三方合作的情报活动正在寻找与长老（即本·拉登）有关系的人员姓名及住处”。这封信没有谈到任何与即将开展的行动有关的信息，事实上，法祖尔写道，“我们，东非分支的成员，不想过问行动方案，我们只是执行者”。但他的信明显暗示了某种行动正在酝酿之中：他说最近的事件“让我们别无选择，只能扪心自问，准备好打一场秘密的战役了吗？”

尽管哈格电脑里的信息证实东非存在一支活跃的“基地”组织分支，但美国官员还是无法得知这个分支接下来的行动。他们总结道，不管这些人要干什么，无外乎都是些低端的行动，而且哈格的暴露也应该会让那些还在酝酿阶段的行动熄火。[3]

哈格电脑里导出的一些文件看来似乎并没有被立即进行分析。据乔治城大学对爆炸案的研究，1999 年，一位中央情报局官员向克罗委员会证实，电脑里获得的文件运到了中央情报局总部，但由于缺少翻译，绝大多数文件都是在爆炸发生之后才被翻译出来。[4] 不过，还是有些材料被临时翻译出来，至少也有一位分析人员将译出的信息和其他情报进行了整合，形成了一份综合报告，乔治城大学的研究将之称为“‘基地’组织的组织结构、行动目标和袭击记录的综合报告”。这份报告产生于“东非大使馆

[1] 原注：参见 federal judge Leonard B. Sand, 126 F. Supp 2d 264; 2000 US Dist. LEXIS 18228, issued December 19, 2000。

[2] 原注：参见 www.pbs.org/wgbh/pages/frontline/shows/binladen/upclose/computer.html。

[3] 原注：参见 Wright, *Looming Tower*, 244。

[4] 原注：参见 Nolan and MacEachin, *Discourse, Dissent, and Strategic Surprise*, 38. 中央情报局官员向克劳委员会所作的证词似乎尚未公开发布，《克劳委员会报告》也没有描述这一事件。

爆炸案”发生前几个月，由于分析人员的上级禁止发布这份情报，所以爆炸发生时，这份报告仍只停留在草稿阶段。[1]

艾哈迈德的预警

“东非大使馆爆炸案”中，最重要、最关键的战术情报，本章开头已经提及：1997 年那位名叫穆斯塔法·马哈茂德·萨义德·艾哈迈德的埃及男子走入大使馆，告诉大使馆工作人员，他所在的组织准备轰炸大使馆的地下停车场。[2] 尽管他声称已经踩点并拍了照片，而且较为详细地描述了将要发生的袭击，但中央情报局分析人员仍然认为他的话并不可信。[3] 艾哈迈德被打发走了，回到了坦桑尼亚，后来他因涉嫌参与达累斯萨拉姆的爆炸案，而被坦桑尼亚当局起诉。但起诉最终被撤回，他于 2000 年被释放并被驱逐到了埃及。[4]

坦桑尼亚的爆炸案发生后，被派往坦桑尼亚开展工作的中央情报局工作组负责人加里·伯恩森（Gary Berntsen）曾写道，袭击发生后不久，他就遇到了一个线人，这个人似乎就是艾哈迈德。在《阻断危险的人》（*Jawbreaker*）一书中，伯恩森写道，1998 年 8 月 14 日，一个名叫穆斯塔法的埃及人走进了“美国亲密盟友”的大使馆，声称手头有刚刚发生事件的信息可以出售。这个男人一年前也造访过这家大使馆，想要出售与一场

---

[1] 原注：参见 Nolan and MacEachin, *Discourse, Dissent, and Strategic Surprise*, 38。另见 “9/11 Commission Staff Statement Number 11,” 4–5。

[2] 原注：参见 Risen and Weiser, “Before Bombings, Omens and Fears”; Bonner and Risen, “Nairobi Embassy Received Warning of Coming Attack。

[3] 原注：乔治城大学的研究引用了《克劳委员会报告》第 393 页的内容，指出以色列情报机构认定艾哈迈德是个骗子。这在《克劳委员会报告》公开发行的版本中并没有出现，可能是在未发布的涉密版本中。在公开版本中，《克劳委员会报告》并未明确指出艾哈迈德的预警，但指出在 1997 年收到了关于炸弹车辆袭击或暗杀的预警情报，“但是到了 1998 年初，这些所谓的威胁就不被信任，或者被发现没有意义了”(section on “Nairobi: Discussion and Findings”)。

[4] 原注：参见“Charges Dropped in an Embassy Bombing,” *New York Times*, March 20, 2000。

策划中的袭击有关的信息。他出示了一些数据，有些查证属实，有些则是假的，然后“他被当成了骗子，被打发走了。不幸的是，他给出的美国驻肯尼亚大使馆爆炸案的线索是真的”。伯恩森称他当时与穆斯塔法见了面，但他书中关于穆斯塔法其他部分的描述，及穆斯塔法提供的信息都被中央情报局编辑过了。[1]

预警接受度

决策者对恐怖分子威胁的预警接受度，在东非和在华盛顿是截然不同的。美国驻肯尼亚大使普鲁登斯·布什内尔（Prudence Bushnell）对情报界提供的预警非常重视，但她发现自己几乎无权针对预警采取什么措施。有权采取安全措施的人在华盛顿，但在那里，威胁紧迫感不强，预警接受度很低。

内罗毕的接受度

1996 年，布什内尔刚抵达肯尼亚，就十分关注大使馆的安全问题。1997 年初，情报官员向她汇报了已掌握的“基地”组织在肯尼亚的情况，并告诉她，目前没有迹象表明这里的美国大使馆及美国本土的利益面临特定威胁。[2]1997 年夏天，中央情报局驻内罗毕情报站发现哈拉曼基金会具有潜在的威胁后，又有人向布什内尔大使保证威胁已被消除。虽然一些中央情报局官员认为对哈拉曼基金会相关的调查并不彻底，但显然没人把这种情况告知给大使。

布什内尔及其工作人员看似并未获知情报站已掌握的全部情报，比如电话窃听报告，以及哈格的审讯记录。[3] 但日常所见已足以让大使感到不

[1] 原注：参见 Berntsen, *Jawbreaker,* 22–23。另见 Mahle, Denial and Deception, 273。
[2] 原注：参见 Risen and Weiser, “Before Bombings, Omens and Fears”。
[3] 原注：参见 Nolan and MacEachin, *Discourse, Dissent, and Strategic Surprise,* 48。

安，她多次请求华盛顿加强内罗毕的安保。1997 年 12 月 15 日，她在一份写给国务院的报告中预警道，大使馆的位置“极易遭受恐怖袭击”，并表示大使馆应搬到更安全的建筑中。12 月 24 日，她再次电联华盛顿，强调由于缺乏缓冲距离，大使馆极易遭受攻击；同时请求华盛顿提供支援，修建新办公楼，并全面评估大使馆的安全状况。[1]1998 年 1 月，国务院回复：建筑物目前的安全评级（中等）适当，不会考虑新建办公楼。大使馆上一次的安全评估还是在 1994 年，所以国务院提出派人对大使馆重新进行安全评估。[2]

美国中央司令部（Central Command）司令安东尼・辛尼（Anthony Zinni）将军曾到过内罗毕，他指出这里的大使馆在恐怖分子眼中是理想目标，提出派自己的专业人员评估使馆的安全状况，但国务院拒绝了，他们更想派自己的团队进行评估。[3] 国务院派来的评估工作组于 1998 年 3 月抵达内罗毕，认为大使馆的状况符合面临中等恐怖威胁的安全标准。工作组确实郑重建议应投入约 50 万美元来建立新的安保措施，比如新建外墙，增加监控范围等，但并没有为此提交书面报告。根据这些建议，相应的改进工作也在开展之中，但直到爆炸发生也没有完成。克罗委员会指出，这些改进措施并不会缓和爆炸冲击，也无法阻挡恐怖分子靠近大使馆。[4]

1998 年 4 月，布什内尔大使给国务卿及副国务卿去信，再次表达了她的担忧。她还游说来访内罗毕的美国高级官员和国会议员，据其中一位官员说，大使问：“你们觉得这楼怎么样？我觉得糟透了。”[5] 但安全问题不是只有恐怖威胁，当时，大部分美国官员认为，首要的安全威胁是针对肯尼亚使馆人员的犯罪问题。1998 年初，中央情报局驻内罗毕情报

[1] 原注：参见 Risen and Weiser, “Before Bombings, Omens and Fears”。
[2] 原注：参见同上。另见 *Crowe Commission Report*。
[3] 原注：参见 Risen and Weiser, “Before Bombings, Omens and Fears”。
[4] 原注：参见同上。另见 *Crowe Commission Report*。
[5] 原注：参见 Risen and Weiser, “Before Bombings, Omens and Fears”。

站副站长就在使馆附近被抢劫，与此同时大使也听说有人要密谋杀她。当地警方不仅拒绝派人保卫大使馆，有时还会在使馆大楼前殴打政治异见人士。[1]

为了应对这些威胁，大使馆增加了巡逻警卫的数量，加强了车辆搜查和周边盘查的力度，并额外增加了安全演习。[2] 但是布什内尔大使为加强安保和引起华盛顿的注意所做出的努力，导致了华盛顿与内罗毕的关系愈加紧张。结果，在她漫长的职业生涯中，布什内尔的考核头一回被打了个"中等"。就在爆炸案前几周，她还在因过度关注安全问题和"过度走官僚主义路线"而遭受指责。[3]

达累斯萨拉姆的接受度

尽管达累斯萨拉姆的美国大使馆面临的安全威胁并不显著，但该处官员并没有放松对恐怖袭击威胁的重视。使馆的安保程序良好，常常高于国务院的标准。每一扇窗户都加装了 4 毫米厚的防爆聚酯膜，这在安全规章里并未规定。1998 年 7 月 22 日，使馆的安全官员约翰·迪卡洛(John DiCarlo）刚一到任，就再度加强了现有的安保程序。比如要求车辆必须在使馆外围扫描后才能进入。就在袭击发生前半小时，使馆甚至还在进行预防包裹炸弹袭击的程序演习。不过，并没有特别针对汽车炸弹的预案和演练。[4]

---

[1] 原注：参见同上；另见 *Crowe Commission Report*; Katz, Relentless Pursuit, 238。

[2] 原注：参见 Katz, *Relentless Pursuit*, 241。

[3] 原注：参见 Nolan and MacEachin, *Discourse, Dissent, and Strategic Surprise*, 48。值得注意的是，布什内尔曾担任诺兰和麦凯岑的研究顾问。

[4] 原注：参见 *Crowe Commission Report*, "Dar es Salaam: Discussion and Findings"。关于达累斯萨拉姆新任区域安全官实施的安全措施，另见 Katz, *Relentless Pursuit,* 247–51。卡茨写道，实际上在当天早上安排了三场演习：火警、炸弹威胁和"全面的恐怖袭击"。

华盛顿的接受度

前文已提到，至少在 1996 年以前，华盛顿没有几个官员意识到本・拉登及其组织的威胁。随着这一威胁逐渐明晰，1997 年起，华盛顿大多数反恐部门的工作，仍处在开展宏观的战略行动来应对本・拉登的阶段，而不是在当地开展战术层面的工作，以减少“基地”组织袭击的风险。这些部门各自为战，没有形成合力。中央情报局反恐中心当时正在制定计划抓捕本・拉登，将他驱逐出阿富汗；司法部（Justice Department）的工作目标是准备起诉本・拉登；国务院则更关注缓和印巴之间的核紧张关系、结束阿富汗内战、遏制塔利班侵犯人权的行为，而没有将重点放在驱逐本・拉登。美国军方也没有对本・拉登采取强硬态度，据称中央司令部司令辛尼将军也赞同国务院的观点，即外交手段是现阶段的主要选择。[1]

即便着眼于“基地”组织问题，他们的重点也是本・拉登本人和“基地”组织的高层，所以华盛顿的官员们对特定地区的特定威胁预警并没有什么回应。某种程度上看，这也不足为奇。比如在东非，中央情报局和国务院的安全官员都认为，使馆面临的最大威胁是犯罪活动，而不是恐怖主义。不过，只要美国政府发现了“基地”组织的迹象，他们也会采取措施予以应对，比如在肯尼亚就是这样。至少在爆炸袭击前一年，中央情报局就积极采取了行动，媒体称之为“扰乱行动”（disruption operation）。这种行动，是在官员们认定某人或某组织涉嫌恐怖主义，却缺乏具体情报表明具体情况时，通常会采取的行动。[2] 肯尼亚官方骚扰并搜查瓦迪・哈格，就是扰乱行动的一部分。

然而，当具体的威胁被真正呈现出来时，即使布什内尔大使反复疾呼应加强安保，国务院和中央情报局却都反应冷淡。从上面我们已经看到，国务院是有多么不相信“基地”组织对内罗毕大使馆的威胁，拒绝建造新

[1] 原注：参见 *9/11 Commission Report*, 111。

[2] 原注：参见 *9/11 Commission Staff Statement Number 7*, 3。

建筑，并拒绝辛尼将军安全支援的提议。中央情报局也是一样，本可采取更有力的措施瓦解这个恐怖组织分支，或是遏制这场袭击。1997 年 11 月，当艾哈迈德走进大使馆提供阴谋袭击的诸多细节时，中央情报局至少本可以成立一个“反盯梢特别行动小组”(snapshot team)，去侦查那些在大使馆附近晃荡的可疑人员。结果，中央情报局只提交了一份轻描淡写的报告，称艾哈迈德可能是个骗子，但他说的也可能是事实。[1]

小结

“东非大使馆爆炸案”是一起非常典型的案例，说明就算已经获得了预警，精心策划的恐怖袭击仍然很难预防。问题不在于缺乏关于“基地”组织的战略情报，截止到 1998 年夏天，来自本·拉登本人及其他渠道的预警威胁，已经清清楚楚地摆在了美国决策者面前。问题也不在于缺乏使馆面临威胁的具体的战术情报，因为不止一个情报源此前已向内罗毕的美国官员发出预警，那里的大使馆是袭击目标。

情报搜集和分析也都没有出错。“东非大使馆爆炸案”这一谜题的答案是，预防行动的另一个关键因素缺失。这个关键因素就是：情报预警的接受度，尤其是华盛顿国务院官员的接受度，他们手握采取措施应对威胁的权力。美国驻肯尼亚大使强烈意识到了威胁，却无法说服国务院的高官。美国驻坦桑尼亚的大使馆安全官员，也充分认识到了威胁的严重性，加强了安保措施，甚至袭击的当天早上还在开展反恐演习，但这些举措都还不够。尽管我们无从知晓究竟需要怎样的举措才能阻止 1998 年 8 月 7 日的袭击，但最起码情报、执法部门应当联合起来，采取必要的防御措施去瓦解“基地”组织东非分支，或是遏制那场袭击。有些举措可能代价昂贵，比如新建大使馆办公楼；或者很难办到，比如争取肯尼亚当局的

[1] 原注：参见 Waller, “Inside the Hunt for Osama”。另见 Subiri, *Bombs That Shook Nairobi and Dar,* 40。

合作，采取更强硬的手段渗透或是瓦解东非分支。要采取这些措施，需要得到美国高级官员——很可能需要华盛顿官员的批准，但在这个层面的官员，对预警的接受度几乎没有。

本章的结论和克罗委员会及其他研究的结论不同。常规观点认为，决策者过度重视战术情报，他们应该更关注“基地”组织日益增长的威胁的宏观战略情报。本章认为恰恰相反：关键的情报预警恰恰出现在战术层面。而决策者最大的失误，尤其是华盛顿的最大失误，在于对这些预警没有给予足够的重视。当然，情报机构本可以对战略威胁做出更多分析，但毋庸置疑的是，就算有再多的战略情报产品或情报评估，就算再怎么整合已获情报，都无法让华盛顿的官员采取具体行动去应对东非传来的预警。预防行动 = 精准的战术预警 + 有权采取行动应对威胁的决策者。等式右边的第一部分已经有了，而第二部分却缺失了，结果就是发生了一场在预警声中炸响的灾难。

第六章

恐怖日阴谋

成功挫败恐怖袭击

这是美国历史上最早、最成功的预防恐怖主义案例之一，同时也是最不为人所知的案例之一。1993 年 6 月，第一次“世贸中心爆炸案”发生仅仅 4 个月后，一伙人因预谋在纽约市区多地制造爆炸而被捕，这些地点包括联合国总部、林肯隧道、荷兰隧道以及乔治·华盛顿大桥。这伙人从 1989 年起就被组织起来接受训练，美国政府后来称，这是一场“对美国发动城市恐怖主义战争”的阴谋。[1] 这些阴谋者经审判最终被判有罪，而这次审判至今仍是美国史上时间最长、最为复杂的国际恐怖主义审判。联邦法官迈克尔·穆凯西（Michael B. Mukasey）称，这场袭击如果成功，可能会造成“美国内战以来”最严重的破坏，也会让之前的“世贸中心爆炸案”“相形见绌”。[2]

“恐怖日阴谋”这个案例之所以重要，不仅是因为大规模破坏被阻止了，还因为它为今天的反恐和预防突袭提供了经验。这是伊斯兰激进分

[1] 原注：参见 *US v. Omar Ahmad Ali Abdel Rahman*, et al., indictment S5 93 Cr. 181 (MBM) (SDNY 1994), 6。

[2] 原注：参见 Fried, “Sheik Sentenced”。

子的恐怖阴谋在美国首次被挫败，在许多方面均和“9・11 事件”之后多起被挫败的恐怖袭击类似。尽管它具有重要意义，但今天的学术界和恐怖主义问题研究者却研究甚少。[1] 本章将就此事件进行剖析，这场阴谋的受挫，是精准的战术情报和决策者极高的接受度共同促成的。在这个案例中，决策者对情报的接受度，比半个世纪前“中途岛战役”中的接受度还要高。

本章首先综述了“恐怖日阴谋”，包括这伙人是如何被关联到此前的“世贸中心爆炸案”的。当局能够挫败这场阴谋的主要原因是其中有一名联邦调查局的线人；第二部分详述了这名线人是怎样打入恐怖组织内部的，以及纽约当局掌控这名线人的重重困难。随后的两部分深度剖析了当局获得的关于阴谋的情报。首先是战略层面的宏观情报，1993 年世贸中心遇袭前，几乎没有长期的战略预警表明可能发生这样的袭击。其次是战术层面的具体信息，这名线人是谁，他因何要为联邦调查局工作？

接下来的章节探讨了决策者对战略和战术预警的接受度。纽约官员相信这个联邦调查局的线人所提供的战术情报，但这也是在第一次“世贸中心爆炸案”成为焦点后，他们才确信线人的情报值得投入金钱和精力去获得。本章小结部分认为，“恐怖日阴谋”的重要意义不仅在于为预防恐怖袭击提供了经验，还在于在诸多方面，这个案例都不失为一个美国今天仍面临的威胁模式，这个模式就是：由联系松散的极端分子临时组织起来策划重大的恐怖袭击。

[1] 原注：参见 Gleis, “Connecting the Dots”; Smith, Damphousse, and Roberts, “Pre-Incident Indicators”; and Center for Terrorism and Intelligence Studies, “Jericho Option”。另见 Andrew C. McCarthy, Willful Blindness; and McCarthy, “Testimony before the US Senate JudiCIAry Committee”。本章主要的信息来源包括阴谋者最初的庭审记录和抄录，参见 *US v. Omar Ahmad Ali Abdel Rahman, et al.*, US District Court, Southern District of New York, held in 1995; and the appeal made by the defendants to the Second US Circuit Court of Appeals, with a decision handed down in August 1999, 189 F. 3rd 88 (2nd Cir. 1999)。其他有用信息参见 Miller, Stone, and Mitchell, *Cell*; and Lance, *1000 Years for Revenge*。

阴谋背景

“恐怖日阴谋”最早始于 1989 年 1 月，当时一伙人在纽约肯尼迪国际机场碰面，其中包括两个人，一个是埃尔－塞伊德·诺赛尔，另一个是克莱门特·汉普顿（Clement Hampton-El）。[1] 当年 7 月，这两人和其他几人在长岛卡尔弗顿的一个射击场一起接受训练，后几人后来因参与“世贸中心爆炸案”而被判有罪。至少有三个周末，他们都在练习半自动手枪和 AK-47 突击步枪——这一切均处于联邦调查局的监控之下。此前当局了解到一群与布鲁克林阿尔基法难民服务中心有关联的巴勒斯坦人正策划在大西洋城的赌场中制造爆炸。[2] 联邦调查局顺藤摸瓜，对在长岛进行训练的人进行了盯梢。

负责盯梢的特工并没有发现针对美国公民阴谋的证据，所以他们也就没有过多关注射击训练。当时，不少清真寺出资，给想去阿富汗与苏联军队作战的“圣战者”提供训练经费，这在执法部门眼里已是“公开的秘密”。联邦调查局的主要担忧是这伙人可能违反联邦中立法律，这些法律禁止美国人对那些与美国处于和平状态的国家发动战争。因此，联邦调查局并没有去干扰那些人的射击训练。[3]

但是，这些人训练并非是要去阿富汗参战，而是要在美国发动攻击，他们直接听命于激进的、被称为“盲人酋长”的奥马尔·阿卜杜勒·拉赫曼（Omar Abdel Rahman）。阿卜杜勒·拉赫曼当时人在埃及，这些人通过手机向他汇报军事训练进展，以及进一步训练的营地建设问题。阿卜杜勒·拉赫曼的人制作这些对话的录音带，分发给“盲人酋长”的追随者。

[1] 原注：参见 *US v. Rahman* indictment S5 93 Cr. 181, 8。

[2] 原注：参见 *US v. Rahman*, 189 F. 3rd 88 (2nd Cir. 1999)。另见 Bernstein, “FBI Has Kept 2 in Bomb Trial under Surveillance”; and Miller, Stone, and Mitchell, *Cell*, 51。

[3] 原注：参见 Miller, Stone, and Mitchell, *Cell,* 51; McCarthy, “Testimony before the US Senate JudiCIAry Committee,” 4。

其中一段对话中，诺赛尔对拉赫曼说，“我们已经建立了一座营地，我们都在这里集中”[1]。“盲人酋长”于 1990 年 7 月到达美国，他的布道很快吸引了一批在泽西市和布鲁克林清真寺的信众。[2]

杀害梅厄·卡赫纳拉比

1990 年 11 月 5 日发生的事情，让美国执法机构意识到这个团伙是为在美国实施暴力袭击而进行训练。诺赛尔，这个参加了准军事训练的男子，枪杀了纽约市极端保守的“犹太保卫同盟会”(Jewish Defense League）创始人——梅厄·卡赫纳（Meir Kahane）拉比。卡赫纳是一个激进派犹太复国主义者，他主张把阿拉伯人从以色列驱逐出去。当天在纽约万豪酒店东区发表完演说之后，卡赫纳正在和一些观众交谈，突然传来两声枪响，他的颈部和胸部中弹。诺赛尔在试图逃跑时被一名身着制服的邮政警察开枪击中，随后被捕。[3]

警方和联邦调查局探员在诺赛尔位于新泽西州的房子里搜到了 16 盒文件，其中包括炸弹制作手册，自由女神像、世贸中心等纽约地标地图，以及布拉格堡美国陆军特种作战学校（US Army Special Warfare School）的训练手册等。[4] 包括纽约联合反恐特遣部队主管尼尔·赫尔曼（Neil Herman）和警官艾迪·诺里斯（Eddie Norris）在内的一些调查人员，怀疑诺赛尔还与更广泛、更致命的暴力活动有关联。不过卡赫纳谋杀案的官方结论认为诺赛尔只是独自行动，从其家中搜出的文件也被束之高阁，显然未被用来研究是否与更多的阴谋、袭击有关联。[5]

---

[1] 原注：参见 *US v. Rahman* indictment S5 93 Cr. 181, 8; US v. Rahman, 189 F. 3rd 88 (2nd Cir. 1999)。

[2] 原注：参见 Emerson, *American Jihad*, 50。另见 Eldridge, 9/11 and Terrorist Travel, 49。另见 Camarota, “Open Door”。

[3] 原注：参见 Miller, Stone, and Mitchell, *Cell*, 38–40。

[4] 原注：参见同上，45。

[5] 原注：参见 Blumenthal, “Clues Hinting at Terror Ring Were Ignored”。另见 Miller, Stone, and Mitchell, *Cell*, 45–46。

诺赛尔被押至雷克岛监狱等候审判，在此期间，他的表兄易卜拉欣·埃尔－加布罗尼（Ibrahim El-Gabrowny）及其他同伙经常来探视。联邦法庭后来发现，在探视时，他向同伙建议了应该实施的多种恐怖袭击方案。对诺赛尔的审判从 1991 年 11 月一直持续到 12 月。尽管在卡赫纳一案中，诺赛尔最终被判无罪，但还是因为武器指控而被判入狱。[1] 他被转到戒备最为森严的阿提卡监狱服刑，期间，他的同伙继续前来探视，他也继续提供未来袭击的建议，其中就包括谋杀判决他入狱的法官以及纽约市犹太裔议员多夫·希金德（Dov Hikind）。[2]

1992 年春末，诺赛尔提出了一个最具野心的想法。他对前来探访的同伙伊马德·萨里姆（Emad Salem）以及布鲁克林阿布·伯克尔清真寺（Abu Bakr Mosque）的行政人员阿里·希纳维（Ali Shinawy）提议，立即炸掉 12 个“犹太目标”，这些目标中就包括那名法官和议员希金德。探访结束后，萨里姆和希纳维乘坐公共汽车返回纽约市时，讨论了如何制造 12 枚炸弹，并如何在犹太人经常出没的地方引爆。[3]

第一次世贸中心爆炸案

1992 年的绝大部分时间里，阿卜杜勒·拉赫曼和这群阴谋者的联系并不紧密，诺赛尔在狱中提出的袭击方案似乎也没多大进展。然而，1992 年 9 月，出生于科威特的拉姆齐·优素福（Ramzi Yousef）抵达了美国，情况开始发生变化，美国官员后来才知道，他是“9·11 事件”主要策划者哈立德·谢赫·穆罕默德（Khalid Shcikh Mohammed）的侄子，后来协助策划了企图同时炸毁太平洋上空 12 架客机的“波金卡计划”（Operation

[1] 原注：尽管卡赫纳谋杀案是在一个拥挤的酒店宴会厅内发生的，但没有证人证词实际上看到诺赛尔射出了致命的一枪。审判结果，参见 McFadden, “For Jurors, Evidence in Kahane Case Was Riddled with Gaps”。

[2] 原注：参见 *US v. Rahman*, 189 F. 3rd 88 (SDNY 1999)。

[3] 原注：参见 *US v. Rahman*, Salem trial testimony March 13, 4917–23。另见 McKinley, “Trade Center Defendants Plotted,” *New York Times*, March 14, 1995。

Bojinka)，以及其他阴谋。优素福身上尚有许多未解之谜。比如，尽管他护照上的名字叫阿卜杜勒·巴希特·卡里姆（Abdul Basit Karim），但一些反恐专家认为真正的卡里姆另有其人。[1] 但这些都是后话了。1992 年底至 1993 年初，他很快和阿卜杜勒·拉赫曼身边的这伙人搭上了关系，他的加入极大地推动了进展缓慢的袭击阴谋。

优素福似乎已经成了袭击阴谋的实际领导人，并成功让此前的一群无能之辈成为袭击阴谋的专业人士。更致命的是，他极大地提振了这些人的野心，他要的不是分几次轰炸 12 个“犹太目标”，而是要一次性就把世贸中心炸飞。[2]

1992 年末，这伙人开始四处寻找雷管、“无前科”的枪支，并且开始军事训练。他们租了一个库房，开始采购物资，其中包括 1000 磅尿素（常被用作肥料的化合物）和 1500 磅硝酸，准备将这些材料混合起来制造炸弹去炸世贸中心。[3]1992 年底，他们在宾夕法尼亚州新布卢姆菲尔德的一处地方继续开展准军事训练。1993 年 1 月，联邦调查局监视小组发现这些人在宾夕法尼亚州哈里斯堡附近的一处农场练习格斗、狙击以及索降。[4]

1993 年 2 月 24 日，团伙中一名叫穆罕默德·萨拉马（Mohammed Salameh）的成员租了一辆厢式货车，准备用作针对世贸中心的爆炸用车。他用自己的纽约驾照租车，并登记了诺赛尔的表兄加布罗尼的家庭住址。第二天他报称车辆被偷了。2 月 26 日，这辆厢式货车在世贸中心地下车库爆炸，导致 6 人丧生，并造成了巨大破坏。[5]

[1] 原注：优素福基本信息，参见 Ackerman and Vadlamudi, “Case of Ramzi Yousef”。另见 Reeve, *New Jackals*, 250–51。

[2] 原注：优素福背景信息，参见 Reeve, *New Jackals*, 112–34; and Lance, *1000 Years for Revenge*, 22–25。

[3] 原注：参见 Miller, Stone, and Mitchell, *Cell*, 86。

[4] 原注：参见 *US v. Rahman* indictment, 13; Miller, Stone, and Mitchell, *Cell*, 90。

[5] 原注：“世贸中心爆炸案”信息，参见 *US v. Rahman*, 189 F. 3rd 88 (2nd Cir. 1999) and Dwyer, *Two Seconds*。

调查人员很快就发现了萨拉马与爆炸案的联系。他们在车辆残片中找到了机密车辆识别码（C-VIN），这串密码隐藏在偷车贼一般不知道的地方。通过识别码，他们找出了车辆真正的识别码，确定了这辆车属于赖特租车公司。联邦调查局了解到这辆车已由租车公司在新泽西州的一家门店租给了一个叫穆罕默德·萨拉马的男子。于是他们找到了这家门店，结果惊讶地发现，萨拉马报称车辆被偷后，曾天天打电话要求公司退还押金。

于是一名联邦调查局的特工乔装成赖特公司的“损失预防代表”与萨拉马接触。萨拉马现身后，这名特工与他讨论赔偿问题。萨拉马要求退还 400 美元押金，但特工表示最多只能退还 200 美元。他拿着赔偿款谢过“损失预防代表”起身离开租车行，刚出大门就被联邦调查局反恐特警组（SWAT）抓获。[1] 因为加布罗尼的地址在租车行做过登记，所以他的住所也被搜查，他本人因反抗搜查而被捕。后来的几个月里，加布罗尼和其他策划“恐怖日阴谋”的人一直被关在监狱里，并不得保释。

拟定新计划

阿卜杜勒·拉赫曼的这伙人自 1989 年组织起来以后，一直在宾夕法尼亚州哈里斯堡附近的一个偏远地区以及泽西市的一个公园里开展训练。美国前检察官安德鲁·麦卡锡（Andrew McCarthy）后来在证词中称：“这些人的准军事训练可不是业余水平。”负责训练的人员都有军事经验，比如一位名叫阿里·穆罕默德的前埃及陆军少校，他后来在 1998 年“东非大使馆爆炸案”的策划中扮演了关键角色。除了枪械使用外，训练还包括突击战术、制造炸药、制服哨兵等等。[2]1993 年初，训练负责人是一名叫易卜拉欣·阿里（Siddig Ibrahim Siddig Ali）的苏丹人，他是阿卜杜

[1] 原注：参见 Miller, Stone, and Mitchell, *Cell*, 103–5; Dwyer, *Two Seconds*, 91–100。

[2] 原注：参见 McCarthy, “Testimony before the US Senate Judiciary Committee,” 8。阿里·穆罕默德信息，参见 Waldman, “Lapses in Handling Sergeant Mirror Larger Failings”。我在第五章更详细地讨论了阿里·穆罕默德。

勒·拉赫曼和克莱门特·汉普顿的翻译。参训人员有一套统一的说辞：他们代表波斯尼亚穆斯林准备去前南斯拉夫作战。不过阿里对其中一名成员说，训练的真正目的是执行阿卜杜勒·拉赫曼批准的恐怖行动，这名成员就是政府的线人。[1]

1993 年 3 月，埃及总统胡斯尼·穆巴拉克（Hosni Mubarak）准备到访纽约，这伙人打算借机刺杀穆巴拉克。阿里将计划透露给了阿布多·穆罕默德·哈加格（Abdo Mohammed Haggag），哈加格是拉赫曼的密友，后来与埃及及美国政府合作。因哈加格将消息通知了埃及政府，于是穆巴拉克的访美之行取消了纽约这一站，袭击计划失败。[2] 阿里还提议炸掉一座州军械库。线人提供的谈话录音显示，1993 年春天，阿里问大家，"我们就在这里开展行动吧？在军事领地怎么样？你们知道他们说的那种'储备库'吗？"[3]

在 1993 年 5 月 10 日的一次谈话中，阿里又提议用炸弹袭击联合国总部。他说，他在联合国苏丹特派团的朋友能搞到官方出入证，这样他们就能把汽车炸弹开到联合国的地下车库了。[4] 大家同意以后用"大房子"（Big House）来代指联合国。5 月 12 日，团伙中一个名叫萨里姆的成员找到阿里，告诉他在皇后区有一个车库，可以用来制造炸弹。阿里不知道的是，萨里姆是联邦调查局的线人，联邦调查局已经租下了这个车库，并装配了监控设备。[5]

5 月 21 日，随着袭击计划的推进，阿里和萨里姆去监狱探视诺赛尔。

---

[1] 原注：参见 McCarthy, "Testimony before the US Senate Judiciary Committee"; Miller, Stone, and Mitchell, *Cell*, 113。

[2] 原注：参见 *US v. Rahman*, 189 F. 3rd 88 (2nd Cir. 1999)。关于哈加格，另见 Miller, Stone, and Mitchell, *Cell*, 112。

[3] 原注：参见 McKinley, "Trial Details the Selecting of Bomb Targets"。

[4] 原注：参见同上；*US v. Rahman,* 189 F. 3rd 88 (2nd Cir. 1999); *US v. Rahman* Trial Testimony, 5360–62。

[5] 原注：参见 *US v. Rahman,* 189 F. 3rd 88 (2nd Cir. 1999); Dwyer, *Two Seconds*, 210–11。

诺赛尔批准了他们的行动计划，祝愿他们行动成功，并建议尽可能制造更多的恐怖袭击。[1] 接下来，他们的计划需要得到拉赫曼的允许。但是，拉赫曼的回答却没那么简单。

5月23日，萨里姆面见拉赫曼，请示酋长对袭击联合国总部的意见。

拉赫曼说："这么做没问题，但是对穆斯林不利。"[2]

"计划一下，计划一下。"拉赫曼接着说。

"是。"萨里姆回答。

拉赫曼说："要制造伤害，给美国军队制造伤害。"

萨里姆说，阿里建议第二爆炸目标是联邦广场26号的联邦调查局办公室。他问，"您觉得这个方案如何？"

拉赫曼回答："真主在上，缓一缓，缓一缓，这个以后再说。"

对这伙人来说，拉赫曼谨慎的支持态度已经足够他们开始行动了。他们开始细化方案，并在目标地点反复驾车踩点。5月27日，阿里带萨里姆见了另外两个人，阿米尔·阿卜杜勒加尼（Amir Abdelgani）和法雷斯·哈拉法拉（Fares Khallafalla），四人一起在安全屋商讨爆炸方案。阿里暗示他想炸联合国总部、林肯隧道和荷兰隧道。他在一块纸板上勾勒了他的计划，打算实施3次爆炸，每次爆炸间隔5分钟。接下来的几天，阿里、阿卜杜勒加尼驱车前往隧道、联合国总部以及曼哈顿的联邦大楼踩点，有一次还带上了萨里姆。在联合国总部前，阿里说，一颗炸弹就能让这座楼垮掉。阿卜杜勒加尼则建议在曼哈顿钻石区搞爆炸，因为那就和"打击以色列人一样"。阿里说，"那儿到处都是钻石，到处都是犹太人"。[3]

---

[1] 原注：参见 Miller, Stone, and Mitchell, *Cell,* 115。

[2] 原注：参见 McKinley, "Many Faces of Witness"。另见 *US v. Rahman indictment and US v. Rahman*, 189 F. 3rd 88 (2nd Cir. 1999)。

[3] 原注：参见 *US v. Rahman*, 189 F. 3rd 88 (2nd Cir. 1999)。*US v. Rahman* trial exhibit

5 月 29 日晚的一次踩点中，萨里姆问阿里，他想炸哪条隧道，林肯还是荷兰？阿里回答“都炸”，“大房子”（联合国总部）也炸。他接着解释该如何在隧道最低点引爆汽车炸弹，从而使整个隧道被水淹没。[1]

1993 年 6 月 4 日，阿里安排萨里姆与他一道面见穆罕默德·萨利赫（Mohammed Saleh），阿里说，萨利赫是“圣战”行动的重要支持者，在纽约市以北的扬克斯拥有两处加油站，他可能会为爆炸行动提供帮助。在萨利赫家吃晚饭时，阿里向萨利赫讲解了袭击计划，他拿出写有提议攻击目标的笔记本，给萨里姆和萨利赫看。见萨利赫了解了计划，阿里把写有攻击目标的那张纸撕下递给萨里姆，示意萨里姆吃下去。萨里姆照做了。[2]

随后几周，这伙人开始收集材料制造汽车炸弹，包括雷管、化肥、燃料、偷来的汽车等。6 月 19 日，阿里在其寓所与萨里姆及阿卜杜勒加尼讨论如何在哈德逊河隧道制造爆炸。他们准备把车停在隧道里，掀开引擎盖以示引擎故障，然后在引爆炸弹前逃走。“水会灌得到处都是，所有东西都会被河水冲成碎片，所有。”阿里说，“世贸中心和这个比，就是个小矬子。”[3]6 月 21 日至 22 日的一次交谈中，他们研究了在联合国总部制造爆炸的计划，才发现联合国总部的泊车处是在地上而不是地下。阿里说把林肯城市车停好后，“按下按钮，然后离开。不出 30 分钟，顶多 45 分钟，就等着看好戏吧”。[4]

6 月 22 日，阿里和阿卜杜勒加尼从纽瓦克一家售桶公司买了 5 个 55 加仑的钢桶，前往萨利赫的加油站加油。加完两桶后，加油站的一名工作人员开具了收据，上面记录了车辆的车牌。阿里在收据上签了假名。

323T, tape recording of May 29–30, 7。

[1] 原注：参见 Trial exhibit 323T, 8–9。

[2] 原注：参见 Salem trial testimony March 22, 5615; *US v. Rahman* indictment; US v. Rahman, 189 F. 3rd 88 (2nd Cir. 1999)。

[3] 原注：参见 Fried, “‘Stalled’ Cars Were to Destroy Tunnels” 。

[4] 原注：参见 *US v. Rahman* trial exhibit 362T, 9。

第二天，6 月 23 日，阿卜杜勒加尼和表兄法迪勒·阿卜杜勒加尼（Fadil Abdelgani）来到加油站把余下的三个桶加满油，阿里和萨里姆则去买制造炸弹的化肥。[1]

当天，阿里驾车带萨里姆穿过荷兰和林肯隧道，录下隧道的状况，并讨论放置炸弹的位置。阿里说他想把炸弹放在荷兰隧道中两个州（纽约州与新泽西州）中间的一座蓝色标记处，靠墙的放置。[2] 当时萨里姆正在拿着设备拍摄，阿里让他拍入口处的警察工作亭，阿里说，那帮警察正在认真检查过往车辆是否携带了危险物品，不查炸弹，因此应该不会注意到他们。

当晚，这伙人开始在安全屋制造炸弹。大约 24 日凌晨 2 点，联邦调查局特工突袭了安全屋，并逮捕了反抗者。在几小时前的行动中，他们已经在萨利赫位于扬克斯的寓所中将其抓获。“恐怖日阴谋”被挫败了。[3]

阴谋如何败露

安全官员成功挫败这起阴谋的根本原因很明显：恐怖分子团伙中有联邦调查局的线人伊马德·萨里姆。联邦检察官玛丽·乔·怀特（Mary Jo White）后来证实，联邦调查局和纽约联合反恐特遣部队（New York Joint Terrorism Task Force）之所以能幸运地挫败“恐怖日阴谋”，是因为他们成功地让一名线人以爆炸专家的身份打入了恐怖组织分支，这个分支主要活动于纽约—新泽西的都会区，其密谋活动始终处在联邦调查局的密切监视之下，从而阴谋在实施之前被阻止[4]。《时代》杂志后来评论道，“如果没

---

[1] 原注：参见同上。

[2] 原注：该录像带于 3 月 22 日在法庭上播放。参见 trial testimony March 22, 5637–47 and exhibit 383T (the transcript of the recording made June 23–24)。另见 McKinley, “Lawyer Forces Bomb-Trial Witness”。

[3] 原注：参见 *US v. Rahman*, 189 F. 3rd 88 (2nd Cir. 1999)。

[4] 原注：参见 White, “Statement before the Joint Congressional Inquiry,” 8。

有萨里姆，这起阴谋几乎不可能被阻止”。[1]

那么这名线人是怎样安插进去的呢？如果萨里姆的出现只是纯凭运气，那“恐怖日阴谋”案例对未来反恐工作就没有多少借鉴意义。政府官员认为，这次的成功绝不仅仅是运气或者偶然，而是在伊斯兰世界长期经营的结果。一名联邦调查局探员表示，“这里凝聚了警方的卓越工作”。[2]

下两节我们将讨论联邦调查局及其他反恐官员，在多个恐怖阴谋酝酿的数月至数年期间，获得的成功挫败阴谋的信息，尤其是关于“恐怖日阴谋”的信息。

已获的战略情报

1993 年“世贸中心爆炸案”及“恐怖日阴谋”之前，从美国政府战略层面的反恐评估中，读者几乎没有收到预警，一些伊斯兰极端分子已经在美国国内形成了一个松散的组织，并很快就要发动毁灭性的袭击。美国国务院在 1992 年 4 月发布的 1991 年《全球恐怖主义模式》（*Patterns of Global Terrorism*）报告中指出，国际恐怖主义威胁主要来自一些国家的赞助支持，特别是来自伊拉克、利比亚和伊朗。报告中提到的主要事态发展，反映了过去几年的恐怖主义袭击和危机状况。美国和英国当局在一次全球范围的调查中找到证据，证明了利比亚与 1988 年泛美航空 103 号航班爆炸案有关。在此前的几年时间里，共有 9 名西方人质在黎巴嫩被释放，但 2 名德国人质仍被扣押。伊朗则继续向巴勒斯坦恐怖组织和伊斯兰激进组织提供支持。1991 年 8 月，伊朗前首相，异见人士沙普尔 · 巴赫蒂亚尔（Shapour Bakhtiar）在巴黎遇刺事件的背后也疑似有伊朗特工的身影。[3]

---

[1] 原注：参见 Church, “Terror Within”。

[2] 原注：参见同上。

[3] 原注：参见 US Department of State, *Patterns of Global Terrorism*, 1991, 1–2。

曾任中央情报总监的罗伯特·盖茨，在1992年1月22日向参议院军事委员会（Senate Armed Services Committee）证实，“恐怖主义在许多国家仍是一种威胁”，分裂分子和叛乱组织则对美国海外公民的生命和财产安全构成威胁。但他同时说到，随着苏联解体，局势动荡，基于种族主义的新型恐怖组织可能会出现，但“大多数不太可能蓄意攻击美国目标”。[1]

国内恐怖主义的威胁也被视为较低级别。1992年，联邦调查局发布的恐怖威胁评估报告称，1982年至1986年，美国境内共发生了127起记录在案的恐怖活动，而1987年至1992年间总计只有38起。[2]报告中，联邦调查局甚至不得不这样发问——“恐怖主义还是个威胁吗？”他们自问自答道：“最简单的答案：是！恐怖主义一直在蠢蠢欲动，它从未远去。”[3]同样在这份报告中，联邦调查局很有预见性地指出：“过去几年里，伊斯兰激进主义运动中出现的极端分子引发了越来越多的关注。”[4]但1992年的报告总体传达出的信息是乐观的：“美国的反恐工作是成功的，因为美国对恐怖主义问题一贯采取积极和主动的做法。如果恐怖分子在美国作案或者对美国人下手，他们无论如何是逃不掉追捕和起诉的。”[5]

甚至在世贸中心遇袭后，美国对恐怖主义威胁的官方评估中仍体现不出多少重视。1993年4月国务院发布1992年《全球恐怖主义模式》时，“世贸中心爆炸案”已经发生，也发生了两名中央情报局雇员在总部大楼外遇害的事件。但报告还是以一种肯定的语气称，“尽管情况的变化令人担忧，还是有好消息要报道：1992年的国际恐怖主义活动，已降至1975

[1] 原注：参见 Gates, “Statement of the Director of Central Intelligence before the Senate Armed Services Committee”。

[2] 原注：参见 Federal Bureau of Investigation, *Terrorism in the United States 1982–1992*, 13。

[3] 原注：参见同上, 18–19。

[4] 原注：参见同上, 13。

[5] 原注：参见同上, 12。

年以来的最低水平”。[1]

已获的战术情报

联邦调查局通过几个秘密线人来收集“恐怖日阴谋”的信息，但最关键的线人是伊马德·萨里姆。本节将剖析此人的背景，探讨其为联邦调查局工作的方式。萨里姆的经历并不简单：他最初于 1991 年开始渗透进纽约市的伊斯兰极端组织，但在 1993 年“世贸中心爆炸案”发生之前不久，被联邦调查局弃用。结果爆炸案发生后，联邦调查局又重新启用了他，很快他就打入了正在策划“恐怖日阴谋”的恐怖组织。这一系列的事件充分表明，如果没有“世贸中心爆炸案”，萨里姆就不太可能打入“恐怖日阴谋”组织，从而这个组织的阴谋很可能成功实施。

伊马德·萨里姆

伊马德·萨里姆作为美国挫败“恐怖日阴谋”的重要情报来源，曾是一名埃及军官，1987 年移民美国。他身材魁梧，留着胡子，行踪诡秘。他是个私家侦探，也是一名珠宝设计师。1995 年审判期间，《纽约时报》描述他“威风凛凛。秃顶晒黑了，四周的黑发整齐地向后梳着。他喜欢穿高档西装，尤其是双排扣的款式，因为这种西装可以掩盖他发福的体型”。[2] 另一份记录称他“英俊帅气、孔武有力、穿着考究、魅力十足”[3]。他就像是只变色龙，有时穿着伊斯兰长袍，有时又是牛仔 T 恤的装扮。在有些人眼里他是个伊斯兰信徒，但在另一些人眼里他却根本目无神明。[4]

据新闻报道，埃及官方称萨里姆以二等兵加入军队，18 年后以一名

[1] 原注：参见 US Department of State, *Patterns of Global Terrorism 1992*, iii。

[2] 原注：参见 MacFarquhar, “In Bombing Trial, a Deluge of Details”。

[3] 原注：参见 Dwyer, *Two Seconds*, 183。

[4] 原注：参见 Mitchell, “Official Recalls Delay”; Blumenthal, “Tapes in Bombing Plot”。有些记录说他是 1988 年首次到达美国，但大多数记录认为是 1987 年。

军官的身份“退休”，“退休”后他一直与埃及军事情报部门保持联系。1987 年 9 月 25 日，他从开罗抵达纽约，将妻子和两个孩子留在了埃及。根据媒体援引的美国政府消息来源称，他曾同意将与在美国受训后未能回国的埃及军事人员有联系的人报告给埃及当局。[1]

抵达美国不到一周，他结识了西奈山医疗中心（Mount Sinai Medical Center）的秘书芭芭拉·罗杰斯（Barbara Rogers）。二人经萨里姆表兄的女友介绍，在一所空手道学校相识。仅仅六周后，他们就于 1987 年 11 月 8 日以穆斯林的庆祝仪式结婚。萨里姆告诉罗杰斯，他曾是埃及陆军的一名情报官员，负责埃及总统的安全。这个版本他后来也曾说给其联邦调查局的上线，但最后他承认这是编的。他在 1995 年的审判中作证，自己在埃及其实是负责雷达工作的官员。[2]

在美国的头几年，他在几家不同的品牌商店当过保安，其中包括波道夫·古德曼（Bergdorf Goodman）和亨利·本德尔（Henri Bendel）商店。他还当过一段时间的出租车司机，结果一名咆哮的乘客把两美分小费甩到他脸上，他就辞职了。他妻子后来对新闻记者说，一名体面人士根本无法咽下这口气。“你们要知道，”她说，“在埃及，我丈夫可是有专人司机的。”1991 年至 1993 年初，他回了几趟埃及，他的妻子至少随同去了一次。1990 年，他和罗杰斯分居，尔后搬到珠宝设计师卡伦·奥尔特斯多夫（Karen Ohltersdorf）的公寓。1991 年 8 月，他成为美国公民，不久之后他和罗杰斯开始办理离婚手续。1991 年底，尽管离婚手续没有办完，他还是和奥尔特斯多夫结了婚，与罗杰斯的离婚手续最终于 1993 年才办完。[3]

---

[1] 原注：参见 Blumenthal, “Informer”; Blumenthal, “Tapes in Bombing Plot”。

[2] 原注：参见 *US v. Rahman* trial testimony March 7, 4584–85; Blumenthal, “Tapes in Bombing Plot”; Blumenthal, “Informer”; Mitchell, “Official Recalls Delay”。他承认对自己的背景撒谎，参见 trial testimony of March 7, 1995, 4575, and McKinley, “Key Witness”。

[3] 原注：参见 Blumenthal, “Informer”。

成为线人

1991 年 8 月，萨里姆首次进入了联邦调查局的视线，当时他负责曼哈顿贝斯特韦斯特伍德沃德酒店（Best Western Woodward Hotel）的保安工作。联邦调查局探员南希·弗洛伊德（Nancy Floyd）来到这家酒店开展工作，这是一种工作模式，她希望在这种二流酒店找到一些行为失当的苏联外交人员愿意分享情报。萨里姆进入了弗洛伊德的视线，他正是弗洛伊德要找的那种能够提供线索的人。弗洛伊德后来利用他获得了俄罗斯人涉嫌走私枪支和出售伪造绿卡的情报。[1]

萨里姆当时曾向弗洛伊德暗示，他能提供“盲人酋长”阿卜杜勒·拉赫曼的信息，于是弗洛伊德将他引荐给纽约联合反恐特遣部队的约翰·安提切夫（John Anticev）和路易·拿坡里（Louie Napoli）。纽约联合反恐特遣部队始建于 1980 年，是美国第一支应对国内恐怖主义活动的工作组。[2] 约翰·安提切夫和路易·拿坡里想将萨里姆招为秘密线人，周薪 500 美元，与他在酒店做保安的收入一样。但萨里姆有点犹豫，说他已经有一份全职工作了。

1991 年 10 月，萨里姆在调试锅炉时从梯子上摔了下来，撞到了头部。酒店经理后来称，萨里姆摔伤后，行为发生了改变，他开始消极怠工，同事也开始对他有意见。于是，酒店将他辞退。[3] 萨里姆后来在审判中作证，受伤后，他有一段时间没有工作。于是当 11 月联邦调查局探员带着新合约找到他时，他决定接受这份工作。[4]

但是，萨里姆有一个条件：他的身份决不能对外暴露。联邦调查局探员告诉他，如果他戴上窃听器（秘密录下谈话），那他以后可能要出庭作证。萨里姆闻言拒绝戴麦克风，联邦调查局同意了他的条件，告诉他只把

---

[1] 原注：参见 Lance, *1000 Years for Revenge*, 53; Blumenthal, “Informer”。

[2] 原注：参见 *9/11 Commission Report*, 81–82; and White, “Prosecuting Terrorism”。

[3] 原注：参见 Blumenthal, “Informer”。

[4] 原注：参见 Trial transcript, 4609; McKinley, “Key Witness”。

他当作情报来源，如果监控中得来的信息需要呈送法庭作为证据，那么则会由其他线人来接手和实施。[1] 正是出庭作证这一条件导致他在 1992 年结束了线人身份，不久之后，“世贸中心爆炸案”发生了。

审判诺赛尔

成为联邦调查局线人后不久，萨里姆的上线向他发出了指示。涉嫌谋杀卡赫纳拉比的嫌疑人诺赛尔开始在纽约受审，这名嫌疑人在伊斯兰激进主义分子中拥有极高的人气和众多支持者，上线问萨里姆能否打入这些人内部，帮联邦调查局探听一下他们的动向？萨里姆答应了。很快，他就证明了自己卧底工作的天分。有人曾对记者皮特·兰斯（Peter Lance）说“我们给他 6 周时间潜伏，结果他只用了 2 天”。[2]

萨里姆开始参加庭审，并前往清真寺，和诺赛尔的表兄加布罗尼成了朋友。加布罗尼公开支持诺赛尔，他是一个筹款委员会的会长，呼吁清真寺和穆斯林协会提供支持。庭审期间，加布罗尼把萨里姆介绍给诺赛尔，称他是“大家庭中的新成员”[3]。不久，加布罗尼就告诉诺赛尔，他有几个朋友正在组装炸弹。虽然没有说目标是哪里，但在萨里姆看来他不是在开玩笑。当加布罗尼邀请他加入组织时，萨里姆答应了。[4]

庭审结束前，萨里姆应邀到加布罗尼家吃晚饭。晚饭期间，加布罗尼说他担心联邦调查局正在监听他的通话，他打开电视，接着讨论起高能炸药的制造。他问萨里姆懂不懂制作炸弹，萨里姆说他懂，因为自己在埃及当过兵。[5]1992 年初，“盲人酋长”拉赫曼也对萨里姆的加入表示欢迎，

---

[1] 原注：参见 Lance, *1000 Years for Revenge*, 58–59。

[2] 原注：参见同上，60。另见 Salem's trial testimony March 7, 1995, 4609–11。

[3] 原注：参见 *US v. Rahman*, 189 F. 3rd 88 (2nd Cir. 1999)。另见 trial transcript March 7, 1995, 4713–15。

[4] 原注：参见 Trial transcript, 4611–22; 4874–85; 6094–95。另见 Miller, Stone, and Mitchell, *Cell*, 70; and *US v. Rahman* indictment, 9。

[5] 原注：参见 Trial transcript, 4710–13。

萨里姆甚至和拉赫曼及其他人一起去底特律，参加了一场关于伊斯兰经济的会议。[1]

“炸弹炸响时别给我打电话”

1992 年 6 月，萨里姆仍未明确加布罗尼等人的行动计划，但他已经获知此次行动要用到 12 枚炸弹，万一遇到警察，可能还会用到枪。[2] 然而，1992 年 7 月初，萨里姆和联邦调查局发生了争执，这场争执导致他被弃用。

事件起因是负责萨里姆行动的探员安提切夫和拿坡里，向他们的上级提交了一份工作进展的简报，上级指示是时候立案并启动庭审程序了。为此，萨里姆需要戴上窃听设备，此前他已明确表示坚决不戴窃听设备。同时还有一个问题：联邦调查局要对萨里姆测谎。显然，联邦调查局怀疑他在为埃及情报机构工作。1992 年上半年，萨里姆接受了三次测谎。尽管负责测试的探员认为萨里姆的三次结果均为通过，但华盛顿的专家看了结果以后，认为萨里姆至少有一次说了谎。[3]1992 年 6 月或 7 月，萨里姆来到联邦调查局纽约分局（field office），面见高级官员卡森 · 邓巴（Carson Dunbar）和约翰 · 克劳塞梅尔（John Crouthamel）。二人告诉萨里姆，他必须戴上窃听设备，并准备好日后出庭作证，萨里姆仍旧拒绝了。[4]

1992 年 7 月，萨里姆被炒了鱿鱼，但他还是领着一周 500 美元的薪水度日，直到找到另一份工作。对于这段时间的消失，萨里姆对加布罗尼解释说他去了西班牙处理珠宝生意上的问题。[5] 而南希 · 弗洛伊德却没有

---

[1] 原注：参见 *US v. Rahman*, 189 F. 3rd 88 (2nd Cir. 1999); Lance, 1000 Years for Revenge, 66–67。

[2] 原注：参见 *US v. Rahman*, 189 F. 3rd 88 (2nd Cir. 1999); Miller, Stone, and Mitchell, *Cell*, 73。

[3] 原注：参见 McKinley, “Witness in Bombing Plot Once Failed Lie-Detector Tests”。

[4] 原注：参见 Trial testimony March 13, 4939–44; Miller, Stone, and Mitchell, *Cell*, 74–75, 85–93。

[5] 原注：参见 *US v. Rahman*, 189 F. 3rd 88 (2nd Cir. 1999)。

放弃萨里姆，一直在联邦调查局纽约分局旁边地铁站的三明治商店里，和他碰面并给他钱。萨里姆警告南希，“盲人酋长”那伙人准备行动了，联邦调查局应密切关注团伙成员的行踪。[1]

9月，联邦调查局决定敲山震虎，于是向加布罗尼等几十人发出传票，其中包括萨里姆，目的在于继续掩盖他的身份。9月15日，20多人来到联邦广场26号的联邦调查局办事处，接受询问、采指纹、直面卡尔弗顿射击场的监控照片。不过没有任何人承认任何事，最终他们获准离开，没有被提起任何指控。[2]

1992年10月初，南希·弗洛伊德与萨里姆最后一次碰面。他再次警告她说，联邦调查局应该重视现在的情况。南希表示自己已经被调到其他岗位，不再负责这个案子。萨里姆走出店门，又回过头来对南希说，“炸弹炸响时别给我打电话！”[3]

重新启用

世贸中心遭遇炸弹袭击的当天下午，因内耳感染在曼哈顿圣克莱尔医院接受治疗的萨里姆，惊恐地给南希·弗洛伊德打了电话。他之前一直担心联邦调查局不听他的，现在他担心联邦调查局认为自己也与此次事件有关。南希说他们已经尽力解释了，但她还是会和上司讨论一下，看看能做些什么。她打电话给联邦调查局外国反情报部门（Foreign Counter Intelligence Division）的上司，上司说如果要管萨里姆的事，那也归反恐部门管。于是她又给拿坡里打电话说萨里姆想要谈谈。[4]

次日凌晨1点，拿坡里和安提切夫在联邦调查局纽约分局助理局长的办公室开会。刚刚被任命为曼哈顿联邦检察官的玛丽·乔·怀特主持会

[1] 原注：参见 Lance, *1000 Years for Revenge,* 102–3。

[2] 原注：参见同上 , 103–4。

[3] 原注：参见同上 , 104。

[4] 原注：参见 Salem testimony March 13, 1995, 4998–5004; Lance, *1000 Years for Revenge*, 134–36。

议。拿坡里表示他们有个线人，“非常接近这伙人”，并介绍了萨里姆的情况。怀特说想见见这个人，但拿坡里回答，“这个人嘛，我们之前一周付他 500 美元。这一次，你也知道，考虑到目前的情况，他可能要价……100 万美元”。对此，怀特答道：“我不管他要**什么**。只要他能给我想要的，他要什么都行。”[1]

经过几周的协商，萨里姆、律师及代表联邦调查局的探员三方达成了一致，萨里姆将再次成为政府的秘密线人，并在今后任何可能的审判中出庭作证，而政府将支付其不少于 100 万美元的薪酬，并在事后将其纳入证人保护程序（witness protection program）。很快，萨里姆再次回到了线人岗位。1993 年 4 月，萨里姆对拿坡里说，“盲人酋长”的翻译阿里曾经找过他，说正计划在纽约四处主要地标“林肯隧道、荷兰隧道、联合国总部及联邦调查局纽约分局”制造连环爆炸。[2]

此前，联邦调查局已经开始对代号为 TRADEBOM 的“世贸中心爆炸案”展开了大规模调查。这次他们针对新阴谋又开始了代号为 TERRSTOP 的新调查。联邦调查局特别行动组（Special Operations Group）给萨里姆安装了一系列监听装置，包括汽车后备厢里的两个录音器，和一条量身定制的长裤，内含能够录音的电子芯片。[3] 萨里姆随后找到阿里，给这伙阴谋分子提供装备，包括一部监控用的摄像机和一辆布设了监听线路的厢式货车。

5 月，调查差一点暴露。当时，阿里向萨里姆坦承，他们还有别的计划，准备暗杀几个同情以色列的政治人物，包括美国参议员阿方斯·达马托（Alphonse D’Amato）和布鲁克林议员多夫·希金德。联邦调查局立即向这些官员发出了预警，但再三强调情报来源高度涉密。因为只有几个人知道这一计划，如果走漏风声，萨里姆极有可能暴露。

---

[1] 原注：参见 Lance, *1000 Years for Revenge,* 136。

[2] 原注：参见 Lance, *1000 Years for Revenge*, 151–52; Miller, Stone, and Mitchell, *Cell*, 113。

[3] 原注：参见 Lance, *1000 Years for Revenge*, 152; Miller, Stone, and Mitchell, *Cell,* 114。

尽管联邦调查局非常谨慎，但针对议员希金德的威胁消息还是泄露给了媒体。5 月 25 日，《纽约邮报》头版头条报道了恐怖主义分子的这一新阴谋。萨里姆觉得自己完蛋了。他后来对前妻芭芭拉·罗杰斯说，阿里看到新闻后，让萨里姆和其他几个知晓计划的人站成一排，拿着左轮手枪挨个顶着他们的脑门。“真主在上，谁是叛徒？”阿里说。但没有一个人承认。幸好，阿里最后认为，这要么是个巧合，要么就是联邦调查局从对组织的某些监控中获得了信息。[1] 于是联邦调查局和纽约联合反恐特遣部队得以继续监控这一阴谋，直至 6 月 24 日凌晨，也就是他们在安全屋组装炸弹的时间，联邦调查局破门而入，挫败了“恐怖日阴谋”。

而萨里姆，一会儿是恐怖分子，一会儿是政府线人，这样的双面生活让他倍感压力，患上了哮喘。联邦调查局突袭安全屋之后，萨里姆用假名进入西奈山医院急救室，寻求治疗。[2] 他最终恢复过来，并因他的线人工作而发迹。1995 年的审判记录显示，政府同意支付给萨里姆 1056200 美元作为酬劳，以每月 7000 美元分期付款的方式支付。如之前所述，在那之前，他作为一名政府线人的报酬是每周 500 美元，外加一些开销补助。据报道，从他 1993 年 6 月加入联邦证人保护计划（Federal Witness Protection Program）到出庭作证参与审判期间，美国当局曾 14 次转移他的住所，并每月支付他 2600 美元的生活费。[3]

其他线人

尽管萨里姆是挫败“恐怖日阴谋”最为重要的秘密线人，但他并不是唯一一个。加勒特·威尔逊（Garrett Wilson）同样在阴谋酝酿过程中从外围打探消息。威尔逊曾是一名陆军突击队员，在费城的一个海军基

[1] 原注：参见 Miller, Stone, and Mitchell, *Cell,* 115–16; Dwyer, *Two Seconds,* 217–18。

[2] 原注：参见 Blumenthal, “Informer”。

[3] 原注：参见 Trial testimony March 7, 1995, 4579–80; MacFarquhar, “In Bombing Trial, a Deluge of Details”。《泰晤士报》报道，7000 美元是每个月的分期付款，但在庭审的证词表明，7000 美元是独立于 1056200 美元之外的。

地当过宪兵，曾在纽约地区参加武术比赛时结识了一些好战的黑色穆斯林（Black Muslims）。“恐怖日阴谋”团伙成员克莱门特·汉普顿就曾接近过威尔逊，想搞些雷管和枪支，但他绝对没想到威尔逊是美国海军调查局（US Naval Investigative Service）的合作证人（cooperating witness）。威尔逊后来在审判中为政府作证。[1]

此外，团伙中有两人应该是在阴谋破产后改变了心意，提出与政府做交易。其中一个是埃及人阿布多·穆罕默德·哈加格，他是“盲人酋长”拉赫曼的密友，于 1992 年底至 1993 年初参加过准军事训练。他一直在秘密为埃及政府提供信息，入狱后，他向联邦调查局表示他还有情报，愿意和盘托出。[2] 另一个人就是关键策划者阿里。审判开始不久，他就认罪了，转为合作证人。他从未在审判中作证，他提供的信息详情也不为人知。后来，法庭收到了联邦检察官玛丽·乔·怀特的信，称他在此案中提供了大量帮助，1999 年 10 月，他被判入狱 11 年，这比他应服的刑期要少得多。[3]

审判

6 月 24 日凌晨的抓捕行动后不久，联邦调查局发现，线人萨里姆不仅一直在秘密刺探和监听恐怖分子，同时也在记录与政府探员之间的谈话，这至少自审判诺赛尔时就开始了。很显然，他留存这些录音是想以备不时之需，以防政府背弃其对金钱和保护的承诺。阴谋破产后，萨里姆匆匆离开了自己位于曼哈顿西区的公寓，忙乱中落下了偷录的录音带。法官穆凯西同意将这些数百小时的录音记录交给辩护律师，并要求他们保守秘密。但是《纽约时报》获得了一份副本，这些记录被公之于众。最终，这

---

[1] 原注：参见 Miller, Stone, and Mitchell, *Cell,* 81. 威尔逊的角色，另见 *US v. Rahman*, 189 F. 3rd 88 (2nd Cir. 1999)。

[2] 原注：参见 *US v. Rahman*, 189 F. 3rd 88 (2nd Cir. 1999); Dwyer, *Two Seconds*, 281。

[3] 原注：参见 Weiser, “Remorseful Terror Conspirator Gets an 11-Year Sentence”。

些录音在审判中被采为证据。[1]

录音揭露了恐怖阴谋的一些新细节。录音中可以听到萨里姆说恐怖分子还讨论过在中央车站、帝国大厦和时代广场制造爆炸。[2] 更重要的是，录音揭示了萨里姆与其联邦调查局的上线之间微妙复杂的关系；以及联邦调查局官员在某些时候，是如何怂恿萨里姆以诱供的方式去促使团伙成员做出有罪供述。

案件的原起诉书于 1993 年 8 月被撤回，新起诉书首次指控奥马尔·阿卜杜勒·拉赫曼主使了这场阴谋。这份起诉书还依据一部很少使用的法律，（该法律禁止任何致力于推翻美国政府的活动，）首次将 1990 年卡纳赫遇害、“世贸中心爆炸案”和“恐怖日阴谋”关联在一起，指控策划者犯有煽动叛乱罪。[3] 审判于 1995 年 1 月在纽约联邦法院开庭，陪审团听取了 200 多名证人的证词，听取了萨里姆秘密录制的 100 多个小时的录音资料，整个审判历时 9 个月。陪审团经过 7 天的审议，最终宣布所有 10 名被告犯有蓄意实施恐怖主义活动罪。

预警接受度

1993 年“世贸中心爆炸案”前，政府官员对国际恐怖主义威胁，尤其是伊斯兰激进恐怖主义对美国的威胁，并未给予足够重视。这种重视不足也侧面反映了对此类威胁的战略情报预警不足，警方和联邦调查局高层尤为如此。相比之下，基层的探员和警员还更深切地感受到了恐怖主义的威胁。

米勒和斯通描述的场景，就说明了高层与基层之间的认知差异。1992 年夏天，联邦调查局纽约分局刑事部门（Criminal Division）负责人把两

[1] 原注：参见 Blumenthal, “Tapes in Bombing Plot”。

[2] 原注：参见同上；Blumenthal, “Informer”。

[3] 原注：参见 The August 1993 indictment is the S3 version of the indictment, S3 93-CR-181。另见 Tabor, “US Indicts Egyptian Cleric”。

名正在调查恐怖主义的探员叫进办公室，说“恐怖主义已死”。他告诉他们，以后你们就去调查帮派犯罪。另一名联邦调查局探员尼尔·赫尔曼反对减少反恐人手，试图说服纽约警察局（NYPD）的一名官员指派更多的警探来填补这一空缺。但这位警官表示已没有多余的警力了。

“要是出大事了怎么办？”赫尔曼问。

“出大事了，我给你500个警探。”对方回答。[1]

“世贸中心爆炸案”发生后，追踪恐怖分子的联邦调查局探员和警探的确得到了所需的帮助。不过并非500名警探，而是一名安插得当的线人。伊马德·萨里姆的故事清楚地表明，要不是世贸中心的爆炸声惊醒了当局，使他们绞尽脑汁寻找情报源，萨里姆可能回不到政府的线人名单上。

小结

时至今日，“恐怖日阴谋”这一案例仍具有十分重要的意义，它揭示了一些打击恐怖主义的关键技法：包括人力情报的运用，本案例中人力情报的表现形式是政府线人；还包括电子监控和秘密窃听，本案中的许多证据都来自秘密窃听，其中一些是由外国情报监视法庭授权的。同时，这场阴谋仍具有很高的研究价值，它属于一种范例，代表了松散组织制造恐怖袭击的雏形，展示了这些平日相对松散的极端分子如何串联、训练、策划并差一点就成功实施能够造成大规模伤亡和破坏的恐怖袭击。“恐怖日阴谋”的几个准备阶段非常清楚，包括成员招募、组织训练、目标选择和武器获取。美国政府之后挫败的多起阴谋也具有相似的模式，这表明此案例有助于分析恐怖活动并阻止今后复杂的恐怖阴谋。[2]

---

[1] 原注：参见 Miller, Stone, and Mitchell, *Cell,* 84。

[2] 原注：最近挫败的符合此模式的阴谋是2007年新泽西州迪克斯堡的未遂袭击，参见 Ripley, “Fort Dix Conspiracy”。分析恐怖阴谋典型阶段的其他尝试，参见 Pluchinsky, “Typology and Anatomy”; and Jackson, *Breaching the Fortress Wall*。

对本书而言，该案例同样至关重要，因为它论证了本书的预防行动理论。“恐怖日阴谋”的破产并不是因为执法官员或情报分析人员能够“关联情报”，拼凑出阴谋线索；也不是官方从战略预警评估中了解到恐怖主义的威胁。正如我们所见，即便是在世贸中心遇袭之后，国家层面的评估仍认为国际恐怖主义的威胁在降低。

这起破坏程度很可能仅次于“9·11 事件”的阴谋之所以被挫败，还是在于联邦调查局的线人，在阴谋酝酿的过程中提供了准确的战术情报。不过这一案例也表明，精准的情报并不足以阻止一场恐怖袭击。情报必须能够带来行动，为此，准确的情报还需要与善于接受的决策者相结合。

联邦调查局和纽约联合反恐特遣部队最初于 1991 年秋，就招募了萨里姆作为秘密线人，但高级官员并不接受萨里姆提供的情报。部分原因在于他们怀疑萨里姆的动机，同时也反映了当时美国对恐怖主义威胁的常规评估：大部分人认为恐怖主义是国际问题，由利比亚等敌对国家发起。尽管国内也有少量报复社会或精神失常的人制造威胁的事件，但国内恐怖主义并没有被视为多大的威胁。

联邦调查局高级官员不顾下属探员的强烈反对，于 1992 年夏天弃用了萨里姆。世贸中心的爆炸成为一个标志性事件，重重地敲响了警钟，使官员们确信，萨里姆所渗透的这个松散组织正在带来致命的威胁。萨里姆因此被重新启用，很快他就提供了秘密情报，阻止了“恐怖日阴谋”，并出庭作证，使包括拉赫曼在内的 10 个人都受到了应有的惩罚。

第七章
9 · 11事件
全新阐释

关于“9 · 11 事件”，人们反复提及的问题是：为什么在美国的情报机构和其他部门多年来一直对本 · 拉登和国际恐怖主义威胁有预警的情况下，美国还是未能预见并阻止这场袭击？詹姆斯 · 沃茨认为：就算事后来看，也很难理解为什么政府、公众和学术界均未能对“基地”组织的威胁做出反应，这一点和“珍珠港事件”出奇地相似。[1]

两项官方的重要调查，和学者、记者及其他调查者所得出的结论，均与情报失误的常规观点相一致，即：有关本 · 拉登及“基地”组织威胁的预警信号是有的，但却被误读或是被忽视了。这是自“珍珠港事件”以来，美国历史上最严重的情报失误。情报失误的原因，即为什么预警会被忽视，已经引起了多方激烈的讨论。但“9 · 11 调查委员会”的报告中给出的标准说法是，情报及国家安全部门的官员缺乏关联线索的能力，未能很好地理解已获信息。[2]

除了缺乏关联能力，“9 · 11 调查委员会”还认为：“9 · 11 事件”发

[1] 原注：参见 Wirtz, “Responding to Surprise,” 56。

[2] 原注：参见 *9/11 Commission Report*。

生之前，美国情报界过于重视战术情报，未能生产出足够宏观的、长期的战略情报，用以评估本 · 拉登和“基地”组织的威胁。该观点认为，要是情报机构能够更好地汇总已获预警信号，供高层决策者评估，那么这场袭击本是可以避免的。

本章的观点与这种广为人知的观点完全不同：问题既不是情报太多，也不是缺乏富有关联能力的情报分析人员，而是精准预警太少，以及决策者的接受度不够。

常规观点认为，情报界未能提供战略预警，本书恰恰认为，事实上有关本 · 拉登和“基地”组织的战略情报评估已经相当足够。多年的情报评估和简报已经给美国决策者敲响了警钟，提醒他们注意国际恐怖主义日益严峻的威胁，注意“基地”组织的危险性，甚至还提到了恐怖分子利用民航飞机发动袭击的可能性。既然关于“基地”组织的战略情报评估已经如此明确，“9 · 11 事件”为何还是发生了？因为战略预警，尤其是“9 · 11 事件”前获得的长期的、宏观的威胁评估，不足以阻止袭击发生。

像“9 · 11 事件”这样的恐怖袭击，固然会带来长远的、战略层面的后果和影响，但袭击本身是**战术**层面的事件。因此，为了预防这些袭击事件，决策者需要的是具体的**战术情报**，比如特定阴谋发生的地点、时间和参与人员。这恰恰是美国情报工作的失误之处：未能获得“9 · 11 事件”的战术情报，未能给出有关袭击计划的具体预警。“9 · 11 事件”之前，情报界不是**过于重视**战术情报，而是做得还不够，未能**足够重视**关于“基地”组织和其他国际恐怖主义威胁的具体的战术情报的收集、分析工作。

但“9 · 11 事件”并非仅仅是战术情报的失误。纵观美国情报失误史，要阻止重大恐怖袭击，还需要有能力采取相应措施的决策者接受并理解情报。只有在预警明确且决策者接受的情况下，情报才能带来预防行动。但在“9 · 11 事件”前的数年时间里，政府高官并未充分接受来自本 · 拉登威胁的预警。这说明，就算有了关于威胁的战术情报，决策者也很可能听不进去，也不会采取必要的行动来阻止袭击。

本章首先概述了官方对“9·11 事件”的调查，以及情报失误原因的常规观点；接着简要介绍了当时已有的关于本·拉登和“基地”组织的主要情报源；随后回顾了情报以及其他来源发出的预警；[1] 再接下来是关于克林顿政府和小布什（乔治·W·布什后称为小布什）政府对这些预警的接受度；小结部分探讨了这起袭击能否本应被阻止，以及这个案例是如何佐证本书关于情报失误与成功的理论的。

“9·11事件”的常规解读

“9·11 事件”的第一个官方重要调查研究是国会联合调查组（Congressional Joint Inquiry）于 2002 年 12 月完成的。[2] 国会联合调查组总结道，尽管事前美国并未掌握时间、地点、袭击性质等明确的情报信息，但有大量已获得的信息，情报界未能恰当处理。国会联合调查组认为，情报界对“基地”组织的认识受制于分析能力的不足，尤其是“对该组织和该威胁总体认知的战略分析不足”[3]。《联合调查报告》(*Joint Inquiry Report*) 是一份详尽的报告，在很多方面影响了后来“9·11 调查委员会”的报告。这份集报告、工作人员陈述和公开听证会于一体的资料对今天“9·11 事件”的研究者仍然很有价值。但这份冗长的、长达 858 页的报告在发表时，几乎没有引起公众的注意。[4]

对“9·11 事件”的主要阐述和解释是由“9·11 调查委员会”做出的，他们的报告已经为绝大多数美国人所接受，尽管一些学者和政策专家仍持不同意见，但并不妨碍它成为常规观点。《9·11 调查报告》认为，

[1] 原注：罗夫纳和隆对战略预警和战术预警进行了类似的比较。参见 Rovner, Long, and Zegart, “Correspondence: How Intelligent Is Intelligence Reform?”

[2] 原注：参见 US Congress, *Joint Inquiry Report*。

[3] 原注：参见同上，60。

[4] 原注：《9·11 调查报告》的局限性，参见 Falkenrath, “The 9/11 Commission Report: A Review Essay,” 172。

总体来看，美国政府、媒体，甚至美国公众都需要为事件承担责任，但报告的大部分内容及其改革建议则聚焦于情报分析和情报评估的种种失误。

“9·11调查委员会”认为，在宏观战略分析层面，与本·拉登和恐怖主义相关的情报报告相当薄弱。1998年至2001年，没有一份报告对“基地”组织的威胁做出过完整评估。[1] 尽管美国情报机构也提供过许多报告和简报，来说明来自“基地”组织的具体威胁和预警，但却没有一份报告描述过本·拉登的宏观战略，也没有任何报告总结过此前“基地”组织参与的袭击所带来的教训。[2] 由于缺乏权威的威胁评估，委员会认为，政府高层领导对“基地”组织的威胁性认知不足。尽管克林顿和小布什总统及其高级顾问都表示他们了解本·拉登的威胁，但正如委员会所写的，“某种程度上说，这很难去评判，我们认为威胁在当时还没有那么令人信服”。[3]

其他官方调查

除了国会联合调查组和“9·11调查委员会”，还有两个重要的官方调查，审查了联邦调查局和中央情报局的情报运用情况。[4] 第一份是司法部（Justice Department）总检察长（inspector general）针对联邦调查局在“9·11事件”前的情报运用情况所发布的报告。[5] 该报告表示，联邦调查局存在的主要问题是缺乏战略情报分析，而“联邦调查局战略分析失误的突出例证”是“9·11事件”之前，它未就恐怖袭击风险做出

[1] 原注：参见 *9/11 Commission Report,* 342。另见 *9/11 Commission Staff Statement Number 11, 3*。

[2] 原注：参见 Central Intelligence Agency, *OIG Report on CIA Accountability with Respect to the 9/11 Attacks,* xviii。另见 US Department of Justice, *Review of the Federal Bureau of Investigation's Counterterrorism Program*。

[3] 原注：参见 *9/11 Commission Report*, 343。

[4] 原注：其他情报机构可能在“9·11事件”之后进行了事后审查，但尚未公开。

[5] 原注：参见 US Department of Justice, *Review of the FBI's Handling of Intelligence Information related to the September 11 Attacks*。这份长达421页的报告仍未解密。

国家层面的综合评估，即使在1999年时，它就曾向国会承诺过会进行这样的战略分析。[1]

另一份调查报告由中央情报局监察长根据国会联合调查组的指示所发布，内容是审查中央情报局雇员在“9·11事件”之前的表现。报告于2005年完成，但是直到2007年才公开，当时国会通过了一项法案，要求公开非涉密的概要部分。[2] 报告认为，既没有单点失误，也没有什么高招(silver bullet)，能够使情报界预测和预防这场袭击。[3] 不过报告还是表示在“9·11事件”前，中央情报局未能就“基地”组织的威胁做出全面的战略规划，同时对“基地”组织的战略分析工作不力，分析人员主要关注眼前的战术问题，却忽视了全局的战略威胁。[4]

2012年6月的一份中央情报局内参，更好地体现了中央情报局对本·拉登和“基地”组织开展的工作。这份内参应国家安全档案馆要求中央情报局回应《信息自由法案》(Freedom of Information Act) 而公开，公开时有多处进行了编辑。这份内参认为，中央情报局事实上有能力为决策者提供有关“基地”组织日益严峻威胁的战略预警，但却未能成功获得具体的战术预警。这份内参称，在“9·11事件”发生前，就像其他恐怖袭击发生前一样，“我们看到了烽烟，却无法直接看到火焰”[5]。正如本书其他章节所表明，这种相对积极的评估并没有反映出“9·11事件”前情报界表现如何的常规观点，但却相当巧妙地（甚至用了诗意的语言）描述了当时真实发生的情况。

[1] 原注：参见同上，84n84。

[2] 原注：参见 Central Intelligence Agency, *OIG Report on CIA Accountability with Respect to the 9/11 Attacks*。

[3] 原注：参见同上，vii。

[4] 原注：参见同上，xviii。

[5] 原注：参见 Central Intelligence Agency, *DCI Report: The Rise of UBL and Al-Qa'ida,* 67。“9·11事件”前情报界对“基地”组织的另一项调查，参见 Fenner, Stout, and Goldings, *Ten Years Later*。

常规观点

有些专家，尤其是美国情报界内部的一些专家认为，“9 · 11 事件”的发生并非是情报失误的结果。2002 年，时任中央情报总监（Then-director of central intelligence）的乔治 · 特尼特在 2002 年证实，“9 · 11 事件”并不是一个情报失误的案例：“当人们用‘失误’这个词时，‘失误’表示没有关注，没有重视，也没有按规定行事，但是这些统统没有发生在我们或是联邦调查局及其他地方。”[1]

情报界以外的学者和分析人员的视角则更为宏观，他们认为，“9 · 11 事件”不能只让情报界负责。约书亚 · 罗夫纳（Joshua Rovner）就写道，“‘9 · 11 事件’不是情报失误，而是整个国家的失误”[2]。也有些从微观角度看问题的人认为，袭击发生的根源是个人能力不足或决策不力。白宫前反恐顾问理查德 · 克拉克（Richard Clarke）指出，小布什总统“在多次预警面前，却未能就‘9 · 11 事件’发生前‘基地’组织的威胁采取行动”[3]。一些人甚至觉得事件背后有着更耸人听闻的原因，他们认为事件发生之前，政府高层官员中存在某种阴谋；也有人认为，至少高层领导的能力是严重不足的。[4]

尽管有各种各样的观点和理论，但《联合调查报告》和《9 · 11 调查报告》所共同表达的观点足以让大多数人接受，因而被称为常规观点：对于日益严峻的国际恐怖主义和“基地”组织威胁，情报机构和国家安全官员缺乏情报关联能力，“9 · 11 事件”的灾难很大程度上（虽然不是全部）是一次情报失误。

---

[1] 原注：参见 Tenet, “Testimony before the Senate Select Committee on Intelligence,” 136。“9 · 11 事件”后中央情报局其他领导者的观点，参见 Powers, “Trouble with the CIA”。

[2] 原注：参见 Rovner, “Why Intelligence Isn’t to Blame for 9/11,” 3。

[3] 原注：参见 Clarke, *Against All Enemies*, xxiv。

[4] 原注：关于“9 · 11 事件”的阴谋论文献很多，但几乎没用。参见 Goldberg, “Who Profited from the Crime?”另见 Sunstein and Vermeule, “Conspiracy Theories: Causes and Cures”。

关于本·拉登和"基地"组织的情报源

"9·11事件"前几年，美国情报界已经开始从多个渠道收集关于本·拉登和"基地"组织的情报。本节概述了主要情报源，有助于理解本章后半部分所探讨的具体的情报信息。[1]

图像情报（Imagery intelligence），即通过卫星图片和其他来源的图像搜集的情报，是美国在冷战时间最倚仗的情报搜集手段。近十几年以来，图像情报也是识别恐怖分子训练营地、为导弹打击及其他军事行动提供目标数据的主要方式。但是在针对"基地"组织的情报工作中，它在很大程度上落后于其他搜集方法。[2] 开源情报（open source intelligence），比如本·拉登的讲话；或是通过监控外国媒体收集来的信息，是了解"基地"组织发展，以及本·拉登意图的重要渠道。其他情报来源还包括与他国政府及情报机构的联络与合作。

而美国了解"基地"组织的两个最主要的情报源，则是信号情报（SIGINT）和人力情报（HUMINT）。虽然在恐怖主义问题和情报研究文献中，信号情报不如人力情报更受关注。但就是信号情报，这个主要由国家安全局提供的情报源，才是货真价实的来源。理查德·克拉克在一次内部会议上对国会联合调查组说，"9·11事件"之前，"80%—90%的高质量情报来自国家安全局"[3]。美国信号情报领域的专家马修·艾德（Matthew Aid）写道，"信号情报是'9·11事件'

---

[1] 原注：大部分资料来源，参见9/11 Commission Staff Statement 11, "The Performance of the Intelligence Community"。

[2] 原注：引用一位不愿透露姓名的情报官的话："我们得到了惊人的卫星照片，上面有他们在营地举行的毕业典礼，但是我们从不知道他们离开阿富汗时打算做什么。"参见Johnston, "Lack of Pre-9/11 Sources"。

[3] 原注：参见Clarke, "Testimony before the Joint Congressional Inquiry," 20。

前，美国情报界关于恐怖活动行动信息的主要来源”[1]。

“9 · 11 事件”前，许多报告指出，情报界对“基地”组织开展的人力情报效果不佳。[2] 一些恐怖主义问题专家认为，中央情报局对“基地”组织渗透不力是未能阻止“9 · 11 事件”的主要原因。不过事件发生前，美国的人力情报工作并非那么不堪，中央情报局虽然未能打入本 · 拉登的核心圈子，但确实也掌握了一些其他人力情报源提供的情报。

《联合调查报告》显示，根据中央情报局反恐中心（CTC）官员的说法，“9 · 11 事件”之前，中央情报局虽未能打入“基地”组织的领导层，“但在该组织外围，中央情报局拥有数量可观的单线情报源，来提供‘基地’组织的相关信息，同时还有大量正在招募中的情报源。而最佳情报源则由中央情报局和联邦调查局联手经营”[3]。除了这些单线情报源，驻外的情报机构还掌握着大量的线人，以及一些主动提供情报的人员。《联合调查报告》表示，有一名志愿者“尤为出色，提供的信息派上了用场，挫败了一次针对美国在欧洲利益的袭击行动”。但是，报告也指出，“在反恐中心看来”，志愿者提供的许多信息“都是伪造的”，有些甚至疑似是“基地”组织派来的。[4]

“9 · 11 事件”前的几年，情报界其实正在加强对“基地”组织的人力情报工作。乔治 · 特尼特在其回忆录中说，这项工作在 1998 年“东非大使馆爆炸案”后得到了极大的推进，至 1999 年 9 月，“我们在阿富汗

[1] 原注：参见 Aid, “All Glory Is Fleeting,” 95。艾德的文章调查了信号情报在反恐中的贡献，颇为有用。另见 Aid, *Secret Sentry*。

[2] 原注：例如《纽约时报》报道，“2001 年 9 月之前，美国情报机构未能在“基地”组织开办的阿富汗训练营内获得可靠的人力情报。”参见 Johnston, “Lack of Pre-9/11 Sources”。此外，比尔引用了 1996 年 7 月 1 日中央情报局的涉密报告，“我们没有单边线人去接近本 · 拉登，或其他任何可靠的方式截听通信”。参见 Gertz, *Breakdown*, 10。

[3] 原注：参见 *Joint Inquiry Report*, 91。

[4] 原注：参见 *Joint Inquiry Report*, 92。

境内招募的线人超过了100人”[1]。特尼特的话可能夸大了中央情报局在这方面做出的努力，但他描述的情况，和理查德·克拉克在2002年6月11日国会联合调查组举行的一次内部会议中的证词基本一致。克拉克被问道，“美国对‘基地’组织的单线渗透情况如何”，他回答说，反恐中心直到1999年才取得成效。当时科菲·布莱克（Cofer Black）负责这项工作，“他受乔治·特尼特的指示，对‘基地’组织展开人工渗透，经过3年的努力，他们一个接一个地渗透进去，但都不是什么高层人员”[2]。

尽管取得了一定进展，但情报界仍然无法打入“基地”组织的领导层，他们也将这一情况报告了高级情报官员和国家安全官员。1999年12月，反恐中心在给中央情报局高层的一份报告中指出：“我们需要破坏他们的行动……同时我们也得在UBL组织（Usama Bin Ladin's，当时政府对“基地”组织的称呼）的内部招募线人。”当月，反恐中心还向国家安全委员会（National Security Council）“小组”（Small Group）的几位重要官员做了汇报，指出“当前，我们尚未打入UBL组织领导层的内部”。[3]

已获的战略情报

正如我们所见，对于“9·11事件”，主要的官方调查和常规观点均认为，美国情报界的主要失误在战略层面，特别是战略分析。高级情报官员一致认为，战略分析的地位次于对动态情报和行动的需求。比如，《联合调查报告》指出，中央情报局监察长于2001年8月视察了反恐中心，发现分析人员将时间花在了关注眼前危机和短期需求上，“没有时间去研判长期趋势，或是从海量信息中去关联线索”[4]。

[1] 原注：参见 Tenet and Harlow, *At the Center of the Storm,* 120。

[2] 原注：此会议记录的删节版随后被发布。参见 Clarke, “Testimony before the Joint Congressional Inquiry,” 16。另见 Coll, Ghost Wars, 492。

[3] 原注：参见 *Joint Inquiry Report*, 387–88。

[4] 原注：参见同上，61, 336–39。

不过也有人认为，情报界其实已经非常出色地提供了关于“基地”组织威胁的战略预警。这些人主要是现任或前任情报官员，他们持这种积极的态度也不奇怪。比如特尼特在对“9·11调查委员会”作证时表示，从1995年至“9·11事件”发生，中央情报局共提供了46份报告，内容包括“对本·拉登、‘基地’组织以及伊斯兰极端主义的重要战略情报分析”[1]。中央情报局前高级官员保罗·皮拉尔认为，“9·11事件”前的数年间，中央情报局提供了关于威胁的颇有分量的战略情报，既包括呈报决策者的涉密报告，也包括公开发布的评估报告。[2]

我们应该如何看待这些看似矛盾的观点？战略情报是被疏忽了，还是确实精准地揭示出了威胁？为明确关于本·拉登及恐怖主义战略情报的质量，本节将对袭击前获得的情报进行剖析。

关于本·拉登的早期预警

美国情报界对本·拉登和“基地”组织威胁的严重性反应滞后。比如，“基地”组织于1988年就开始组建，但直到1996年末，第一份有关“基地”组织的情报报告才出现，到1999年时，情报界才第一次对其做出全面介绍。[3]

对本·拉登个人的情报报告至少可以追溯到1993年4月，当时中央情报局的一篇文章称他是“独立的行动者，有时与其他个人或政府展开合作”，并总结到本·拉登的组织（显然还未命名）“几乎肯定参与了”1992年对也门亚丁一处酒店的袭击，该酒店下榻有美国支持联合国

---

[1] 原注：参见 Tenet, “Written Statement for the Record of the Director of Central Intelligence before the National Commission on Terrorist Attacks upon the United States,” 8。

[2] 原注：参见 Pillar, “Good Literature and Bad History,” 1025。另见 Pillar, *Intelligence and US Foreign Policy*, 250–51。

[3] 原注：《联合调查报告》指出，1996年末首次提及“基地”组织。(appendix 1, “Evolution of the Terrorist Threat,” p. 13)。“9·11调查委员会”报告说，委员会在情报文件中首次发现有关“基地”组织的信息是在1999年，参见 *9/11 Commission Report*, 341。

在索马里行动的援助人员。当月，《国家情报日报》（面向政府高层的情报产品）的一篇文章指出，一年前，几百名伊斯兰激进分子已在阿富汗的军事营地接受了训练，其中一个营地的运营者是埃及人，而出资人就是本·拉登。[1]1993 年 7 月，中央情报局一份报告指出，本·拉登在为苏丹境内的埃及恐怖分子提供资金支持。同年，国务院将本·拉登列入外国人 TIPOFF 监控名单（TIPOFF watch list），在这份名单上的人，由于与恐怖主义或其他非法行动有关而被禁止进入美国。[2]8 月，国务院一份情报报告将本·拉登列为新一代伊斯兰激进武装分子的支持者，"尤以宗教狂热和出资慷慨而闻名"。[3]

1995 年，联邦调查局的一份涉密报告提到，"新一代逊尼派恐怖分子"已经出现，并提到本·拉登可能资助了 1993 年"世贸中心爆炸案"。[4] 第五章已提到，中央情报局于 1996 年成立"本·拉登工作站"。[5] 但一开始这个工作站离中央情报局总部很远，位于弗吉尼亚州北部泰森斯角的一个办公楼里，由级别较低的工作人员组成，反映出这项工作在当时的优先级并不高。此外，该站的工作人员大多是女性，中央情报局里有人称她们为"曼森家族"（Manson Family）。[6]

1996 年，一个名叫法德勒的前"基地"组织成员走进了美国驻厄立特里亚大使馆，并成为美国长期的情报源。他的出现，使美国官员对"基

[1] 原注：参见 *Joint Inquiry Report*, 194, and table in appendix 1 titled "Evolution of the Terrorist Threat and US Response, 1983–2001," p. 5。

[2] 原注：参见 *9/11 Commission Report*, 108–9, and 479n1。

[3] 原注：参见 US Department of State, "The Wandering Mujahidin: Armed and Dangerous," 2。

[4] 原注：参见 Pincus, "Mueller Outlines Origin, Funding of Sept. 11 Plot"；更多详细信息，参见 Coll, *Ghost Wars*, 278–79。

[5] 原注：背景信息，参见 chapter 2 of US Department of Justice, *A Review of the FBI's Handling of Intelligence Information Related to the September 11 Attacks*。

[6] 原注：参见 Zeman et al., "Path to 9/11"。科尔写道，"本·拉登工作站"的成员称自己为"曼森家族"，因为她们以"基地"组织的疯狂警报者而闻名，参见 Coll, *Ghost Wars*, 454。

地”组织的认识取得了“重大突破”[1]。不过，情报界仍普遍认为，本·拉登是恐怖袭击的资助者，而非指使者。[2]“9·11 调查委员会”指出，“直到 1996 年，美国政府内也鲜有人意识到奥萨马·本·拉登其实是新型恐怖主义的肇始人和组织者”。[3]

本·拉登的早期声明

早在 1996 年，本·拉登就明确表示要给美国制造破坏。当年 7 月，在英国《独立报》(*The Independent*) 发布的一篇采访中，本·拉登称“科巴尔塔爆炸案”(Khobar Towers bombing) 中炸死美国人标志着“穆斯林与美国战争的开始”[4]。1996 年 8 月,他发布了“对占领两圣地之国的美国人的圣战宣言”(Declaration of Holy War on the Americans Occupying the Country of the Two Sacred Places)，号召全球穆斯林行动起来，对美国军队发动袭击，以迫使美军撤离阿拉伯半岛。[5] 在 1998 年 2 月发表的第二份法特瓦中，他号召杀死美国人“是每个穆斯林的责任，无论在哪个国家看到美国人，只要有可能就杀死他”[6]。第五章中也提到，他还召开了几次新闻发布会，公开威胁西方世界。1998 年 5 月，本·拉登在接受美国广播公司（ABC-TV）的采访中称：“对任何人来说，杀死一个美国士兵比把精力浪费在其他行动上要有意义得多。”[7]

---

[1] 原注：参见 *9/11 Commission Report*, 109。法德勒的更多详细信息参见第五章。

[2] 原注：参见 Central Intelligence Agency, *Usama Bin Laden: Islamic Extremist Financier*。

[3] 原注：参见 *9/11 Commission Report*, 108。另见 Central Intelligence Agency, *DCI Report: The Rise of UBL and Al-Qa'ida*, 5。

[4] 原注：参见 Robert Fisk, “Arab Rebel Leader Warns the British: ‘Get Out of the Gulf,”’ *The Independent*, July 10, 1996。

[5] 原注：参见 *9/11 Commission Report*, 48。这份 60 页的法特瓦一直被称为“拉登书信”。参见 Emerson, *American Jihad*, 148。

[6] 原注：参见 *9/11 Commission Report*, 47。

[7] 原注：参见同上 , 47。

本·拉登和“基地”组织的预警升级

1998 年，关于本·拉登威胁的情报报告明显增加。当年春天，中央情报局通过沙特政府了解到，沙特挫败了一起本·拉登的分支组织用肩扛式导弹（shoulder-fired missiles）企图袭击美国军队的阴谋。[1]5 月，本·拉登的采访发布后不久，情报界开始收到一些报告称本·拉登欲在美国境内发动袭击。这些报告相互缺乏关联性，来源也比较可疑，不过其中有份 6 月的报告称，本·拉登正考虑袭击纽约和华盛顿，而在华盛顿的袭击将很可能针对公共场所。[2]

这个时候，美国政府开始高度重视本·拉登。1998 年 5 月，中央情报局曾实施了一项计划抓捕本·拉登的大规模演习（这个计划没有执行），为该行动准备的简报表明，“本·拉登迟早会攻击美国，可能还会使用大规模杀伤性武器”。6 月，纽约联邦大陪审团以不公开的方式起诉了他，罪名是密谋攻击美国国防设施。[3] 当年夏天陆续有多份报告预警了本·拉登的威胁，其中 1998 年 6 月的一份报告，标题为《本·拉登威胁（用防空导弹）攻击美国飞机》[*Bin Ladin Threatening to Attack US Aircraft* (*with Antiaircraft Missiles*)]。[4]

第五章已经讨论过，1998 年 8 月，美国驻肯尼亚和坦桑尼亚大使馆遭遇了炸弹袭击。对情报界的许多人来说，这些爆炸事件是他们认识到“基地”组织威胁的重要时刻。《联合调查报告》指出“对情报界的访谈表明，‘9·11 事件’之前，大使馆连环爆炸事件，比‘基地’组织所发动的任何其他恐怖袭击，都更深刻地刷新了情报界对这一组织恐怖威胁

[1] 原注：参见同上，115。

[2] 原注：参见 *Joint Inquiry Report,* 198; Joint Inquiry appendix 1, “Evolution of the Terrorist Threat,” 19。Hill, “Joint Inquiry Staff Statement, Part I,” 15。根据《联合调查报告》，该威胁信息已于 1998 年 7 月提供给美国高级官员。

[3] 原注：参见 *9/11 Commission Report*, 112–14; 引用参见 p. 112。正如第五章所述，联邦起诉书于 1998 年 11 月修订并公开发布。

[4] 原注：参见 *9/11 Commission Report*, 342。

的认知”[1]。丹尼尔·本杰明（Daniel Benjamin）和史蒂文·西蒙（Steven Simon）写道：“对于包括我们在内的美国政府官员来说，1998 年 8 月 7 日发生在内罗毕和达累斯萨拉姆的袭击是一个转折点，那时我们正供职于国家安全委员会。”[2]

1998 年 9 月，情报部门起草了一份备忘录，详述了“基地”组织在美国的基础设施，包括利用前线组织进行恐怖活动的情况。[3] 次月，情报信息显示，“基地”组织正试图在美国境内建立行动分支，并试图招募美国的穆斯林和中东、北非移居美国的公民。[4]1998 年 11 月，报告显示阿拉伯联合酋长国境内的一支“基地”组织分支正试图从美国招募五至七人前往中东进行训练，以配合打击美国国内目标的计划。该报告同时表示，本·拉登在美国的主要城市均有成员。[5] 同月，情报界发现，作为美国政府提高悬赏捉拿本·拉登的赏金额度的回应，本·拉登给暗杀四名美国高级情报官员的人发了赏钱。[6]1998 年秋天，几份报告均指出本·拉登组织正考虑新的袭击方式，比如在美国大使馆的食物、水或净水系统中投放生化毒素。[7]1998 年 12 月 1 日的一份情报评估中这样写道，“奥萨马·本·拉登组织正在积极策划攻击美国的目标。多份报告显示，本·拉登极为热衷于在美国本土发动袭击。‘基地’组织正在为袭击招募行动人员，但尚未确定袭击目标”。[8]

---

[1] 原注：参见 Hill, “Joint Inquiry Staff Statement, Hearing on the Intelligence Community’s Response to Past Terrorist Attacks against the United States from February 1993 to September 2001,” 4。另见 Hill, “Joint Inquiry Staff Statement, Part I,” 17。

[2] 原注：参见 Benjamin and Simon, “A Failure of Intelligence?”

[3] 原注：参见 Hill, “Joint Inquiry Staff Statement, Part I,” 15。

[4] 原注：参见同上；*Joint Inquiry Report*, 125。

[5] 原注：参见 *Joint Inquiry Report,* 200。另见 Joint Inquiry appendix 1, “Evolution of the Terrorist Threat,” p. 22。

[6] 原注：参见 Hill, “Joint Inquiry Staff Statement, Part I,” 15–16。

[7] 原注：参见 *Joint Inquiry Report appendix 1*, “Evolution of the Terrorist Threat,” 23。

[8] 原注：参见 *Joint Inquiry Report*, 17。

12 月 4 日，中央情报总监特尼特对分管情报机构管理的副局长和几位中央情报局官员发布指令："战争已经打响。我需要中央情报局和整个情报界的所有人都为此竭尽全力。"副局长将指令中秘密行动的内容去掉后，将备忘录传真给了其他主要情报机构的负责人。但似乎中央情报局的高级官员和其他情报机构的高级官员一样，都并不清楚这份备忘录的意图。"9 · 11 调查委员会"指出，国家安全局局长认为这份备忘录只对中央情报局有效力，而中央情报局的高级官员则觉得它对所有情报机构都有效力。虽然这份备忘录确实动员了某些情报部门加大了对本 · 拉登信息的搜集力度，但 9 · 11 调查委员会"指出，"这份备忘录对中央情报局和整个情报界的动员作用极为有限"。[1]

陆续有预警表明，美国海外的大使馆很可能受到攻击。从 1998 年 12 月 18 日起，特尼特给总统相继报送了 8 封信件，他称第一封信件其实也是给"整个国家安全界"的，阐述了为何他会如此关注正在迫近的恐怖袭击，信件标题是"本 · 拉登准备发动袭击"(Bin Ladin Ready to Attack)。特尼特在信中写到，"我十分担忧，最近的情报报告显示奥萨马 · 本 · 拉登正计划在近期对美国的人员或设施再次发动袭击，很可能就在几天之内。本 · 拉登的一名副手使用了我们认为与恐怖行动相关的暗语，来命令在东非的同伙完成他们的工作"。[2]

到了 1999 年，情报界越来越多的报告都显示出本 · 拉登发动袭击的可能性，比如炸毁联邦调查局在华盛顿的一处建筑，以及对从洛杉矶或纽约起飞的航班下手。《9 · 11 调查报告》指出，"这些预警混杂在其他数十条预警信息中"[3]。本 · 拉登则继续公开发出威胁；1999 年 1 月，《时代》杂志对他进行了采访，本 · 拉登在采访中称，"敌视美国是一种宗教责

[1] 原注：参见 *9/11 Commission Report,* 357。另见 Tenet and Harlow, *At the Center of the Storm,* 119–20。

[2] 原注：参见 *9/11 Commission Report*, 130, 485n114; Tenet and Harlow, *At the Center of the Storm,* 122。

[3] 原注：参见 *9/11 Commission Report*, 141。

任”[1]。1999 年 6 月，本·拉登被联邦调查局列入“十大通缉犯名单”[2]。当月，在对参议院情报委员会（Senate intelligence committee）的证词中，以及在 1999 年 7 月对众议院情报委员会（House intelligence committee）工作人员的简报中，反恐中心主任均表示本·拉登及其爪牙正酝酿在美国境内发动袭击。[3]

1999 年 8 月，情报界获知“基地”组织已经盯上了国务卿、国防部长和中央情报总监，手段极有可能是暗杀。[4]1999 年 9 月，也包括 9 月以后的时间，情报官员发现本·拉登等人正密谋在美国本土进行恐怖活动，目标很可能是加利福尼亚州和纽约市的特定地标。[5] 前中央情报总监特尼特表示，情报界在千禧年前已向克林顿总统发出预警，称本·拉登正密谋在全球发动“5 到 15 起袭击，有些袭击会发生在美国本土”。[6]

千禧年及其后的阴谋

千禧年前后一系列被揭露的阴谋，提升了美国人的危险意识。1999 年 12 月初，约旦当局挫败了一场阴谋，该阴谋计划袭击安曼的酒店和旅游景点，是一名巴勒斯坦男子与一名美国出租车司机在波士顿共同策划的。紧接着，12 月 14 日，艾哈迈德·雷萨姆（Ahmed Ressam）在洛杉矶港试图入境美国时被捕，随后当局发现，他企图引爆洛杉矶国际机场的一枚炸弹。[7]12 月底，理查德·克拉克的下属在

[1] 原注：参见 Rahimulla Yusufzai, “Conversation with Terror,” *Time*, January 11, 1999。

[2] 原注：参见 Joint Inquiry appendix 1, “Evolution of the Terrorist Threat,” 24。

[3] 原注：参见 Hill, “Joint Inquiry Staff Statement, Part I,” 18。此外，桑迪亚国家实验室（Sandia National Laboratory）在 1999 年根据开源信息发布了近 400 页的研究，得出的结论是本·拉登对美国构成了重大威胁，参见 Sandia National Laboratories, “Osama Bin Laden: A Case Study”。

[4] 原注：参见 Hill, “Joint Inquiry Staff Statement, Part I,” 16; *Joint Inquiry Report*, 200。

[5] 原注：参见 Hill, “Joint Inquiry Staff Statement, Part I,” 16; *Joint Inquiry Report,* 125。

[6] 原注：参见 Tenet and Harlow, *At the Center of the Storm*, 125。

[7] 原注：这些阴谋，参见 *9/11 Commission Report*, 174–79。

备忘录中说，“外国恐怖分子正在美国潜伏，很可能对美国发动攻击”（下划线部分为备忘录原文）[1]。

进入2000年，也出现了几份关于袭击的报告，其中2月的一份报告，预警称本·拉登正密谋暗杀美国情报官员；还包括3月的一份报告，就“基地”组织可能袭击的设施类型作了分析，可能袭击的目标包括摩天大楼、港口、机场、核电厂以及自由女神像。[2]

2000年10月12日，美国海军“科尔”号驱逐舰遇袭，17名船员丧生，39人受伤。美国官方当即怀疑“基地”组织应为此负责，要求情报部门找出“基地”组织实施袭击的证据。然而，直到“9·11事件”发生，数名关键策划者被捕后，情报机构才证实了本·拉登应为“科尔”号袭击事件负责。在调查“科尔”号袭击事件的过程中，美国官员发现，原来早在2000年1月，“苏利文”号（*The Sullivans*）驱逐舰也差点遇袭。阴谋之所以未成功，是因为装载炸药的袭击船只因炸药过多，超重沉没。不过这条船被打捞起来，并在十个月后的袭击中完成了任务。[3]

利用飞机袭击的预警

除了对本·拉登和“基地”组织威胁的综合性预警，2001年之前，不少指征还表明，恐怖分子对利用飞机发动袭击很感兴趣。这种袭击方式有过先例：1994年，一支阿尔及利亚武装力量劫持了一架客机，试图在巴黎上空引爆飞机，意图撞击埃菲尔铁塔；1995年1月，一个名叫穆拉德的男子因涉嫌参与“波金卡计划”——准备在太平洋上空引爆十几架飞往美国的客机，在马尼拉被捕。他告诉菲律宾当局，他和拉姆齐·优素福还讨论过用飞机撞击中央情报局总部。此外，1994年还曾有一架私人飞

[1] 原注：参见同上, 179, as noted in 501n34。

[2] 原注：参见Hill, “Joint Inquiry Staff Statement, Part I,” 16; *Joint Inquiry Report*, 200。

[3] 原注：参见*9/11 Commission Report*, 195; *9/11 Commission Staff Statement Number 15*, 8–9。“科尔”号遇袭的背景信息，参见*9/11 Commission Staff Statement Number 6*。

机坠毁于白宫南草坪。[1]

1995 年，中央情报局反恐中心在《总统每日简报》（*President's Daily Brief*）及给国会情报监督委员会（congressional intelligence oversight committees）的简报中发出预警，提出了“空中恐怖主义”（aerial terrorism），即一群恐怖分子驾驶装满炸药的飞机从空中向目标发动俯冲攻击。[2]1996 年 1 月的一份报告称，与“盲人酋长”拉赫曼有关联的人员，曾计划驾驶一架飞机从阿富汗起飞袭击白宫。[3] 同年 10 月，一份情报报告警告称，伊朗极端分子阴谋劫持一架日本飞往以色列的飞机，袭击特拉维夫。[4]

由副总统阿尔·戈尔（Al Gore）任主席的白宫航空安全和安保委员会（White House Commission on Aviation Safety and Security）于 1997 年 2 月称，“美国人及住所均被列入了恐怖主义的袭击目标”。[5]1998 年 6 月，美国驻沙特大使馆工作人员给国务院发电报称，美国官员已与沙特的官员们会面，提醒沙特注意本·拉登的威胁，包括针对民航飞机的威胁。[6]

1998 年，有多份报告都指出，恐怖分子可能用满载炸药的飞机发动袭击。8 月，一份情报信息显示，一伙身份不明的阿拉伯极端分子企图驾驶一架装满炸药的飞机，从利比亚起飞袭击世贸中心。然而，情报源的可靠性没有得到证实，而且从利比亚起飞的飞机是否具备飞到美国发动

---

[1] 原注：参见 *9/11 Commission Report,* 345。

[2] 原注：参见 Johnson, “Feature Review,” 329; Johnson, “Shock Theory,” 353。

[3] 原注：参见 *Joint Inquiry Report*, 210; Hill, “Joint Inquiry Staff Statement, Part I,” 26。

[4] 原注：参见 Hill, “Joint Inquiry Staff Statement, Part I,” 26; *9/11 Commission Staff Statement* Number 11, 6。另见 *Joint Inquiry Report*, 210。

[5] 原注：参见 White House Commission on Aviation Safety and Security (Gore Commission), 25。正如“9·11 调查委员会”指出，戈尔委员会没有提到自杀劫机或使用飞机作为武器，参见 *9/11 Commission Report,* 344。

[6] 原注：参见 US Department of State, “Saudi Arabia: Meeting with —— Re Bin Laden Threat”。

袭击的能力，也值得怀疑。[1]9月，一名线人走进美国驻东亚的某领事馆，谈到了装有炸弹的飞机飞入美国城市的阴谋，这个消息同样无法得到证实。[2]11月，一份报告称，一个土耳其伊斯兰极端组织策划在政府庆典活动期间，驾驶装有炸弹的飞机袭击阿塔图尔克陵墓（Ataturk's tomb）。[3]

1998年12月4日，《总统每日简报》中有一条友好国家提供的信息，称“基地”组织正策划在美国本土劫机，要挟美国政府释放“盲人酋长”拉赫曼等人。该消息来源表示，这一计划可能于12月20日的斋月开始前实施，两名劫机行动人员已经在纽约某机场最近的试运行期间躲过了安全检查。随后的报告中，该消息来源表示，劫持计划受挫，因为两名行动人员在华盛顿或纽约附近被捕。不过美国官方无法证实对两个人的逮捕，也无法就相关威胁进行确认。[4]

“9·11事件”之前的几年里，联邦调查局关注过美国境内可疑的学习飞行技术的人员。1998年5月，俄克拉荷马市的联邦调查局首席飞行员（chief pilot）起草了一份备忘录，表达了他对该市的飞行学校中，多名中东男性学习飞行的担忧。他担心这些人会策划恐怖袭击，可能在空中散布化学或生物毒剂。他的备忘录被存放在办公室的“大规模杀伤性武器”文件夹中，但没有迹象表明，任何人根据这份备忘录采取了任何应对行动。[5]同年，联邦调查局接到报告，一个恐怖组织可能正计划将学员派到

[1] 原注：参见US Department of Justice, *Review of the FBI's Handling of Intelligence Information Related to the September 11 Attack*, 97–98。另见*9/11 Commission Report*, 345, 561n14; Joint Inquiry Staff Statement, September 18, 27; and *Joint Inquiry Report*, 199。

[2] 原注：参见*9/11 Commission Report*, 344。类似报告，另见Joint Inquiry staff Statement, September 18, 2002, 15; *Joint Inquiry Report*, 199。

[3] 原注：参见Joint Inquiry Staff Statement, September 18, 2002, 27。

[4] 原注：解密版本，参见*9/11 Commission Report*, 128–30, and discussed on 344。另见www.foia.CIA.gov。

[5] 原注：参见Hill, “Joint Inquiry Staff Statement, the FBI's Handling of the Phoenix Electronic Communication and Investigation of Zacaria Moussaoui Prior to September 11, 2001,” 3, 12。另见*Joint Inquiry Report, 333–34*; US Department of Justice, *A Review of*

美国学习飞行。联邦调查局注意到，与该组织有关联的人员已经在美国机场通过了安检，并曾声称要攻击民航。[1]

1999 年年中，联邦调查局收到一份情报报告称，除了“基地”组织，还有一个恐怖组织想派学员来美国学习飞行，而且这个组织想借这些学员，收集美国基础设施的信息，以及犹太人常出入的公共场所的信息。该组织的头目认为，学员获得个人飞行执照是“至关重要”的。于是，联邦调查局总部要求 24 个地区分局开展调查。最终，联邦调查局总部的国际恐怖主义分析部门（International Terrorism Analytic Unit）派出一名分析人员，搜索那个恐怖组织可能派员赴美学习飞行的信息。2000 年 11 月，该分析人员递交了报告，称没有信息显示该组织在招募人员学习飞行。[2]

2000 年 4 月，一名不速之客进入联邦调查局纽瓦克分局，称自己是劫机阴谋的一分子。这个名叫尼亚兹·克汗（Niaz Khan）的男子称自己在巴基斯坦的一处训练营学习劫机技术。此次奉命来到美国，会和包括飞行员在内的 5 到 6 名同伙见面，他们的任务是劫持一架波音 747 飞机，然后把飞机开到阿富汗。“9·11 事件”后，他对媒体表示：抵达美国和联系人接头后，他开始打退堂鼓。随后他乘公交车去了大西洋城，在那儿把恐怖组织给的钱输了个精光。然后他跑到联邦调查局自首，联邦调查局对他进行了三个星期的审讯，对他进行的两次测谎也均通过。联邦调查局甚至让他戴上录音设备回到肯尼迪国际机场去找其他的同伙，结果一无所获。随后他被移交给了英国当局，据称，英国当局进行了简短的询问后就

the FBI's Handling of Intelligence Information Related to the September 11 Attacks, 98。

[1] 原注：参见 Joint Inquiry Staff Statement September 24, 2002, 12。

[2] 原注：参见 Joint Inquiry Staff Statement September 24, 2002, 3, 12–13; *Joint Inquiry Report*, 334; US Department of Justice, *A Review of the FBI's Handling of Intelligence Information Related to the September 11 Attacks*, 97. 9/11 Commission, *Monograph on Four Flights and Civil Aviation Security*, 64。

将其打发走了。[1]

政府研究及情境设计

除了情报报告以外，恐怖分子利用飞机发动袭击的预警，还以政府官员与机构研究的形式、战争推演的形式，以及情境设计的形式出现。恐怖主义问题专家布莱恩·詹金斯可能是第一个发出此类预警的人，他在 1989 年写道，“恐怖分子劫持民航飞机，杀死或控制机组成员，然后驾机撞向城市或某个重要设施，这是政府最大的噩梦”[2]。1993 年，国防部赞助了一个名叫“Terror 2000”的项目，该项目着眼于研究冷战后恐怖主义的未来。尽管这个项目研究的关注点是生化武器带来的大规模杀伤性袭击，但项目参与人员还是探讨了民航飞机撞击华盛顿公共建筑的可能性。马文·塞特龙（Marvin J. Cetron）是这个研究项目的成员之一，他后来回忆到，模拟袭击时他曾对小组人员说：“（飞机）沿着波托马克河飞行，在华盛顿纪念碑左转，可以攻击白宫；也可以右转，袭击五角大楼。”[3]

1998 年，美国官方组织了一场演习，理查德·克拉克担任总负责人。演习中一队恐怖分子在亚特兰大控制了一架里尔喷气式飞机，在飞机上装满炸药后，驾驶飞机冲向华盛顿的一处目标。理查德·克拉克后来说，他之所以有这种劫机威胁的危机意识，主要还是受汤姆·克兰西（Tom Clancy）小说的启发，而非情报预警。[4]1998 年春，包括宾夕法尼亚大学

---

[1] 原注：参见 Lisa Myers, “Did Al-Qaida Trainee Warn FBI before 9/11?” NBC News, July 26, 2004, www.msnbc.msn.com/id/5131524/。另见 Joint Inquiry staff statement September 18, 2002, 28, and the *Joint Inquiry Report,* 211。

[2] 原注：参见 Jenkins, “Terrorist Threat to Commercial Aviation,” 10。

[3] 原注：参见 Warrick and Stephens, “Before Attack, US Expected Different Hit”; Cetron and Probst, *Terror 2000*。

[4] 原注：参见 *9/11 Commission Report*, 345, 347, 457–58n98。在克兰西 1994 年的作品《美日开战》（*Debt of Honor*）中，写到了一名恐怖分子劫持一架大型客机，撞向了华盛顿的国会大厦。

恐怖问题专家斯蒂芬·盖尔（Stephen Gale）在内的一个三人小组，向联邦航空管理局（Federal Aviation Administration，FAA）的安全官员提交了一份关于空袭威胁的分析报告。盖尔后来称，这份报告假定了两个场景：一个是恐怖分子将飞机撞毁于东海岸的核电厂；另一个是恐怖分子劫持联邦快递公司的货机，撞击世贸中心、五角大楼、白宫、国会山、西尔斯大厦以及金门大桥。盖尔说，一位联邦航空管理局的官员对他说，你们把问题搞得太复杂了，并说“陨石落下来的时候，个人是无能为力的”。[1]

1999 年 8 月，联邦航空管理局民航安全情报办公室（Civil Aviation Security intelligence office）撰写了一篇调研报告，总结了本·拉登可能的几种劫机威胁的情境，其中就包括自杀式劫机行动。分析人员认为这种可能性非常低，因为这无助于释放在押的其他极端分子。[2]1999 年 9 月，国会图书馆（Library of Congress）的一份研究报告对利用飞行器发动袭击的风险提出了警告：“‘基地’组织殉难营的自杀式袭击者，可能将装满高爆炸药（C4 和塞姆汀塑胶炸药）的飞机撞向五角大楼、中央情报局总部或是白宫。”[3]

2000 年 3 月，一位司法部的检察官主动撰写了一份报告，分析了击落一架参与阴谋的美国飞机应涉及的法律问题。[4]2001 年 4 月，北美防空司令部（North American Aerospace Defense Command）考虑在演习中加入一个场景——一架来自海外的被劫持客机撞向五角大楼。不过，该场景被认为过于虚幻，会分散对主要演习（针对朝鲜）的精力，最终，该场景未被纳入演习。[5]

---

[1] 原注：参见 Fainaru, “Clues Pointed to Changing Terrorist Tactics”。

[2] 原注：参见 *9/11 Commission Report*, 345。我将在后面更详细描述这一点及联邦航空管理局其他情报产品。

[3] 原注：参见 Hudson, *Sociology and Psychology of Terrorism*。

[4] 原注：参见 *9/11 Commission Report,* 346, 561n21。

[5] 原注：参见同上 , 346。另见 Graham, “Pentagon Crash Scenario Was Rejected”。

针对恐怖主义的高层评估

1995年，当美国情报界刚开始了解这类新型恐怖威胁时，《国家情报评估》应运而生，其用笼统但颇有预见性的词汇来描绘这一日益临近的威胁。报告的标题是“美国的外国恐怖威胁”（The Foreign Terrorist Threat in the United States），报告警告道：“如果恐怖分子发动新型恐怖袭击，我们认为政府机构、国家地标、公共场所、金融及交通设施会是恐怖分子青睐的袭击目标。鉴于去年美国航空运输业暴露出的诸多不足，以及客机坠毁可能造成的恐慌和引发的关注度，我们相信民航对恐怖分子尤具吸引力。”[1]

后续的评估相对笼统。1997年4月，情报界的另一份报告几乎一字不差地重复了1995年《国家情报评估》的预警。1997年的报告并未公开，但“9·11调查委员会”认为，即便公开，其意义也有限，因其还在称本·拉登是“恐怖分子的赞助者”[2]。这也是“9·11事件”前，美国国家层面对恐怖主义威胁做出的最后一份综合评估报告。

联邦航空管理局情报办公室

尽管“基地”组织和恐怖分子对民航威胁的预警，并未引起情报界高层的重视，但一个不起眼的情报办公室却对此威胁尤为关注，这个办公室就是联邦航空管理局（FAA）的情报机构。尽管联邦航空管理局并不是美国情报界的正式成员，但它同样拥有24小时不间断运行的民航情报部门，还向联邦调查局、中央情报局和国务院派驻了联络员。[3]那个时期，该部门有5名分析人员专门研究“基地”组织。用“9·11调查委员会”人员

[1] 原注：参见9/11 Commission, *Monograph on Four Flights and Civil Aviation Security*, 54。

[2] 原注：参见*9/11 Commission Report*, 341–42。特尼特在2002年10月17日的证词中引用了1997年的评估，其措辞与1995年《国家情报评估》非常相似，这并不奇怪，因为1997年的报告被认为是对先前报告的更新。《联合调查报告》第213页还引用了1997年的报告。

[3] 原注：参见*9/11 Commission Staff Statement Number 3*, 3。

在关于联邦航空管理局专题报告中的话来说，“（20 世纪）90 年代末期至‘9·11 事件’发生，联邦航空管理局情报办公室就恐怖分子日益严重的威胁，撰写了不计其数的文件、报告和评估材料”。[1]

联邦航空管理局情报办公室对此类威胁的关注程度算是非同寻常的，“9·11 事件”发生前，大多数报告都认为恐怖分子对民航的威胁已经下降。证据包括，“9·11 事件”发生前，美国航班已经十多年未遭遇过劫持或爆炸事件。[2] 联邦航空管理局情报办公室的案例对本书的观点至关重要，因为尽管办公室发出了预警，但联邦航空管理局的高级官员对此却没怎么上心。而他们本应对针对民航的恐怖活动更敏感才对。因此，联邦航空管理局作为一个小型案例研究，为“9·11 事件”前的战略预警失误提供了实实在在的证据。

1998 年，联邦航空管理局情报办公室开始报告“基地”组织可能劫机的威胁。1998 年 12 月，他们发布的一份安保指令称，1993 年的“世贸中心爆炸案”让“国际恐怖分子在美国本土发动袭击的能力和决心一览无余”。该指令对伊斯兰的激进恐怖组织进行了概述，同时提到了本·拉登，称“民航一直是这些以及其他跨国恐怖分子的主要目标。过去几年，已掌握的信息显示出，美国境内与松散的极端势力有关联的个人，已考虑将民航飞机及设施作为袭击目标。同时，这些松散的极端势力也显示出对航空和机场安全媒体报道的特别关注”。[3]

情报办公室的预警也提到，恐怖分子将民用喷气式飞机撞向美国地标建筑的可能性。不过，“9·11 调查委员会”在关于联邦航空管理局的专题报告中也指出，联邦航空管理局情报办公室在 1998 年至 1999 年的报告中认为，“这种做法不太可能，是‘万不得已’的选择”。[4]

---

[1] 原注：5 名分析人员，参见 *Joint Inquiry Report*, 60。援引自 9/11 Commission, *Monograph on Four Flights and Civil Aviation Security*, 54。

[2] 原注：参见 *Monograph on Four Flights*, 53。

[3] 原注：参见同上 , 63。

[4] 原注：参见同上 , 53。

此前已提到，1998 年，联邦航空管理局官员听取了自杀式袭击模拟情境的简单汇报，但并没有确凿证据显示本·拉登或其他恐怖分子正在密谋劫持飞机，以它们为武器。[1] 国会在 1996 年已授权一些情报部门可以发布涉密报告，2000 年 12 月，一份联邦调查局和联邦航空管理局联合发布的涉密报告称，“经联邦调查局调查确认，国内及国际恐怖组织正在美国境内密谋制造事端，但没有迹象显示国内民航会成为袭击目标。虽然国际恐怖分子曾在美国本土发动过袭击，但是这与他们乐于打击美国海外利益目标的传统行径不相吻合”。[2]

尽管缺乏威胁的确凿证据，联邦航空管理局情报办公室还是就此持续发出了预警。2001 年春，办公室向航空公司和机场以只读光盘的方式发送了一份非涉密报告，指出恐怖分子可能进行自杀式劫机。报告称，“幸好，目前没有迹象表明有组织正在动这方面的脑筋”[3]。2001 年 3 月至 5 月，情报办公室向纽瓦克、波士顿洛根国际机场、华盛顿杜勒斯国际机场等全国 19 个大型机场的安全官员作了一系列的涉密汇报。汇报内容涵盖了本·拉登及其他恐怖组织对劫机重燃兴趣带来的威胁，指出在美国国内劫机比在海外劫机要难得多，但是“如果劫机者的目的不为交换人质，只为通过自杀式袭击来制造一场轰轰烈烈的爆炸，那显然在国内劫机对恐怖分子更具吸引力”。[4]

2001 年 7 月 17 日的《联邦公报》(*Federal Register*)，发布了联邦航空管理局的一份文件，该文件显示美国境内的恐怖组织十分活跃，对航空业下手的兴趣十分浓厚。文件称“美国本土随时随地可能发生恐怖活动。

---

[1] 原注：参见 *9/11 Commission Staff Statement Number* 3, 4。

[2] 原注：参见 Joint Inquiry Staff Statement Part I, 29; *Joint Inquiry Report,* 213–14。

[3] 原注：参见 9/11 Commission, *National Commission on Terrorist Attacks upon the United States Monograph on Four Flights and Civil Aviation Security,* 53。另见 *9/11 Commission, 9/11 Commission Staff Statement Number 3, 4*。

[4] 原注：参见 9/11 Commission, *Monograph on Four Flights and Civil Aviation Security*, 54–55, 59; the quotation is on 59。

目前，美国境内有许多外国恐怖组织成员、国家资助的恐怖主义代理人，以及许多国家宗教激进分子。因此，国内外民航面临的威胁与日俱增，急需预防和应对措施”。[1]

该文件提出一项旨在提高航空安全的倡议，其中一部分内容在今天看来极具先见之明。它指出“即便恐怖分子有其他更温和的选项，他们仍有可能将民航当作目标，因为其他任何类型的袭击都比不上航空袭击这般牵动公众的神经”。[2]

联邦航空管理局情报办公室在给其领导层的每日情报概要中同样表达了这种担忧。2001 年 4 月 1 日至 9 月 10 日，共有 52 份概要提到了本・拉登或“基地”组织，多数是关于二者海外威胁的内容；有 5 份概要提到“基地”组织正在训练或已经掌握了劫机的技能。[3]

这些预警似乎没有引起联邦航空管理局领导层太大的关注。2001 年的整个夏天，他们没有要求国内航班安检口做出任何明显的升级措施。[4] 正如“9・11 调查委员会”所说，情报部门的预警缺乏响应的部分原因可能是情报办公室“与联邦航空管理局的高层决策者沟通不畅”。[5]

但预警石沉大海最重要的原因，是这些预警主要基于不明确的、笼统的战略威胁报告。缺乏关于美国本土恐怖袭击威胁的明确情报，高层官员自然认为主要威胁来自海外。联邦航空管理局高级安全官员迈克尔・卡纳万（Michael Canavan）将军在对“9・11 调查委员会”陈词时表示，“我的部门及我本人没有收到任何可行性情报甚或暗示，称（国内）航空面临

[1] 原注：参见“Part II, Department of Transportation, Federal Aviation Administration, 14 CFR Parts 107 and 139, Airport Security: Final Rule,” *Federal Register* 66, no. 137 (July 17, 2001): 37313。另见 9/11 Commission, *Monograph on Four Flights and Civil Aviation Security*, 63。

[2] 原注：参见“Part III, Department of Transportation, Federal Aviation Administration, 14 CFR Part 108,” 37331。

[3] 原注：参见 9/11 Commission, *Monograph on Four Flights and Civil Aviation Security*, 55。

[4] 原注：参见同上，56。

[5] 原注：参见同上，62。

威胁”[1]。联邦航空管理局前局长简·加维（Jane F. Garvey）在陈词中称，“‘9·11事件’之前，提供给我们的情报不足以证明有明确的、可信的恐怖威胁，正试图将飞机用作自杀式武器攻击美国”[2]。“9·11调查委员会”中负责调查联邦航空管理局的工作人员表示，“只有安全事故发生了，或是掌握了‘明确可信的’可行性威胁证据，才有可能让联邦航空管理局的决策者紧急采取行动来加强安保工作”。[3]

2001年的预警

“9·11调查委员会”指出，“2001年春季，对恐怖威胁和袭击阴谋的报告级别显著提升，达到了千禧年以来的最高级”[4]。3月，一名线人称本·拉登的一组人马拟于4月在美国发动袭击，袭击对象不明。4月，有报告称，加利福尼亚州和纽约州的恐怖分子正密谋在当月发动袭击。[5]为此，情报界于3月底发布预警，称逊尼派极端分子对美国的设施、人员和其他目标发动袭击的可能性增加。3月底至4月初，中央情报局“反复发布预警”称阿布·祖巴耶达赫（Abu Zubaydah）计划马上行动。特尼特给克拉克打过预警电话，克拉克也将那些预警报告转交给了国家安全顾问康多莉扎·赖斯。[6]

4月20日，跨部门的反恐安全小组（Counterterrorism Security Group）

---

[1] 原注：参见Canavan, “Testimony before the 9/11 Commission,” 85。另见9/11 Commission website, http://govinfo.library.unt.edu/911/archive/hearing2/ index.htm。卡纳万应邀参加了2001年7月上旬国家安全委员会反恐安全小组的一次会议，后来他说，与会人员主要担心的是威胁将来自海外。参见9/11 Commission, *Monograph on Four Flights and Civil Aviation Security,* 55–56。

[2] 原注：参见Garvey, “Statement to the 9/11 Commission”。

[3] 原注：参见9/11 Commission, *Monograph on Four Flights and Civil Aviation Security*, 62。

[4] 原注：参见*9/11 Commission Report, 255*。

[5] 原注：参见Joint Inquiry Staff Statement Part I, 20。另见Angela Doland, “France Warned CIA of Hijack Plot in 2001,” Associated Press, April 16, 2007。

[6] 原注：参见*9/11 Commission Report*, 255。

向高级官员呈递简报称“本·拉登正在策划多起行动”[1]。在 2001 年 4 月 30 日举行的一次讨论“基地”组织的助理委员会会议上，中央情报局用幻灯片来展示他们的简报，称“基地”组织是“我们最危险的敌人”，“其还会发动更多袭击”[2]。同月，一名与恐怖分子有关联的线人推测本·拉登有意将民航飞行员发展为恐怖分子。这名线人警告道，恐怖分子想发动“场面壮大、后果惨重”的袭击，第一次“世贸中心爆炸案”可能就是他们中意的类型。线人没有提到袭击时间，因为该消息是线人的推测，没有确凿的证据，所以也没有在情报界传播。[3]

“9·11 调查委员会”表示，到了 5 月，“报告的频率愈发密集”。一份报告警告称“本·拉登的大网正在撒开，”一名主动来到联邦调查局的人员称伦敦、波士顿和纽约面临袭击。美国大使馆接到电话，称本·拉登的支持者正计划用高爆炸药在美国本土发动袭击。[4] 另一份报告称本·拉登的支持者正计划从加拿大潜入美国，以便携带高爆炸药发动袭击。5 月底，国防部的报告称 7 名与本·拉登有关的人员已从各自所在地启程，前往加拿大、英国和美国。[5]

5 月至 7 月，国家安全局至少报告了 33 起可疑通信，显示恐怖袭击可能已迫在眉睫，不过没有一份报告有明确的时间、地点或袭击方式。[6]2001 年 5 月 23 日的《高级官员情报简报》（*Senior Executive Intelligence Brief*，*SEIB*）报告美国的海外人员可能被劫持，以迫使美国政府释放包括“盲人酋长”拉赫曼在内的战俘。该报告指出，恐怖分子可能劫机或冲击美国大使馆，让联邦航空管理局通知各航空公司留意劫机风

---

[1] 原注：参见 *9/11 Commission Report*, 255。

[2] 原注：参见同上 , 203。

[3] 原注：参见 Joint Inquiry Staff Statement Part I, September 18, 2002, 16–17; *Joint Inquiry Report,* 200。

[4] 原注：参见 *9/11 Commission Report*, 255–56。

[5] 原注：参见 Joint Inquiry Staff Statement, September 18, 2002, 20。

[6] 原注：参见同上 ; *Joint Inquiry Report*, 203–4。

险。[1] 此外，还有报告称恐怖分子在也门、意大利密谋袭击以色列。还有一通匿名电话称，位于加拿大的某个组织可能正计划在美国发动袭击。5 月 29 日，克拉克给赖斯去信，谈及恐怖袭击预警时说 ："当这些袭击发生时，我们会想，我们本可以做些什么来阻止袭击的发生。"同月，中央情报局反恐中心主任布莱克对赖斯说，当前的威胁级别是 7（威胁级别分 10 级，千禧年间的威胁级别是 8）。[2]

6 月和 7 月，恐怖威胁的报告几乎达到了"峰值"。[3]6 月，中央情报局反恐中心了解到"基地"组织一些关键行动人员失踪了，另一些人则正准备"殉教"。[4]6 月 12 日，中央情报局一份报告指出，哈立德・谢赫・穆罕默德（后被确认为"9・11 事件"的策划者）正在招募人手前往美国实施袭击。[5]6 月 22 日，中央情报局通知所有的情报站站长，美国很可能在未来几天里遭遇"基地"组织的自杀式袭击，并要求他们立即向驻在国的美国大使汇报情况。[6] 当日，国务院也向所有驻美国的大使馆发出恐怖袭击的预警通知，并升级了全球公共预警级别。[7]

6 月底，一份恐怖威胁报告称近期可能发生"轰动性"的恐怖袭击，与此同时，其他报告也预警"本・拉登的袭击近在咫尺"，"本・拉登及其同伙构成当下的主要威胁"。6 月 21 日，美国中央司令部将其在六个国家的美军防御等级提升至最高级，第五舰队（Fifth Fleet）驶离了巴林港口，美国驻也门大使馆也关闭了。反恐安全小组（CSG）命令国外应急

[1] 原注：参见文章题目为 "Terrorist Groups Said Cooperating on US Hostage Plot"; 9/11 Commission Report, 533n10。这篇报告，另见 Moussaoui trial Government Exhibit ST00003。

[2] 原注：参见 *9/11 Commission Report*, 256。

[3] 原注：参见同上。

[4] 原注：参见 Joint Inquiry Staff Statement, September 18, 2002, 20。

[5] 原注：参见 *9/11 Commission Report*, 256; *Joint Inquiry Report,* 30–31。

[6] 原注：参见 *9/11 Commission Report,* 256。

[7] 原注：参见 *United States v. Zacarias Moussaoui* Government Exhibit ST00003 (Stipulation Concerning Intelligence), Cr. No. 01–455 (Eastern Dist. Va. 2006), 3。

响应小组（foreign emergency response teams）必须在接到通知 4 小时内部署到位。[1] 意大利政府预警可能会发生针对 7 月在热那亚举行的八国集团峰会的自杀式劫机事件，并与美国合作，在峰会地点部署了地对空导弹(surface-to-air missiles)。[2]

6 月 25 日，理查德 · 克拉克给赖斯和哈德利发邮件称，有 6 份不同来源的情报预警显示“基地”组织即将发动袭击。[3]6 月 28 日，小布什总统听取了全球恐怖主义威胁状况的汇报。特尼特表示，国家安全局和中央情报局反恐中心的分析人员出示了 10 多份更为具体的情报，称“艾曼 · 扎瓦赫里（Ayman al-Zawahiri）正为恐怖行动做着此前未有的准备”。汇报最后的一张幻灯片上显示，“通过各个渠道的情报信息，我们认为，奥萨马 · 本 · 拉登将在未来数周时间内对美国和 / 或以色列发动重大恐怖袭击”[4]。6 月底,一份关于“基地”组织的报告强调“非常非常非常非常”重大（very，very，very，very big）的事件即将发生，克拉克写信给赖斯表示，他和几大情报机构的分析人员确信袭击将会发生，时间很可能是在 7 月。6 月 30 日，汇报给高级官员的报告标题是：《本 · 拉登正策划轰动性的袭击》。[5]

2001 年夏季，本 · 拉登和“基地”组织也直接发出预警。6 月，本 · 拉登与中东广播中心（Middle East Broadcasting Center）的一名记者会面，会面中本 · 拉登的助手表示，美国和以色列的设施将在未来几周内受到攻击。7 月 8 日，《华盛顿邮报》对此进行了报道。[6] 此外，当年夏天

---

[1] 原注：参见 *9/11 Commission Report*, 257。

[2] 原注：参见 Isikoff and Hirsh, “What Went Wrong”; Fainaru, “Clues Pointed to Changing Terrorist Tactics”。

[3] 原注：参见 *9/11 Commission Report*, 257。

[4] 原注：参见 Tenet and Harlow, *At the Center of the Storm*, 149。

[5] 原注：参见 *9/11 Commission Report*, 257。

[6] 原注：参见 Constable, “In Bin Laden’s Lair, Small Talk and a Warning” 。另见 Coll, *Ghost Wars*, 560; 9/11 Commission Report, 257; and the United States v. *Moussaoui stipulation on intelligence reporting*, 3。

“基地”组织的一段宣传视频在中东传播，这段视频也在美国媒体上同步播放。视频中，“基地”组织成员为成功袭击“科尔”号驱逐舰而弹冠相庆，本·拉登则在视频中号召“流血与毁灭”。[1]

据推测，情报界已经注意到了这些公开预警，同时秘密渠道也传来了类似的信息：7月，中央情报局反恐中心获悉，最近身处阿富汗的一个人报告，这里“人人都在谈论即将发生的袭击”。[2]但是，情报界很可能在当时没有重视关于本·拉登的其他线索。后来哈立德·谢赫·穆罕默德对审讯人员称，2001年夏天，本·拉登多次暗示即将发动足以在全球的“圣战”分子中引起轰动的攻击。本·拉登在一处训练营的讲话中，敦促受训人员为20名殉教者参与的大行动祈福。穆罕默德当时担心走漏风声，劝本·拉登别再多说。[3]

2001年7月2日，联邦调查局给联邦政府、各州政府和地方执法部门都发布了一则信息，汇总了关于本·拉登威胁的情况，指出“支持或同情奥萨马·本·拉登”的组织有可能对美国海外目标发动袭击。联邦调查局在信息中要求各部门“保持极度警惕”，但同时也表示，“目前没有可靠证据表明美国本土面临恐怖袭击威胁”。[4]

2001年7月10日，联邦调查局凤凰城分局的一名特工给总部发去一份备忘录，称“奥萨马·本·拉登可能协调他人派遣学员赴美国飞行学校学习飞行”。他的理由是在亚利桑那州的飞行学校中，“有太多身份不明的可疑人员”[5]。他后来对司法部总检察长说他有“调查证据”或“预感”，这些人就是本·拉登派来的，最终目的是对民航相关目标发动恐怖袭击，

[1] 原注：参见 Diana Elias, “Laden’s Group Boasts of Cole Attack,” Associated Press, June 19, 2001; 另见 Coll, *Ghost Wars*, 560; Burns, “America the Vulnerable Meets a Ruthless Enemy”。

[2] 原注：参见 Joint Inquiry Staff Statement, September 18, 2002, 20。

[3] 原注：参见 *United States v. Zacarias Moussaoui*, “Substitution for the Testimony of Khalid Sheikh Mohammed,” Cr. No. 01–455 (2006), 31。

[4] 原注：参见 *9/11 Commission Report*, 258。

[5] 原注：参见 Kenneth J. Williams memorandum, “Zakaria Mustapha Soubra,” July 10, 2001, 1。

他需要通过一些相关的情报分析或反馈来验证他的理论。他说他没想过把飞机当成导弹使用的这种阴谋，但是想过恐怖分子可能会想要培养一些专业人才，这些人知道如何放置、引爆炸弹从而使飞机坠毁。[1] 这位特工在备忘录中提出了四点建议，但均未被采纳。联邦调查局官员直到“9・11事件”后才看到这份备忘录，这份备忘录也未与联邦调查局以外的情报机构共享。[2]

7月上旬，预警达到了峰值。呈给政府高级官员的简报中写道：“通过对过去5个月各个渠道的情报信息的研判，我们认为奥萨马・本・拉登将在未来几周时间内，对美国和/或以色列发动重大恐怖袭击。袭击将是轰动性的，意在对美国的设施和利益造成重大损害。袭击的准备已经就绪，可能会毫无征兆地发生。”[3]

2001年7月10日，白宫因此召开了紧急会议。特尼特写道，那天，布莱克和反恐中心的分析人员向他提交了一份“综合性战略评估”。特尼特写道，“报告让我毛骨悚然”。他打电话给赖斯，要求立即会面，让她了解“基地”组织威胁的最新情况。这样的会面极不寻常，特尼特称，“在我任中央情报总监的7年里，从没有像这次一样希望在白宫里紧急面见上司”。[4]

---

[1] 原注：参见 US Department of Justice, *A Review of the FBI's Handling of Intelligence Information Related to the September 11 Attacks*, 66–67。

[2] 原注：参见 *9/11 Commission Report,* 272; US Department of Justice, *A Review of the FBI's Handling of Intelligence Information Related to the September 11 Attacks*, 88; *9/11 Commission Staff Statement Number 10*, 9。值得注意的是，后来得出结论，威廉姆斯特工在备忘录中提到的个人都没有参与“9・11事件”。参见 US Department of Justice, *A Review of the FBI's Handling of Intelligence Information Related to the September 11 Attacks*, 80。

[3] 原注：参见 Joint Inquiry Staff Statement, September 18, 23. The *Joint Inquiry Report*, appendix 1, “Evolution of the Terrorist Threat” (p. 43), dates this as June 28; Coll, *Ghost Wars*, 561。

[4] 原注：参见 Tenet and Harlow, *At the Center of the Storm,* 151。

特尼特、布莱克和另一位名叫里奇的中央情报局官员来到了白宫。里奇向赖斯、克拉克以及赖斯的副手史蒂夫·哈德利（Steve Hadley）作了简短汇报。他说，“未来数周或数月将发生重大恐怖袭击！”[1]袭击的具体时间尚不明确，但汇报中提到了本·拉登对受训人员表示将于近期发动袭击等情报。里奇还说，袭击将会是“轰动性的”，而且很可能发生连环恐怖袭击。他们对赖斯表示，美国需要立即进入战时状态，发动攻势。[2]

报告并未说服所有政府官员。“9·11调查委员会”指出，一些官员认为这些报告其实是“基地”组织的圈套。6月30日的《高级官员情报简报》中有一条似乎就是要反驳这种观点，标题为“本·拉登的威胁是真实存在的”。[3]然而，到了7月中旬，情报报告又显示，本·拉登的计划推迟了。7月13日，《高级官员情报简报》表示本·拉登的行动计划可能会推迟两个月，但是并未中止。[4]7月27日，克拉克对赖斯说，近期发生袭击的预警降低了，但他敦促在8月仍需保持高度戒备状态，但这个时候许多官员都休假了。[5]

尽管直接威胁明显减少，但夏末期间的预警继续发布。8月3日，中央情报局发布的一份报告总结称，“基地”组织发动袭击的威胁很可能随时存在，他们正在寻找安保的松懈期，伺机行动。[6]8月的一份《高级官员情报简报》指出，包括一些美国人在内的“基地”组织成员，已来到或已住在美国，很显然这些人在本地有关系网。[7]当月还有一份报告预警称美国驻肯尼亚大使馆可能遭遇飞机轰炸，甚至撞击。这份报告称，

---

[1] 原注：参见同上。另见 Woodward, State of Denial, 51–52。

[2] 原注：参见 Tenet and Harlow, *At the Center of the Storm*, 152。

[3] 原注：参见 *9/11 Commission Report*, 259。

[4] 原注：参见同上。

[5] 原注：参见同上，260。

[6] 原注：参见同上。

[7] 原注：参见 *Joint Inquiry Report*, 171。这与2001年8月6日《总统每日简报》中的情报相同，后面将会讨论。

有两名受本·拉登指示的恐怖分子已于2000年10月进行过会面并讨论了这一阴谋。[1]

8月6日的《总统每日简报》

2001年夏天，最著名的预警可能就是8月6日《总统每日简报》中的一条信息，标题是“本·拉登决定在美国发动攻击”(Bin Laden Determined to Strike in US)。此前，小布什总统曾询问中央情报局的情报官员，他所收到的袭击威胁中，有没有以美国为袭击目标的。《总统每日简报》中的这条信息是对情报界已掌握的情报做出的总结，两名参与撰写这条信息的中央情报局分析人员后来对“9·11调查委员会”称，他们相信这条信息足够清晰地表达了他们的观点，即本·拉登将很快在美国本土发动危险的袭击。[2]

《总统每日简报》称，“外国政府、媒体报道和秘密渠道的信息均显示，自1997以来，本·拉登一直想在美国本土发动恐怖袭击”。《总统每日简报》同时表示，本·拉登显然在美国拥有关系网，但也提到情报界未能证实“某些更惊悚的威胁报告”，比如本·拉登想劫持美国飞机，以要挟释放“盲人酋长”及其他极端分子。同时，《总统每日简报》表示联邦调查局有信息显示，“国内的可疑活动模式与劫机准备或其他类型的袭击相符，包括近期对纽约联邦大楼的监视”。《总统每日简报》最后总结道，联邦调查局在国内进行了大约70项与本·拉登有关的实地调查，正联手中央情报局对美国驻阿拉伯联合酋长国大使馆5月接到的一通电话内容展开调查，该通电话称，位于美国境内的一伙本·拉登的支持者计划实施爆炸袭击。[3]8月6日的《总统每日简报》中的大多数预警都是此前已有的，“9·11调查委员会”发现，新增的几条信息要么过于夸

[1] 原注：参见 Joint Inquiry Staff Statement September 18, 2002, 28; *Joint Inquiry Report*, 212。
[2] 原注：参见 *9/11 Commission Report*, 260。
[3] 原注：《总统每日简报》(删减版)，参见 *9/11 Commission Report*, 261–62。

张，要么和恐怖主义没有直接关联。[1]

穆萨维案

2001年8月15日，明尼阿波利斯附近一所飞行学校的官员向联邦调查局报告，一个名叫萨卡里亚斯·穆萨维（Zacarias Moussaoui）的人引起了他们的怀疑。穆萨维参加的是飞行模拟训练课程，支付了8000多美元的现金，但他本人此前没有任何飞机驾驶经验，而且只想学习起飞和降落。[2] 次日，穆萨维被移民归化局（Immigration and Naturalization Service）拘留，联邦调查局明尼阿波利斯分局对他展开了调查。

随后数周，就当前证据是否足以获得刑事搜查令或《外国情报监视法案》（Foreign Intelligence Surveillance Act）的许可，以搜查拘留穆萨维当天所扣押的物品这一问题，联邦调查局当地分局和总部进行了多次争论。其中包括有一次，联邦调查局明尼阿波利斯分局的一名主管告诉总部的一名探员，“我们想要确保他没有控制一架飞机，准备将其撞向（世贸中心）或类似的地方”[3]。8月底，总部认定无法获得搜查令，于是当地分局打算将穆萨维驱逐到法国，准备在他抵达法国时让当局搜查他的物品。就在准备实施这些计划的过程中，“9·11事件”发生了。

穆萨维案的信息共享给了情报界的其他机构。8月23日，呈送中央

[1] 原注：关于监视纽约联邦建筑物的报告提到了两个人，他们被发现在对联邦调查局纽约分局拍照后被制止。经过广泛调查，联邦调查局无法将这些人的行动与恐怖主义联系起来。该委员会还得出结论，“70项全面调查”的数字是“扩大的”，许多本不应该进行的调查也包含在内，比如对一名死者的调查。参见 *9/11 Commission Report*, 535n37。

[2] 原注：司法部经审查发现，媒体报道错误地表述他**不想**学习起降飞机；据联邦调查局称，飞行学校的官员说他**只想**学习起降。参见 US Department of Justice, *A Review of the FBI's Handling of Intelligence Information Related to the September 11 Attacks*, 105n94。

[3] 原注：参见 US Department of Justice, *A Review of the FBI's Handling of Intelligence Information Related to the September 11 Attacks*, 153。另见 Richard A. Serrano, "Agent Faults FBI on 9/11," *Los Angeles Times*, March 21, 2006。

情报总监的简报中，包括一条关于穆萨维的信息，标题是“伊斯兰极端分子在学习飞行”（Islamic Extremist Learns to Fly）。简报的幻灯片中有一条注释说该人已被捕，“我们正与联邦调查局一道开展工作”，同时也指出，该极端分子“想参加伦敦飞往纽约肯尼迪机场的航班训练”[1]。8 月 30 日呈送中央情报总监的简报中再度出现了关于穆萨维的信息，特尼特说，当天，一位中央情报局官员对案件进展表现得很是沮丧，这位官员写道，“如果把这个家伙放走，不出两年，他就能一边和塔台通话，一边把一架波音 747 瞄准白宫”。[2]

9 月 4 日，联邦调查局向中央情报局和其他情报机构发送了一份关于穆萨维调查情况的电报，不过电报中并未提及，办理案件的联邦调查局当地探员怀疑穆萨维训练是为了劫机。[3] 另一则关于穆萨维的最新信息，出现在 9 月 10 日给中央情报局主管行动的副局长的简报中，但这则信息和 8 月 23 日、30 日出现的信息高度相似，并未表明与此前的报告有何实质性不同。[4]

其他政府部门的观点

2001 年春夏之交，不只是情报界看到了恐怖主义日益严重的威胁，其他政府部门和组织也同样发布了威胁预警。国务院的年度期刊于 2001 年 4 月发布 2000 年《全球恐怖主义模式》。报告中多次提到本 · 拉登并表示“‘基地’组织已遍布全球，在多个国家拥有分支，并得到了逊尼派极端分子关系网的支持”[5]。联邦应急管理局（Federal Emergency

---

[1] 原注：参见 DCI Update, Terrorist Threat Review, August 23, 2001 (orig. “Top Secret”); Defendant’s Exhibit 660 in Moussaoui trial。另见 *9/11 Commission Report*, 275。

[2] 原注：参见 Tenet and Harlow, *At the Center of the Storm*, 203。

[3] 原注：参见 *9/11 Commission Report*, 274; Joint Inquiry Staff Statement, September 18, 2002, 20。

[4] 原注：这些简报幻灯片在“美国诉穆萨维审判案”中为证据 672 和 674。

[5] 原注：参见 US Department of State, *Patterns of Global Terrorism 2000*, appendix B。

Management Agency）官员多次在公开场合提到了美国最可能遇到的三种灾难，一是纽约发生恐怖袭击，二是新奥尔良遭遇飓风，三是旧金山发生大地震。[1]

就在“9 · 11 事件”之前，两个不属于情报界的分析部门对恐怖威胁展开了独立调查。9 月 10 日，国会研究服务部（Congressional Research Service）发布的一份报告称，“奥萨马 · 本 · 拉登的组织对美国在近东（也可能在全球）的利益构成极其严重的威胁”。报告补充道，本 · 拉登的扬言“表明这个组织想在美国本土发动袭击”。[2]

另一份恐怖威胁报告在“9 · 11 事件”之前几近完成，事件发生后很快就对外公布了。联邦审计总署（General Accounting Office）受国会指示，审计政府打击国内恐怖主义的举措，尤其是涉及大规模杀伤性武器的恐怖主义。这份发布于 2001 年 9 月 20 日的报告表示，政府在反恐的整体战略和协调层面已经取得了成效，但还需加大力度，包括进行国家威胁和风险的评估以及成立一个中心，全面领导和协调联邦反恐工作。报告中也指出，根据司法部指示，联邦调查局已经着手实施美国国内恐怖威胁的国家层面评估，将于 2001 年 10 月发布一份涉密报告。[3]

最后关头的预警

“9 · 11 事件”发生前的最后时刻，仍有几条预警信息传出。据媒体报道，一些美国盟友的情报机构截获了一通本 · 拉登本人或其亲信打给他妻子的电话，这个女人当时在叙利亚。这通电话信息被转交给了中央情报局，据称，电话中警告她立即返回阿富汗。[4] 乔治 · 特尼特提到了 9

---

[1] 原注：参见 Berger, “New Orleans Faces Doomsday Scenario”; Krugman referred to this article in “Can't-Do Government”。另见 Betts, *Enemies of Intelligence*, 111。

[2] 原注：参见 Katzman, *Terrorism: Near Eastern Groups and State Sponsors, 2001*, summary page。

[3] 原注：参见 US General Accounting Office, *Combating Terrorism: Selected Challenges and Related Recommendations*, 47。

[4] 原注：参见 Powers, “Trouble with the CIA”; Aid, All Glory Is Fleeting,” 93。

月 10 日中央情报局收到的另一条预警："我们和中东国家联合掌握的一个线人在国外见了他的上线，告知其有大事将要发生。那位上线把他打发走了。然而，即便我们当时就获知这一情况，听起来也只会和我们在 6 月、7 月、8 月和 9 月初收到的所有其他预警一样——令人恐惧，却没有具体内容。"[1]

同日，国家安全局截获了两条疑似从阿富汗"基地"组织发出的信息："比赛明天开始""明天是关键时刻"。这些信息直到 9 月 12 日才译出，很多人认为这等于是错失了发现 9·11 阴谋的良机。[2] 时任国家安全局局长迈克尔·海登对国会联合调查组作证称，这两条信息确实表明，"与恐怖分子有关的人员认为 9 月 11 日将发生大事"，但却没有包含关于可能性袭击的任何具体信息。[3]

就算这两条信息就是指 9·11 袭击行动，就算及时翻译并传给情报分析人员，仅凭这两句话，他们也无法采取任何阻止袭击的具体行动。舒尔茨和沃格特就写道，"这些电话内容过于隐晦，无法作为可行性情报"[4]。无论如何，"9·11 调查委员会"事后认定这些信息很可能不是指"9·11 事件"，而是指在 9 月 9 日阿富汗北方联盟（Northern Alliance）领袖遇刺后，塔利班和"基地"组织对北方联盟展开的军事打击。[5]

已获的战术情报

前一章节综述了大量战略情报，但遗憾的是，这些情报都很模糊。很

[1] 原注：参见 Tenet and Harlow, *At the Center of the Storm*, 160.

[2] 原注：参见 Gertz, *Breakdown*, 129–30; Bamford, *Pretext for War*, 249; and Bobbitt, "Why We Listen"。

[3] 原注：参见 Hayden, "Statement for the Record by Lieutenant General Michael V. Hayden, USAF, Director, National Security Agency, before the Joint Congressional Inquiry," 4。

[4] 原注：参见 Shultz and Vogt, "It's War!" 21。

[5] 原注：参见 *9/11 Commission Staff Statement* Number 11, 9。另见 Aid, "All Glory Is Fleeting," 93, 116n114。

多情况下，这些报告都不准确，要么是美国情报机构误读了情报，要么就是线人或其他消息来源的蓄意伪造。就算有些情报说对了具体的威胁，比如自杀式劫机，这些预警也没有直接指向“9·11 事件”。

“9·11 事件”前，关于袭击者及其在谋划什么的信息，这些精准的战术预警相当有限。没有任何一份官方研究报告能够找到哪怕一条能预警美国情报界袭击即将来临的情报，要么就是错误地遗漏了，要么就是其他原因所导致。[1] 美国情报的两大来源——人力情报和通信情报，都没能搞明白本·拉登指的“劫机行动”（Planes Operation）究竟是什么。然而，这也并不意味着事件发生前，情报界完全没有获得“9·11 事件”的具体的战术情报。尤其是两名劫机者纳瓦夫·哈兹米（Nawaf al Hazmi）和哈立德·米达尔（Khalid al Mihdhar）在事件前在多地被美方情报人员追踪，这些标志多次被视为疏忽或误读的关键预警。[2] 本节将剖析“9·11 事件”发生前，美国情报界掌握的关于阴谋本身的信息。

“东非大使馆爆炸案”后的线索

首条关联“9·11 事件”的情报来自 1998 年“东非大使馆爆炸案”之后。美国驻肯尼亚大使馆爆炸案中的一名阴谋分子奥哈里被抓获，他对联邦调查局详细招供了其所知道的信息，其中包括“基地”组织在也门一处安全屋的电话号码。安全屋的主人是艾哈迈德·埃尔·哈达（Ahmed al Hada），他是也门人，也是本·拉登的支持者。美国情报机构对这个电话进行监听，发现这里是“基地”组织的情报中心。后来包括“科尔”号驱

[1] 原注：例如，《联合调查报告》发现：“尽管情报界已经收集了有关奥萨马·本·拉登及其恐怖活动的大量宝贵情报，但没有一条情报能确定计划于 2001 年 9 月 11 日发动的袭击的时间、地点和具体情况。” Part 1, 7。

[2] 原注：例如，“9·11 调查委员会”确定了中央情报局和联邦调查局错失的 10 个“行动机会”，其中有 8 个涉及哈兹米和米达尔或吉隆坡会议。（另外两个是联邦调查局未能意识到穆萨维的重要性，以及中央情报局未能恰当处理于 2001 年 8 月收到的关于 KSM 的信息。）参见 *9/11 Commission Report*, 355–56。

逐舰遇袭在内的多起恐怖袭击计划均通过此处进行谋划传递。[1]

1999 年初，国家安全局从此处截获的通信中，提到了哈兹米和米达尔，不过二人当时是无名小卒，而且这条信息也达不到国家安全局应该报告的程度，所以这条信息没有出现在国家安全局的报告中。也是在 1999 年初，另一个组织获得了大致相同的信息，国家安全局也收到了相关报告，但这条信息还是没有在常规情报流转渠道中传播。[2] 整个 1999 年，国家安全局都对该地持续进行了通信监控。12 月，国家安全局发现几名可疑的恐怖分子将前往吉隆坡参加下月的一次会议。中央情报局的一位司务官员（desk officer）注意到了这几个人与“基地”组织、1998 年“东非大使馆爆炸案”之间的关联，猜测“更邪恶的事情正在酝酿之中”。[3]

吉隆坡会议

应美方官员的要求，马来西亚的安全部门在那几个可疑人员抵达吉隆坡后，就一直监视着他们。他们被拍到在城里四处游逛，并在一处公寓与人碰头。这所公寓由一名受过美国教育的微生物学家所有，他是本·拉登的支持者。[4]1 月 8 日，哈兹米、米达尔和“基地”组织一个名叫哈拉德的行动人员坐飞机到了曼谷，然后就消失了。2000 年 3 月初，中央情报局曼谷情报站报告称，哈兹米已于 1 月 15 日搭乘美国联合航空公司的航班离开泰国，去往洛杉矶，而米达尔则杳无音信，后来才知道他也在同一架航班上。该情况只有中央情报局反恐中心的人知晓，中央情报局并未把二人的名字报给国务院 TIPOFF 监控名单，也没有告知联

[1] 原注：参见 Aid, “All Glory Is Fleeting,” 90; Aid, *Secret Sentry*, 209–12; Isikoff and Klaidman, “Hijackers We Let Escape”。

[2] 原注：参见 *Joint Inquiry Report*, 155。另见 Graham, *Intelligence Matters*, 5。

[3] 原注：参见 *9/11 Commission Report,* 181; *Joint Inquiry Report,* 155–56; Tenet and Harlow, *At the Center of the Storm*, 194; Bob Graham, *Intelligence Matters*, 5。

[4] 原注：参见 Isikoff and Klaidman, “Hijackers We Let Escape”。

邦调查局，更没有对二人展开追踪。[1]

美国的袭击者

2000年1月15日，哈兹米和米达尔抵达洛杉矶国际机场后，最终在圣地亚哥安顿下来。他们尝试学过英语，也上过飞行课，但都不成功。二人没有使用假名，电话号码簿里甚至能找到哈兹米的名字。[2]2000年初夏，第二组劫机者抵达美国开始飞行训练，他们在德国汉堡就已相互勾结。9·11行动的战术负责人穆罕默德·阿塔（Mohamed Atta）也在其中。紧接着，2001年4月，负责冲击驾驶室、控制乘务员及乘客的“蛮力劫机者”（“muscle”hijackers）开始陆陆续续抵达美国。[3]

2001年春夏之交，一名被派往联邦调查局国际反恐行动部（International Terrorism Operations Section）的中央情报局分析人员，注意到了米达尔及其同伙并开始追踪他们的信息。他和几名联邦调查局的分析人员通过移民局的记录发现，米达尔早在2000年1月就入境美国，2000年6月出境，2001年7月4日再度入境，显然此人现在还在美国。他们极力要求“本·拉登工作站”递交申请，将米达尔和哈兹米列入国务院TIPOFF监控名单，最终二人于8月24日被列入该名单。[4]

同时，2001年夏天，情报界收到了几条有关哈立德·谢赫·穆罕默德的信息。1996年，他因被指控阴谋炸毁太平洋上空的美国民航飞机而被美国法院起诉，但在“9·11事件”发生前，美国并未弄清他与本·拉登的关联。2001年4月，中央情报局得知，一个名为“穆赫塔尔”的人与“基地”组织有关联，可能正在策划恐怖袭击。6月，一份报告称，一个名叫“哈立德”的人在美国和其他地方招募人员实施恐怖袭击。7月，

[1] 原注：参见 *9/11 Commission Report*, 181–82, 353–54。

[2] 原注：参见同上，221。另见 *Joint Inquiry Report*, 158, 163。

[3] 原注：参见 *9/11 Commission Report*, 223–37。《9·11调查报告》指出，所谓的蛮力劫机者实际上并没有很健壮，大多数人的身高介于5英尺5英寸和5英尺7英寸之间。

[4] 原注：参见同上，270。

一位中央情报局的线人通过照片确认“哈立德·谢赫·穆罕默德”就是哈立德。8月28日，“本·拉登工作站”收到报告，称哈立德·谢赫·穆罕默德的化名是穆赫塔尔。穆赫塔尔、哈立德都是哈立德·谢赫·穆罕默德的化名，然而，没有人将这些信息关联起来，也没有人清楚哈立德·谢赫·穆罕默德构成的威胁。[1]

不过，仍有几名联邦调查局的特工在主动追查米达尔。由于米达尔最初的签证申请目的地是纽约，联邦调查局纽约分局于8月28日收到信息要求追查此人。纽约的一名特工负责此案，在本地数据库中核查信息，并核查了米达尔入境表格中填写的酒店。他发现，米达尔是从洛杉矶入境的，于是他于9月11日给联邦调查局洛杉矶分局发送请求，要求寻找米达尔。[2]

“9·11事件”前的预警评估

我们应当如何评估“9·11事件”发生前，美国情报界提供的预警质量？正如杰克·戴维斯（Jack Davis）所言，某种程度上讲，这个问题是“标准值设置”的问题——究竟多少预警才可视为足够？[3] 他认为，袭击发生前，情报界就日益严重的恐怖威胁所提供的大量报告，已经成功地为决策者勾勒出了宏观的战略预警。情报界无疑也是这样认为的。“9·11事件”前中央情报局的内部工作报告称，“就‘基地’组织威胁的严重性向决策者发出警告的频度是前所未有的”[4]。一些圈外观察人士认为，战术预警质量相对较高。约书亚·罗夫纳和奥斯汀·隆（Austin Long）写道，“事件发生前，情报界的战术预警工作做得相当不错”，并援引联邦航空管理局预警民航威胁作为例证。[5]

[1] 原注：参见同上，276–77。
[2] 原注：参见同上，267–72。
[3] 原注：参见 Davis, “Strategic Warning: Intelligence Support”。
[4] 原注：参见 Central Intelligence Agency, *DCI Report: The Rise of UBL and Al-Qa'ida*, 1。
[5] 原注：参见 Rovner, Long, and Zegart, “Correspondence: How Intelligent Is Intelligence Reform?” 201。

不过，很多人并不认可这种积极的论断。泽加特认为，罗夫纳和隆接受情报界的报告代表高质量预警，这个门槛实在是太低了。她认为，连美国广播公司都能渗透进“基地”组织，并播出1998年6月对本·拉登的采访，“按照这种低标准，美国最优秀的情报机构就应该是美国广播公司，而不是中央情报局”[1]。大多数分析人员认为，情报界在战术预警方面尤为差劲。丹尼尔·拜曼（Daniel Byman）称，“战术预警一塌糊涂。如果决策者听取情报报告，他们会得知‘基地’组织即将来袭，但却不知何时、何地、如何来袭”。[2]

第一章已经讲过，**战略预警**由宏观指标构成，表明一场袭击可能发生，但没有明确何时、何地以及如何发生。本章所展示的“9·11事件”之前的这些报告、简报和研究表明，美国情报界提供了大量诸如此类的宏观预警，显示了“基地”组织恐怖威胁的日益增长，特别是民航旅游方面的威胁。诚然，不少此类预警看似相当具体，但实际上却并未提及“9·11事件”的策划。人们总会说情报界还能获得更多，或者说情报界本可以用不同的方式来呈现预警，但无论如何这些情报均属于战略预警，而这些预警的数量已经足够多了。

问题在于，只有战略预警，不足以让情报发挥全部作用，预防袭击。本书认为，关于阴谋的具体情报——**战术预警**对预防袭击是必不可少的，而美国情报界恰恰在这个方面很不成功。即使是关于米达尔和哈兹米的报告，也缺乏关键细节，比如他们究竟参与了何种阴谋，阴谋的时间、地点和方式等，统统未知。

[1] 原注：参见同上，207。

[2] 原注：参见 Byman, “Strategic Surprise and the September 11 Attacks,” 152。另见 Derksen, “Commentary: The Logistics of Actionable Intelligence Leading to 9/11,” 255。

预警接受度

情报未能预防袭击的原因，不仅在于“9·11事件”之前战术情报的稀少。预警的质量只是决定情报是否真正能行之有效的因素之一；另一个因素是接受度：决策者是否能够收到预警并予以采信。[1]“9·11事件”中，这一关键因素同样缺失。

克林顿政府的接受度

从克林顿总统本人及其政府高层官员的公开表态来看，他们认识到了国际恐怖主义的威胁正在增长。艾米·泽加特指出，从1994年起，克林顿每次的《国情咨文》演讲都提到了恐怖主义。1998年在联合国的演讲中，他说，恐怖主义“是美国议程上的头等大事，也应该成为世界议程上的头等大事”[2]。其他政府高官也持同样观点。比如1999年7月，国防部长威廉·科恩（William Cohen）在《华盛顿邮报》上的一篇评论文章就预测了美国本土将受到一场恐怖袭击。[3]

克林顿政府努力采取一系列策略来打击恐怖主义，包括本章提到的1998年5月提出但最终未实施的大规模抓捕计划。《9·11调查报告》指出，尽管“东非大使馆爆炸案”后，还有多起方案和计划被提上日程，但“没有一起抓捕计划够能达到1998年5月那次的准备程度”[4]。此外，对“基地”组织进行打击也引起了克林顿政府高层决策者们的重视。

[1] 原注：亨利·基辛格这个可能虚构的故事，表明了相信预警的重要性。在故事中，国务卿基辛格曾经抱怨过情报失误。一位情报人员插话说：“先生，但是我们警告过您，先生。”基辛格回答：“是的，但您没有说服我。”故事参见 Naftali, *Blind Spot*, 322–23。

[2] 原注：参见 Zegart, “September 11 and the Adaptation Failure of US Intelligence Agencies,” 84–85。

[3] 原注：参见 Cohen, “Preparing for a Grave New World”。

[4] 原注：参见 *9/11 Commission Report,* 114。

1998年至2000年，“小组”核心人员几乎每周都会开会讨论恐怖主义，而层级相对较低的反恐安全小组每周就恐怖主义议题开会两到三次。克林顿至少给中央情报局下发了四次秘密“通知备忘录”（memorandums of notification），授权中央情报局首先击杀或抓捕本·拉登，然后是其他高层恐怖分子。[1]

然而，高层的接受度未必足够，美国政府中的其他部门，包括许多中央情报局和军方的人，对反恐的热情似乎并不高。理查德·克拉克将打击本·拉登的失败后果部分归咎于中央情报局，他认为尽管特尼特和中央情报局反恐中心官员对打击“基地”组织态度积极，但整个机构在重要举措的态度上非常勉强。[2]

克拉克等人也批评了美国军方不愿意动用其特种作战能力及其他能力。理查德·舒尔茨称军方的九项纪律，阻碍了特种部队在“9·11事件”前追捕恐怖分子，军方的态度是“袖手旁观”。[3] 克拉克所描述的一则轶事体现了军方对总统强硬打击意愿的抵触。1998年8月底，美国发射巡航导弹报复“东非大使馆爆炸案”后，克林顿想更直接地调动美国军队。在一次开完会后，总统把参谋长联席会议主席休·谢尔顿（Hugh Shelton）拉到一边，说比巡航导弹更有效的应该是“美国突击队，一袭黑衣的突击队员乘直升机从天而降，跳入敌营，扣响机关枪”。克拉克写道，“谢尔顿看上去表情痛苦。他解释说那些营地太远了，美国的直升机从任何能发动突袭的地方起飞，都到不了那么远。不过，美国军方最高指挥官同意‘考虑一下’”。[4]

---

[1] 原注：参见 Miller, “Planning for Terror but Failing to Act”。

[2] 原注：参见 Clarke, *Against All Enemies*, 210。

[3] 原注：参见 Shultz, “Showstoppers”。

[4] 原注：参见 Clarke, *Against All Enemies,* 190。另见 Benjamin and Simon, *Age of Sacred Terror*, 318, and in the *9/11 Commission Report,* 189。

小布什政府的接受度

对于本·拉登和“基地”组织的情报接受度，乔治·W·布什（George W. Bush）总统（小布什）及其高级官员似乎不如克林顿政府。这倒不是因为他在任时缺乏预警，和所有新当选总统一样，小布什早在就任以前，就已经接触到了情报报告。2000 年 9 月，中央情报局副局长约翰·麦克劳林（John McLaughlin）带队来到小布什在得克萨斯州克劳福德的牧场，向小布什汇报了四个小时的敏感情报，其中有一个小时的内容关乎恐怖主义。中央情报局反恐中心副主任本·邦克（Ben Bonk）用模型手提箱，演示了 1995 年奥姆真理教恐怖组织如何在东京地铁系统中传播沙林神经毒剂，他告诉小布什，未来四年，将有美国人会死于恐怖主义。[1] 中央情报局还在克劳福德建立了一个办事处，向小布什及其核心幕僚传递情报信息，政权过渡期间，也会在华盛顿的布莱尔大厦不间断地举行简报会。除了情报报告，这位新任总统还收到了前任总统关于恐怖袭击的提醒：12 月，小布什和克林顿会面，就国家安全和对外政策进行了两个小时的讨论。克林顿回忆道，他对小布什说，“我想，你会发现你当前最大的威胁是本·拉登和‘基地’组织”。[2]

2001 年 1 月初，克拉克向赖斯汇报恐怖主义问题，并且对切尼和鲍威尔也作了同样的汇报。简报幻灯片中有一行文字称，“基地”组织在包括美国在内的 40 多个国家里都有潜伏组织。克拉克说，赖斯在听他汇报时面露怀疑，甚至后来降了他国家反恐协调员的职位，这样他就不能直接向最高层的主管委员会（Principals Committee）汇报，只能向次一级的助理委员会（Deputies Committee）汇报情况。[3]

2001 年 1 月 25 日，克拉克向赖斯递交了一份备忘录称，“我们**急需**

[1] 原注：参见 *9/11 Commission Report*, 198。另见 Tenet , *At the Center of the Storm*, 136。

[2] 原注：参见 *9/11 Commission Report*, 198–99。小布什告诉“9·11 调查委员会”，他记得克林顿曾强调过其他问题，例如朝鲜及中东和平进程。

[3] 原注：参见 *9/11 Commission Report,* 199; Clarke, *Against All Enemies*, 229–30。

向主管委员会汇报**‘基地’组织**的分布情况”。随备忘录附上的有两份文件：其中一份是 2000 年 12 月的文件“消除‘基地’组织圣战者威胁的策略：现状及展望”（Strategy for Eliminating the Threat from the Jihadist Networks of al Qida: Status and Prospects），另一份是克拉克此前撰写的名为“Delenda”方案的副本。[1] 备忘录交给赖斯后就再无音信，而克拉克呼吁的主管委员会会议直到 9 月 4 日才召开。此前，“基地”组织的问题转向助理委员会安排讨论，即便如此，会议也直到 4 月才召开。会议中副职领导们虽然同意把本·拉登问题放到最高优先级，但真正的举措却寥寥无几。[2]

小布什总统确实也表达过对恐怖主义的担忧。2001 年春，他对顾问们说，他已经厌倦了“拍苍蝇”的处理方式，要求采取更有力的措施。[3]5 月底，赖斯和哈德利要求克拉克及其参谋人员拟定一份新的总统令（Presidential Directive），为打击“基地”组织提供一系列方案以供选择。草案于 6 月初拟定，汇集了多年工作的成果，包括外交策略、秘密行动、经济措施、公共外交、执法工作和必要时的军事行动。但是克拉克觉得，这些举措与他早前提出的建议本质上是一致的，而大约 5、6 月份的时候他已经被调离了反恐工作，转而负责网络安全方面的工作。[4]

“9·11 事件”前白宫收到的最重要预警，可能就是上文提到的特尼特和布莱克于 7 月 10 日的紧急会议上向赖斯所作的汇报。据鲍勃·伍德沃德（Bob Woodward）说，“在特尼特和科菲·布莱克看来，这是他们向

---

[1] 原注：参见 *9/11 Commission Report*, 201. Richard A. Clarke, “Presidential Policy Initiative/Review: The Al-Qida Network,” memorandum, January 25, 2001, www.gwu.edu/~nsarchiv/NSAEBB/ NSAEBB147/index.htm。

[2] 原注：参见 Clarke, *Against All Enemies*, 230–32。另见 Bumiller, Condoleezza Rice: An American Life, 142. Coll, *Ghost Wars*, 558–59。

[3] 原注：参见 *9/11 Commission Staff Statement* Number 8, 10。另见 *9/11 Commission Report*, 202, 510n185。

[4] 原注：参见 *9/11 Commission Report*, 204–5。

白宫发出的关于本·拉登和‘基地’组织最严厉的预警”。然而，会议并没有产生多大影响，伍德沃德写道，特尼特和布莱克都觉得没能打动赖斯，赖斯对二人的汇报不理不睬。[1]

而当主管委员会终于于9月4日召开首次会议讨论“基地”组织问题时，克拉克递给赖斯一个便条，批评了美国的反恐工作。他警告说：“决策者该好好想一想，如果有朝一日，反恐安全小组未能阻止‘基地’组织的袭击，数百名美国人陈尸美国国内外时，将会是怎样的一种境地。”（备忘录原文）克拉克还补充说，“那一天随时可能到来”。[2] 主管们批准了一项总统指令草案，授权对“基地”组织采取大规模的秘密行动，不过会议的重点却是讨论“捕食者”无人机武装版本开发这一有争议性的问题。后来，克拉克形容对这场会议“满怀期待却落了个空”[3]。9月10日，助理委员会开会最终敲定了一项推翻阿富汗塔利班政权的长期计划。同日，哈德利指示特尼特，让中央情报局为总统指令草案设想的秘密行动计划准备新的法律授权草案。[4]

战术层面的接受度

“9·11事件”前，在政府决策的另一层面上，对情报预警的接受度也不应忽视，那就是战术层面，比如纽约市或世贸中心本身。这一层面对防止诸如“9·11事件”这类的袭击作用有限，没有哪个单一的组织和个人有义务保护世贸中心免受空中袭击，以及那些可能阻止袭击的航空安全强化措施，地方政府也无权实施。[5]

---

[1] 原注：参见 Woodward, *State of Denial*, 51–52。另见 Bumiller, *Condoleezza Rice*, 156–58。

[2] 原注：参见 *9/11 Commission Report*, 212。

[3] 原注：参见 Clarke, *Against All Enemies,* 237; Benjamin and Simon,*Age of Sacred Terror*, 345–46; *9/11 Commission Report*, 212–14。

[4] 原注：参见 *9/11 Commission Report*, 214。

[5] 原注：参见 Fred Borch writes, “no military commander had the mission of protecting the World Trade Center or the Pentagon。” Borch, “Comparing Pearl Harbor and ‘9/11,’ ” 859。

但是，的确有几个重要的战术层面的组织和决策者高度重视恐怖主义威胁，这表明战术层面的组织和决策者对威胁预警的接受度高于战略层面的组织和决策者。比如理查德·克拉克在接受国会联合调查组质询时表示，联邦调查局纽约分局是“9·11 事件”之前少数几个表现良好的机构之一，他称赞了分局负责人——特工约翰·奥尼尔（John O'Neill）的工作 ：“他把纽约分局视为全球办事处，在全球范围内追踪本·拉登。”[1]

决策者接受度的评估

某种程度上，我们可以认为克林顿和小布什政府的高级官员，都高度接受他们所得到的有关恐怖主义和“基地”组织的情报。毕竟，两位总统都指示他们的工作人员以及情报和国家安全界，采取更有效的举措打击本·拉登和“基地”组织。虽然不愿意动用特种部队，军方确也制定并实施了复杂、危险的行动，来抓捕和击毙恐怖分子头目，中央情报局反恐中心等情报机构则搜集情报，来支持军方的行动计划。

但谈到评估接受度以及评判预警质量，就要取决于你采用什么样的标准了。要让情报真正可行，就必须让决策者接受，让他们意识到威胁的严重性，相信手下的情报机构和情报官员。照此标准，“9·11 事件”之前，接受度微乎其微。克拉克、特尼特等真正相信威胁的人向高级官员汇报时，几乎无人相信。正如联邦航空管理局的事例显示 ：当他们的情报人员预警威胁越来越大时，他们的注意力反而越来越少。

---

[1] 原注：参见 Clarke, *Testimony before the Joint Congressional Inquiry*, 25。此证词后来以删减的形式发布。他对联邦调查局的评论，参见 Graham, *Intelligence Matters*, 137。奥尼尔从联邦调查局辞职，成为世贸中心的安全负责人，并在“9·11 事件”中丧生。参见 Wright, “CounterTerrorist” ; and Wright, *Looming Tower*。另见 PBS *Frontline* broadcast “The Man Who Knew,” www.pbs.org/wgbh/ pages/frontline/shows/knew/。

小结

在回顾了“9·11事件”前获得的情报及情报运用情况后，我们可以回到“9·11事件”这个基本谜题了：为什么多年来恐怖主义威胁愈发严重的情报报告不断增加，对此类袭击发出不计其数预警的情况下，这次袭击还会发生？或者，换种方式问，究竟需要知道多少信息才能真正阻止敌人发动袭击？

本章认为，只靠长期、宏观的战略情报是不够的。多年来，战略情报一直存在，并被反反复复地汇报给克林顿总统、小布什总统以及他们的核心幕僚。然而，如杰克·戴维斯写道，这些预警未能取信于国家领导人，使其“制定适当、审慎和合乎实际的措施提升准备工作”[1]。“9·11事件”体现了战略预警悖论（paradox of strategic warning）：尽管高级官员认为他们需要战略情报，并且专家们和蓝带委员会（blue ribbon commissions）也通常认为战略情报越多越好，但事实上战略情报对预防突袭的作用不大。

应对“9·11事件”真正需要但又未能获得的，是具体的战术情报，以及决策者对此类预警的接受度。引用中央情报局战果报告的描述：如果没有针对阴谋本身的战术情报，决策者就只看得到烽烟，却看不到火焰。要获得这种精准的情报，情报部门不仅必须长期专注于打击“基地”组织的核心网络，还要打击其在美国境内的行动人员及其对民航的威胁。而如果没有确凿证据显示此类威胁并非空穴来风，情报部门不可能有针对性地进行搜集工作。而且，就算获得了精准的情报，也并不清楚决策者是否会采信并据此展开行动。此前人力情报和通信情报都揭示了“9·11事件”的部分阴谋细节，然而并未获采信。不少核心决策者对恐怖主义的预警已经持不接受态度了，自杀式劫机这种新威胁的出现也没能改变局面，很有

[1] 原注：参见 Davis, “Strategic Warning: Intelligence Support,” 177。

可能会和此前类似的推演和推测一样被忽视。

鉴于当时已获得的情报预警和决策者缺乏接受度的情况来看，情报官员哪怕有再强大的情报联想能力，也不可能阻止“9·11 事件”。高层决策者并未真正相信恐怖分子竟会把民航飞机用作空中炸弹。有人想到过这种可能性，也向许许多多政府官员预警过。但此前从未过发生过这种袭击，所以在官员们看来，这些预警就是模拟情境而已，自然也就不会采取实质性的防御措施。

第八章
观点论证
恐怖阴谋未遂原因

正如我们在第一部分所讨论的，研究如何预防常规突袭之所以困难，是因为我们了解的绝大部分案例都是突袭成功的案例。只有很少一些属于情报成功的案例，即情报既给出了成功预测，又取信于决策者，使其采取了相应行动，比如“中途岛战役”以及1967年的“第三次中东战争”。大多数情况下，情报机构都处于尴尬境地：既避免不了决策者的震惊和愤怒，又缺乏预防问题再次发生的经验教训。

恐怖袭击案例的情形则有所不同。即便确有某些恐怖袭击，如这里所见，实施成功了，造成大量人员伤亡和损失。但好消息是：多数袭击还是失败了，或被瓦解，这些案例的数量远比公众所了解的要多。尽管个别事件为公众所知晓，比如2009年的“圣诞日炸机事件”，但大多数此类**未成功**的恐怖袭击并没有引起过多的公众关注。通过研究这些案例，我们可以发现，要防止恐怖袭击，哪些措施是有用的，哪些是徒劳的。

本章对过去25年来针对美国目标发动的227宗未遂恐怖袭击的数

据集进行了分析。[1] 笔者认为这是“未遂阴谋”最为全面的数据库。过去，政府官员偶尔会提供被挫败的袭击事件列表，[2] 一些学者和恐怖主义分析人员也发表了一些文章，大多数是对已挫败的阴谋进行简要汇编和分析。[3] 有些著作探讨了为什么一些恐怖袭击会成功，而另一些会失败，以及为什么有些恐怖分子会放弃使用暴力等问题。[4] 但是，至少在公开的文献中，还没有针对失败袭击的文章和著作面世，也没有全面罗列或分析未遂阴谋与袭击的经验教训。[5]

对于恐怖袭击，包括常规突袭，常规观点认为大多数案例中，防止袭击所需的情报已经获得，问题并不在于情报搜集不足，导致当局无法“关联线索”，而是在于缺乏有效的分析。这是人们在“9 · 11 事件”后得出的观点，也是白宫对“圣诞日炸机事件”进行调查后的结论。[6] 然而，一系列未遂袭击表明，这种常规观点是错误的。绝大多数的恐怖阴谋被挫败，并不是因为有想象力丰富、技巧高超、善于从蛛丝马迹中关联线索的情报分析人员，也不是因为使用了间谍卫星或者海外特工等非常规情报手段；而是由于情报部门和执法部门，获取了特定组织酝酿具体阴谋的非常精准的信息。当把这些预警信息提供给善于接受情报的执法当局和决策者，他们借此采取措施阻止了阴谋时，这些精准的预警就

---

[1] 原注：本章利用并更新了我的文章“未遂阴谋”。

[2] 原注：其中最著名的可能是白宫在 2005 年发布的一份清单，其中列出了自“9 · 11 事件”以来已挫败的 10 个阴谋，本章稍后将进行讨论。

[3] 原注：参见 Jenkins, *Unconquerable Nation*, 185–91。另见 Carafano, Bucci, and Zuckerman, “Fifty Terror Plots Foiled”; and Beutel, “Data on Post-9/11 Terrorism”。

[4] 原注：参见 Homeland Security Institute, *Underlying Reasons for Success and Failure of Terrorist Attacks*; Jackson and Frelinger, *Understanding Why Terrorist Operations Succeed or Fail*; Jacobson, “Terrorist Dropouts”。

[5] 原注：参见 Bjelopera, *American Jihadist Terrorism*。另一份有价值但涉猎范围有限的研究，参见 New America Foundation, “Homegrown Terrorism Cases”; and Kurzman, *Muslim-American Terrorism*。

[6] 原注：参见 White House, “Summary of the White House Review”。

变得可行。

本章第一部分对未遂恐怖阴谋的研究困境，以及此类研究的价值，包括是否应该研究进行了探析。第二部分综述了未遂阴谋数据的主要来源，描述了本章的数据集及其局限性。第三部分剖析了这些未遂阴谋带给我们的启示，以及哪类情报对挫败袭击最为有效。第四部分对两起失败恐怖袭击中的已获情报进行了对比："圣诞日炸机事件"（尽管袭击未遂，但该案例仍被广泛视为情报失误的案例）以及纳吉布拉·扎齐（Najibullah Zazi）案例（该人于 2009 年被捕，得益于情报成功和执法调查），表明针对恐怖袭击，情报成败不在于分析和关联能力，而在于当局是否能搜集到非常具体的可行性情报。

未遂袭击的研究困境

恐怖主义问题专家及情报专家通常认为，研究未遂恐怖袭击很难，或者说，研究反恐的情报成功很难。恐怖主义问题专家布莱恩·詹金斯表示，"我们已经挫败了大量的恐怖袭击，具体数量很难说准。因为统计未发生的事情并不容易"[1]。情报界的高层人士也持相同观点。比如"9·11 事件"发生时，时任国家安全局局长，后任中央情报局局长的迈克尔·海登，在面对国会联合调查组的质询时表示，"我们的成功往往无人知晓，敌人的成功却**尽人皆知**。国家安全局**已经**取得了许多成功，越是成功我们**越难以**在公开场合进行讨论"（原文引用）。[2]

研究未遂恐怖袭击之所以成果**不**显著，或是被人认为没什么用，原因有以下几种。情报和国家安全官员常提到的原因之一是，如果披露这些信息可能会被不法分子利用。罗汉·古纳拉特纳（Rohan Gunaratna）就持这一观点："'9·11 事件'以来，安全部门、情报部门和执法部门已经挫败

[1] 原注：参见 Jenkins, "Lessons for Intelligence"。

[2] 原注：参见 Hayden, "Statement for the Record before the Joint Inquiry"。

了 100 多起大大小小的恐怖主义事件，为了保证审判并保护情报来源，这些事件的细节通常未予公开。”[1]

另一种反对关注未遂阴谋及袭击的观点是，这些阴谋无法准确衡量威胁的大小，因为恐怖分子倾向于考虑并“计划”实施更多的行动。布莱恩·詹金斯写道，“当还未计划时，他们（恐怖分子）就讨论行动，一方面寻找机会，一方面也在幻想。执法部门的抓捕和审讯往往能揭露更多此前所没有掌握的阴谋，而一旦知晓这些阴谋则可能会造成更大的恐慌”[2]。恐怖分子这种野心勃勃的倾向，可以从“9·11 事件”策划人哈立德·谢赫·穆罕默德的证词中看出来，他在古巴关塔那摩湾战斗人员身份审查法庭上宣称，他至少参与了 30 起阴谋与计划，其中包括暗杀前总统吉米·卡特（Jimmy Carter）、比尔·克林顿（Bill Clinton）以及教皇约翰·保罗二世（Pope John Paul Ⅱ）。[3]

最后，恐怖分子很可能使用欺骗手段，暗示制造远远多于他们真正要实施的阴谋，目的是让情报和执法部门陷入数据的汪洋大海。《经济学人》表示，“有些安全官员怀疑‘基地’组织蓄意制造虚假恐怖阴谋，以使英国防御体系不堪重负”[4]。因此，花大力气汇总分析这些虚假信息岂不是正中了恐怖分子的下怀。

故而，如果成功预防恐怖袭击的信息如此难以获得，又会给反恐工作带来实质性危害，那我们为何还要花心思去研究呢？一方面原因在于，相比于成功的恐怖主义行动，研究未遂恐怖袭击能带给我们更多的反恐经验。另一方面在于，即使我们对未遂恐怖袭击了解不多，此类事件却已经不可避免地成为国家话语（national discourse）的一部分。政府机构和官员经常列举未遂阴谋来证明恐怖主义威胁是真实存在的，反恐政策

[1] 原注：参见 Gunaratna, “Combating the Al-Qaida AssoCIAted Groups,” 190。

[2] 原注：参见 Jenkins, “Intelligence and Homeland Security,” 127。

[3] 原注：参见 Liptak, “Suspected Leader of 9/11 Attacks Is Said to Confess”。另见 Central Intelligence Agency, “Khalid Shaykh Muhammad”。

[4] 原注：参见“Waiting for Al-Qaeda’s Next Bomb,” 30。

是切实有效的。乔治 · W. 布什总统在 2007 年 1 月的《国情咨文》中提到了美国制止的几起袭击事件，并说道“我们在这场战争中的成功通常是以事件没有发生为标准来衡量的”[1]。最近，面对《华盛顿邮报》一系列引发广泛关注的文章，美国代理国家情报总监大卫 · 龚培德（David C. Gompert）发布声明称：“情报界的同仁们为我们的行动提供了助力，挫败了袭击，每天都在取得难以尽数的成功。”[2]

2005 年 10 月，白宫发布了一份清单，上面列了“9 · 11 事件”后，美国挫败的 10 起“‘基地’组织重大恐怖阴谋”，以及 5 起“基地”组织锁定美国境内目标或安插行动人员进入美国的阴谋，这鲜明地体现出美国官方重视未遂阴谋的态度。[3] 这份清单中，一些阴谋已经广为人知，比如 2004 年的“英国炸弹阴谋”（British bomb plot），以及 2003 年一男子试图破坏布鲁克林大桥的阴谋。然而时至今日，人们对白宫提到的另外几起事件仍然知之甚少，比如 2003 年意图袭击“美国境外”一处旅游景点的阴谋，以及同年使用民航飞机袭击美国东海岸的阴谋。[4]

我们对未遂袭击了解多少？

尽管一些关于恐怖主义的大事记中确实包含未遂袭击，但几大现有的公开数据库中却并没有失败或未遂的恐怖袭击的具体信息。[5] 比

[1] 原注：参见 State of the Union Address, January 23, 2007。

[2] 原注：参见 Gompert, “Reaction to the Washington Post series”。另见 NPR, *Talk of the Nation*, July 19, 2010; transcript at www.npr.org/templates/story/story.php?storyId=128624199。

[3] 原注：参见 White House, “Fact Sheet: Plots, Casings, and Infiltrations”。

[4] 原注：参见 “Thwarted Terrorist Attacks,” *NYU Review of Law and Security*; and Goo, “List of Foiled Plots”。

[5] 原注：参见 Flemming, Mickolus, and Sandler, “Research Note: Using the ITERATE and DOTS Databases.” 另见 Hewitt, *Political Violence and Terrorism*; and Gartenstein-Ross,

如美国国家反恐中心全球事件跟踪系统（US National Counterterrorism Center Worldwide Incidents Tracking System）的官网称，“本网站收录的是已经发动的和实施成功的袭击，未收录未遂的、被挫败的和编造的袭击事件”[1]。由马里兰大学恐怖主义研究与应对国家联盟（National Consortium for the Study of Terrorism and Responses to Terrorism, START）运营的全球恐怖主义数据库（Global Terrorism Database），虽然收录了一些未遂的恐怖袭击案例，但却不包括那些在袭击发生前就被挫败的案例。[2]

本章的数据集由笔者收集，囊括了过去 25 年以来，针对美国人和目标发动的所有失败的阴谋或袭击。除了因搜集条件困难及情况差异的限制，发生在伊拉克和阿富汗的袭击没有被纳入，本数据集包括了所有能收集到的美国本土和海外的阴谋。数据基于非涉密的、可公开获取的信息，主要来源为新闻报道、政府声明、政府报告和法庭记录。

本数据集包括 1987 年至 2012 年 12 月期间 227 起针对美国发动但被阻止或因其他原因而失败的袭击和阴谋。列表见附录。[3] 如表 8.1 所示，袭击和阴谋数量在 2003 年达到峰值，未遂阴谋数量达 27 起。所有 227 起案例中，有 84 起主要在美国境外策划或发生（见表 8.1“国外”标注），143 起主要在美国境内策划或针对美国境内目标（见“国内”标签）。虽然大部分案例（169 起）发生于“9・11 事件”之后，但还是有相当大一部分失败阴谋（58 起）发生于“9・11 事件”之前。

Goodman, and Grossman, *Terrorism in the West 2008*。

[1] 原注：参见 National Counterterrorism Center Worldwide Incidents Tracking System, “Methodology,” www.nctc.gov/witsbanner/wits_subpage_criteria.html。

[2] 原注：参见 Global Terrorism Database, www.start.umd.edu/gtd/faq/。MITRE Corporation, *Rare Events,* 44–45。

[3] 原注：从作者处可以获取完整的数据集，包括情报编码标准和其他因素。

表 8.1　针对美国的未遂阴谋和袭击（1987—2012）

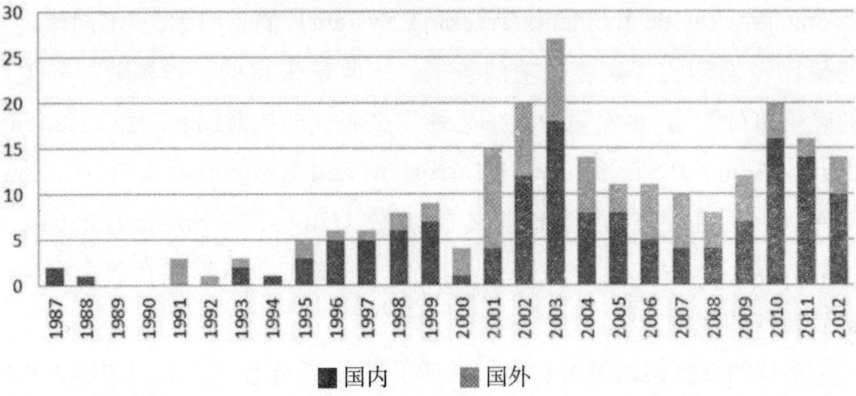

尽管其中 162 起阴谋似乎是受到伊斯兰激进主义分子（占比 71%）的鼓动，但还是有 58 起是由国内右翼势力和反政府极端主义分子（占比 26%）所引发。[1] 有 37 起阴谋的目标为美国驻外大使馆、领事馆或其他外交机构，50 起阴谋针对美国国内外的军事基地、设施或人员。

成功还是失败?

判定某起恐怖事件究竟应该被视为成功还是失败，远远不是看上去的那么简单。某些袭击虽然造成了严重破坏或多人伤亡（比如 1993 年“世贸中心爆炸案”），但在袭击者看来很可能是一场失败，因为他们想制造更严重的破坏。相反，一起未能造成任何人员伤亡或严重破坏的袭击，却引起了极大的关注和广泛的报道，也会被袭击者视为成功。

本书从恐怖分子的视角认定袭击失败的情况为：(1) 出于某种原因没有实施；(2) 实施了但未致人死亡、重伤或未造成大规模破坏。这种分类方法简洁明了。当然，具体个案究竟应该如何分类，仍具有较大的讨论空间。例如，美国国家反恐中心（National Counterterrorism Center）将 2009

[1] 原注：参见“Canadian Man Pleads Guilty to Plot to Blow Up Trans-Alaska Oil Pipeline,” Associated Press, March 13, 2008。

年“圣诞日炸机事件”定性为袭击，而不是未遂袭击。因为该事件虽然未造成人员伤亡，但袭击者确实引爆了简易爆炸装置。[1] 本书则将其定义为未遂袭击，因为对恐怖分子而言，它没有造成任何伤亡，也没有造成大规模破坏。[2] 这种方法不考虑细微差别，比如没有将袭击定位为部分成功；也不考虑其他因素，比如从长远来看，袭击对袭击者的“事业”而言是有益还是有害。[3]

个人或组织被指控为恐怖组织提供支持的事件，数据集中并未收录，除非有证据直接表明这些个人或组织提供援助，促进、策划暴力行动或袭击。[4] 非恐怖主义的暴力事件同样未予收录，比如被阻止的办公场所暴力行为或校园枪击事件。此外，有几起著名的恐怖阴谋最终被证实为骗局或虚假消息，这些案例也未予收录。

数据的局限性

由于已获信息的局限性，这个数据集很难称得上详尽。毫无疑问，更多被挫败的阴谋对公众是不公开的。即使在公众能够获知较多信息的文献记录中，比如已进入审判阶段的记录，情报机构和执法部门用以挫败阴谋的具体信息也是很稀少的。不过，发生在美国国内的阴谋和袭击中有更多的证据可供提取，至少可以帮助我们得出初步结论——哪些方法和技巧能够成功预防恐怖主义。

本章的分析还存在另一个局限。由于剖析的只是失败的阴谋和袭击案例，在选择案例的因变量上存在一定的失当。由于只研究未遂袭击，我们不可能知道所发现的相关因素，比如群众提供线索，或其他形式的

---

[1] 原注：参见 National Counterterrorism Center, *2009 Report on Terrorism*, 5。

[2] 原注：我没有尝试定义“重大”损坏或毁坏，但是进一步的研究将有助于确定阈值。在一次攻击中达到什么程度的破坏，表明该攻击是“成功”的？

[3] 原注：参见 Jackson and Frelinger, *Understanding Why Terrorist Operations Succeed or Fail,* 2–3。

[4] 原注：参见 Kovach, “Five Convicted in Terrorism Financing Trial”。

国内人力情报手段，在袭击成功的案例中是否同样存在。当然，在调查恐怖分子分支组织时，尽管警方用了线人，联邦调查局的特工去做了卧底，然而恐怖袭击仍然可能成功实施。这个问题很难解决，因为这些因素在标准的恐怖主义数据库中很难查到，但比较恐怖袭击的成功和失败应当对未来的研究有所助益。

恐怖阴谋和袭击未遂原因

如果没有涉密文档和执法部门记录的数据，判定一场阴谋失败的确切原因是很困难的。但本数据集中，绝大多数案例的公开记录能够给我们提供充足的信息，让我们至少能初步得知，究竟哪种情报、哪种反恐与执法策略是有效的。这 227 起案例共分为 9 类。有些阴谋被恐怖分子主动取消了；有些则在实施阶段失手；有些则是碰巧撞上警察，或被执法部门的其他调查牵扯出来，从而导致阴谋破产；又或者因人力情报、信号情报、审讯供述、海外情报或受恐怖分子内部的公开威胁和声明影响而破产。其中的 25 个案例，在公开资源中没有足够的信息，或者在某些案例中，信息来源相互龃龉，因而很难明确失败的具体原因。这种“情况不明”的问题在海外阴谋案例中尤为明显，84 起海外阴谋中，有 17 起属于情况不明。国内案例的这一问题相对较小，143 起案例中，只有 8 起属于这一情况。

需要注意的是，这些具有因果关系的分类不具有排他性；也就是说，有两个或两个以上的因素可能共同作用来阻止某些阴谋的发生。这些数据在表 8.2 中进行了说明，接下来的段落将讨论这些案例的归类方法，并提供实例来说明这些因素是如何阻止袭击发生的。

据我们所知，至少袭击者主动取消行动的情况属于相对罕见的类别。属于这一类的有 10 起案例，比如：萨吉德·巴达特（Saajid Badat）曾计划与理查德·雷德（Richard Reid）实施连环鞋弹爆炸袭击，但前者后来退出，并在英国被捕；“基地”组织成员伊曼·法里斯（Iyman Faris）经过考虑认为不可能炸毁布鲁克林大桥，因而收手了。[1]

表 8.2 失败原因

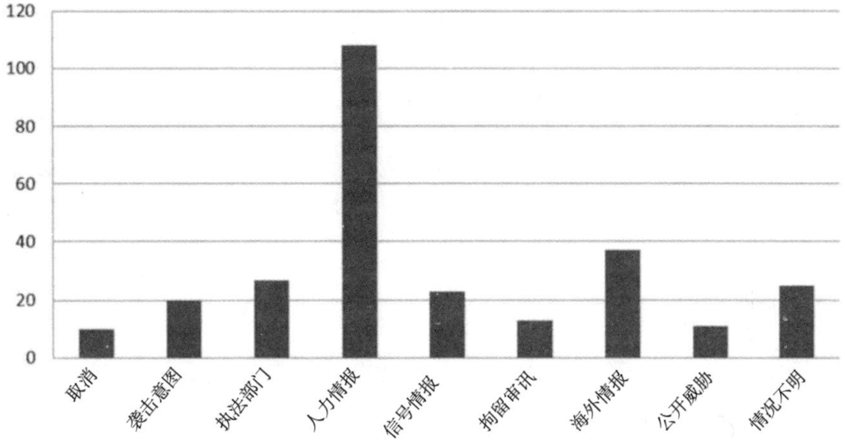

注：总数 = 227。

真正到达实施阶段的未遂阴谋也相对少见，但近些年几起广为人所知的阴谋，2009 年“圣诞日炸机事件”、2010 年 5 月纽约“时代广场汽车爆炸事件”和 2010 年 10 月的“炸弹包裹事件”都属于这一类。只有 20 起案例到了这一阶段，大部分都发生在海外，主要是企图袭击美国大使馆、领事馆和军事设施。有个著名的案例是，美国“科尔”号驱逐舰遇袭之前：恐怖分子于 2000 年试图袭击美国海军位于也门的“苏利文”号驱逐舰，袭击未遂。[2]

---

[1] 原注：参见 Jacobson, “They Trained, They Plotted, Then They Bailed”。另见 *KSM's Brooklyn Bridge Plot*, NEFA Foundation, August 2007, www.nefafoundation.org。

[2] 原注：在某些案例中，阴谋者认为他们正在发动袭击，然而发现执法人员向他们提供了无法运作的武器或炸药。这些不计入实际的未遂袭击案例，但是计入在较早时因其他原因而停止实施的案例。（例如，线人涉及提供假武器。）

并非所有的阴谋被挫败均是因为安全部门的情报收集或是缜密调查。有 27 起未遂案例属于这样的情况：袭击者碰巧遇上了执法部门的例行执法活动，比如交通检查等；又或是被警方在其他刑事侦查或处理投诉的过程中牵连出来，从而导致阴谋败露。比如 1999 年 12 月被捕的艾哈迈德·雷萨姆，他本想成为“千禧年炸弹手”(Millennium bomber)，结果在华盛顿的安吉利斯港入境美国时，引起了海关官员的怀疑而被发现。再比如 1998 年，一名日本“赤军”恐怖分子，在新泽西州收费高速公路的一处休息站因形迹可疑被州警抓捕。[1] 而预谋在太平洋上空制造民航飞机连环爆炸的“波金卡计划”则于 1995 年败露，起因是阴谋者在位于马尼拉的公寓里引发了火灾，引起了菲律宾当局的注意。[2] 美国国内也有袭击阴谋因警方其他执法活动而无意间败露的案例，比如 2005 年洛杉矶地区的未遂袭击阴谋，就是在警方对一宗加油站抢劫案进行调查时发现的。[3]

还有 11 起阴谋，恐怖分子自己公开了袭击计划，或是以其他方式发出公开威胁，而最终导致阴谋破产。因为没有任何记录下来的海外案例，这类案例严格意义上属于国内现象。比如詹姆斯·肯尼斯·格鲁克(James Kenneth Gluck) 于 1999 年给科罗拉多州的法官寄了一封信，威胁要“发动生物战”，随后格鲁克在佛罗里达州被捕。警察在其家中，搜到了制造蓖麻毒素的材料。[4]

海外的情报工作或安全行动同样捣毁了多起阴谋，但这类案例的信息难以获得。如果有报道显示案例涉及美国海外情报行动、盟友情报支持或海外安全及军事行动，那就被归为依靠“海外情报”挫败的案例，共包括

---

[1] 原注：参见 *9/11 Commission Report*, 176–79。另见 Hanley, “Suspected Terrorist Convicted”。

[2] 原注：参见 Homeland Security Institute, *Underlying Reasons for Success and Failure*, 61–65。

[3] 原注：参见 Krikorian, “Plot Posed a Real, Immediate Threat”。

[4] 原注：参见 Southern Poverty Law Center, “Second Wave,” 18。

37 起，绝大多数为海外阴谋。例如，2007 年 1 月，突尼斯当局宣布击毙和抓获了一批伊斯兰极端分子，这些人正密谋袭击美国和英国驻突尼斯的大使馆；2012 年也门的“基地”组织成员密谋炸毁一架飞机的阴谋也被挫败。[1]

信号情报（SIGINT），包括窃听、互联网监控和其他形式的通信拦截，是美国情报系统的支柱。但公开信息表明，至少在防范恐怖袭击方面，它可能不如其他方法有用。如果阴谋由于电话窃听、互联网和电子邮件监控而被挫败，那它们就被归为依靠信号情报挫败的类别。通过网络活动探测到的阴谋者的案例之一就是奥萨姆·马耶尔·侯赛因·萨马迪（Hosam Majer Husein Smadi），他被指控企图炸毁达拉斯的一座摩天大楼。当时他在网上发声支持恐怖袭击，引起了联邦调查局的注意。[2] 据称，2006 年，有人在贝鲁特策划炸毁连接曼哈顿和新泽西的隧道，执法部门对互联网聊天室的讨论进行了监控，从而挫败了此次阴谋。[3] 据报道，电子邮件和电话拦截同样发挥了作用，比如 2007 年在德国境内策划的一起针对拉姆斯坦空军基地的阴谋。[4] 不过总体而言，只有 23 起袭击和阴谋的挫败得益于某些形式的信号情报。

对于在反恐行动中情报运用的争论，很大程度上集中在经审讯获得的情报上，包括使用所谓的强力手段，比如对在海外抓获和关押的囚犯施以水刑。中央情报局 2009 年 8 月发布的报告称，从审讯中获得的情报在挫败数起袭击中均发挥了作用，其中包括一起针对美国西海岸最高建筑的袭击阴谋。[5] 但由于审讯信息通常高度机密且极具争议，因此很难判断这些

[1] 原注：参见 Smith, “North Africa Feared as Staging Ground for Terror”; Shane and Schmitt, “Qaeda Plot to Attack Plane Foiled”。

[2] 原注：参见 *USA v. Hosam Maher Husein Smadi*, Criminal Complaint, September 24, 2009。

[3] 原注：参见 Baker and Rashbaum, “3 Held Overseas”。

[4] 原注：参见 Whitlock, “Trial Opens”。

[5] 原注：参见 Central Intelligence Agency, *Detainee Reporting Pivotal*。

信息在防止袭击方面所发挥的作用。尽管美国情报部门和政府官员的表态很难核实真伪，但公开数据显示，有 13 起案例，从被拘留者审讯中获得的情报成为阻止袭击的因素。

比信号手段或拘留审讯更有效的方式是人力情报，这并不意外。一般认为，针对恐怖主义目标最有效的情报搜集方法是人力情报，特别是渗透恐怖主义集团这种长期、艰巨的任务，成效更大。例如，布莱恩·詹金斯向“9·11 调查委员会”证实，“要知道恐怖分子的动向，很大程度上取决于人力情报——卧底和线人。渗透一个小型恐怖组织可能要花费数月甚至数年的时间”[1]。最近，有报道援引前国家情报总监丹尼斯·布莱尔（Dennis C. Blair）的话，美国情报部门判定哪些恐怖组织构成直接威胁的主要方法是，“渗透他们，了解他们是否在谈论针对美国的袭击”。[2]

然而，未遂袭击的数据表明，尽管人力情报在粉碎阴谋方面确实非常有用，但情报来源不一定依靠秘密特工对海外恐怖组织分支的渗透。现有数据表明，情报工作中最常运用的，是一种平淡无奇的手段：依靠线人收集情报，以及依靠公众提供线索。[3] 如果案例中有卧底或线人的参与，或是公众提供线索，则被归为依靠人力情报挫败阴谋的类别。在本章所研究的案例中，共有 108 起案例至少涉及一种人力情报手段。

比如某案例中，4 名男子被控阴谋袭击纽约布隆克斯区、纽约犹太教堂以及纽堡国民警卫队基地。当时这些人正在为袭击招募人手，而被招

[1] 原注：参见 Brian M. Jenkins, “Prepared Statement for the 9/11 Commission”。

[2] 原注：参见 DeYoung and Pincus, “Success against Al-Qaeda Cited”。

[3] 原注：这并不是新发现，兰德公司在 20 世纪 70 年代的恐怖主义研究中发现，线人、卧底比窃听与其他来源更为有用。参见 Wildhorn, Jenkins, and Lavin, *Intelligence Constraints*, xi. 法国也已经看到了人力情报在预防恐怖袭击中的重要性。一位法国反恐官员最近声称，由于从人力情报获得信息，近年来有 15 次阴谋被制止。参见 Cody, “Europe’s Antiterrorism Agencies Favor Human Intelligence”。

募者中恰恰有一名当局在纽堡清真寺外活动的秘密线人。[1] 再如 2007 年，当局抓获一个恐怖团伙，指控他们阴谋引爆肯尼迪国际机场下方的油库和输油管道，这起案例中同样涉及线人。[2]

在多起案例中，当局从公众中一收到线索，就将线人安插进恐怖组织团伙中。这种模式可见于：2006 年的英国炸机阴谋，促使当局对携带液体乘坐民航作了更严格的规定；同年，一伙迈阿密人策划袭击芝加哥西尔斯大厦和其他几个城市的建筑未遂[3]；另一著名的案例是一伙人策划袭击新泽西迪克斯堡陆军基地（Fort Dix Army Base）。[4]

这些数据印证了英国国家安全局（军情五处，British Security Service，MI5）前局长斯特拉·里明顿（Stella Rimington）的观点，她认为恐怖主义的情报，并不像有些人想的那样经常来自海外间谍。她说，“我个人的经验是，有效的反恐往往就是从国内开始，看起来可能平淡无奇”[5]。其实，本章最重要的一个发现是，那些看起来平淡无奇的人力情报，比如线人、潜伏行动人员，以及公众线索，往往是最有效的反恐手段，特别是挫败国内阴谋方面。

成败对比

从更宏观的角度来说，对失败的恐怖袭击的研究表明，这些案例中所获得的情报类型，与情报失误时获得的情报类型截然不同。当情报成功预防恐怖袭击时，我们并未发现分析人员能够从蛛丝马迹中关联情报、拼凑

[1] 原注：参见 Rashbaum and Fahim, “Informer’s Role in Bombing Plot”。

[2] 原注：参见 Buckley and Rashbaum, “4 Accused of Plot”。

[3] 原注：英国案例，参见 Van Natta, Sciolino, and Grey, “Details Emerge”。迈阿密案例，参见 “The Miami Plot to Bomb Federal Buildings and the Sears Tower,” NEFA Foundation, January 2008, available at www.nefafoundation.org。

[4] 原注：迪克斯堡陆军基地案例，参见 “Plots That Failed,” 632–33。

[5] 原注：参见 Rimington, “‘Humint’ Begins at Home”。另见 Strom and others, Building on Clues。

出完整的情报全景，尔后说服决策者威胁将至。关键因素不是“想象力”或是分析技巧，而是搜集精准的战术情报，说服决策者采取必要措施来阻止袭击。

为了使这一观点更加清晰，下一节我们简要对比了两起未遂恐怖袭击中，当局获得的情报预警。第一起是2009年“圣诞日炸机事件”，尽管飞机上的乘务人员和乘客合力挫败了袭击，但这一事件被公认为情报失误的案例。第二起是纳吉布拉·扎齐案例，这个阿富汗移民因企图于2009年12月袭击纽约市地铁系统而被捕。

圣诞日炸机事件

2009年12月25日，奥马尔·法鲁克·阿卜杜勒穆塔拉布（Umar Farouk Abdulmutallab）企图炸毁西北航空公司的一架航班，该事件因情报官员和国家安全官员错失大量预警情报而广为人知。白宫对该事件进行调查后发现，美国政府握有足以制止袭击的情报，但情报和反恐部门却没能妥善分析并关联已获情报。[1]时任国家情报总监的丹尼斯·布莱尔上将，在面对参议院国土安全委员会（Senate Homeland Security Committee）的质询时表示，这起事件中的失误与“9·11事件”不同，“9·11事件”是情报搜集或共享不力的问题，而这起事件则是关联、整合并解读已获情报不力的问题。[2]对于这些问题，白宫要求美国情报界制定一系列新政策和新举措，以改善情报分析的流程。[3]从而确保今后的已获情报能够有效关联。

那么，哪些情报被忽视了呢？预警包括：

---

[1] 原注：参见“Summary of the White House Review of the December 25, 2009, Attempted Terrorist Attack”。

[2] 原注：参见Blair, “Statement for the Record before the Senate Homeland Security and Governmental Affairs Committee,” 2。

[3] 原注：参见White House, “Attempted Terrorist Attack on December 25, 2009: Intelligence, Screening, and Watchlisting System Corrective Actions”。

- 2009 年 5 月，英国政府拒绝了阿卜杜勒穆塔拉布的留学生签证续签申请，将他列入监控名单，禁止其进入英国。尚不清楚美国是否知晓该情况。[1]
- 2009 年 11 月，阿卜杜勒穆塔拉布的父亲，一名尼日利亚商人，在阿布贾的美国大使馆与包括中央情报局官员在内的美国官员见面，对儿子受到宗教极端分子的影响表示了担忧。不过，他并没有直言自己的儿子是恐怖分子或正在策划袭击。[2]
- 阿卜杜勒穆塔拉布的父亲前往美国大使馆的第二天，大使馆给国务院和华盛顿的其他机构发报，通知他们阿卜杜勒穆塔拉布可能与也门的极端分子有牵连。然而，大使馆官员把阿卜杜勒穆塔拉布的名字拼错了。结果美国当局并未发现他持有有效的美国签证。[3]
- 得益于大使馆的电报，阿卜杜勒穆塔拉布的名字进入了恐怖分子身份数据处理环境（Terrorist Identities Datamart Environment，TIDE）数据库，这个庞大的数据库包含美国政府认为已知的或是潜在的全球恐怖分子的信息。[4]但是，由于他的负面信息达不到列入监控名单的最低标准，因而他没有被列入禁飞监控名单[5]，而是被列入国务院领事部（State Department Consular Section）运维的一个名为 CLASS 的名单。美国海关和边境保护局（US Customs and Border Protection）官员注意到他乘坐飞机从阿姆斯特丹起飞入境美国，他们已经计划在阿卜杜勒穆塔拉布到达底特律后，对他进行额外的检查。

---

[1] 原注：参见 Lipton, Schmitt, and Mazzetti, “Review of Jet Bomb Plot”。

[2] 原注：参见“Summary of the White House Review of the December 25, 2009, Attempted Terrorist Attack,” 3; Mazzetti and Lipton, “Spy Agencies Failed”。

[3] 原注：参见 Jacobs, “Written Statement of Janice L. Jacobs,” 3。

[4] 原注：参见 Travers, “Statement for the Record”; Mazzetti and Lipton, “Spy Agencies Failed”。

[5] 原注：参议院情报特别委员会批评了不将他列入“禁飞”名单的决定。参见 US Senate, “Unclassified Executive Summary”。

- 其他线索来自对也门“基地”组织追随者的通信拦截，拦截到的信息显示一个名叫“奥马尔·法鲁克”的男子自愿参加将要发动的袭击。此外，据称，当年12月，有人听到也门的武装分子在讨论为圣诞日行动做准备。[1]
- 阿卜杜勒穆塔拉布在阿克拉（加纳共和国首都）用现金支付了飞往底特律的往返机票，而他乘坐从阿姆斯特丹飞往底特律的航班时却没有托运行李，这让人觉得相当可疑。
- 2009年8月27日，一名袭击者在内裤中藏有季戊四醇四硝酸酯（PETN）炸弹装置，企图暗杀沙特内政部长助理，这同圣诞日的袭击方法如出一辙。9月，联合国一名“基地”组织问题专家在华盛顿发表讲话，警告称这种装置能够被带上飞机。[2]
- 12月22日，半岛电视台发布的一段“基地”组织视频警告称，“我们带着念珠，还带着一枚炸弹，给上帝的敌人”。[3]

事后来看，这些线索很显然是阿卜杜勒穆塔拉布所呈现危险的清晰预警。而且，由于情报和国土安全官员都在密切关注潜在的攻击，他们易于接受预警，所以很难理解这些预警为什么被忽略了。不过，通过和纳吉布拉·扎齐案例中所获得的情报进行对比，我们不难发现，“圣诞日炸机事件”中的情报其实相当笼统。

纳吉布拉·扎齐的阴谋

纳吉布拉·扎齐承认策划实施了一起针对纽约市地铁系统的多人协同袭击，当局称这是近年来最严重的恐怖袭击事件之一。[4] 扎齐出生在阿富汗，在巴基斯坦长大，在纽约皇后区念高中，是美国的永久合法居民。他

[1] 原注：参见 Lipton, Schmitt, and Mazzetti, “Review of Jet Bomb Plot”。
[2] 原注：参见同上。
[3] 原注：参见同上。
[4] 原注：扎齐案例更多细节，参见“Plots That Failed”。

承认于 2008 年前往巴基斯坦，为塔利班作战对抗美国，并在那里接受了制作炸弹的训练。回到美国后，他搬到科罗拉多州，找了一份机场班车司机的工作，同时开始收集制造炸弹所需的材料。2009 年 9 月 8 日，他开着租来的车前往纽约，打算在那里与另外两人在身上绑上炸弹，然后分别在中央车站和时代广场的地铁站上车，在高峰时间引爆炸弹。[1]

不过这一次，扎齐一直处于美国当局的监控之下，代号为“高升行动”(Operation High Rise)。行动人员已经对他进行了长达数月的监控。[2]当局收集到的有关扎齐的情报如下：

- 据报道，海外收集的情报让扎齐首次进入了美国当局的视线。一些新闻报道显示，中央情报局最初通过巴基斯坦的消息来源了解到扎齐的情况，然后知会了联邦调查局。[3]
- 尽管与巴基斯坦的关联尚有待确认，但近来更多的信息显示，至少有一部分早期信息源自英国情报。[4]2009 年，英国当局截获了一封电子邮件，是本国公民阿比德·纳赛尔（Abid Naseer）发给一个账号名为“艾哈迈德”的。官方称艾哈迈德是巴基斯坦“基地”组织的协调员，他一直在与扎齐通过电子邮件联系。扎齐离开科罗拉多州前往纽约之前，给艾哈迈德发了一封邮件，称“婚礼准备就绪”。

[1] 原注：参见 Sulzberger and Rashbaum, “NY Terror Suspect Admits Guilt and Cooperates”; Marzulli, “Zazi, Al-Qaeda Pals Planned Rush-Hour Attack on Grand Central, Times Square Subway Stations”。

[2] 原注：参见 Miller, “Bullet Dodged”。

[3] 原注：参见 Brian Ross, Richard Esposito, and Clayton Sandell, “FBI Arrests Three Men in Terror Plot That Target ed New York,” ABC News, September 20, 2009, http://abcnews.go.com/Blotter/men-arrested-fbi-nyc-terrorplot/story?id=8618 732; and Lolita Baldor, “NY Suspect Had Senior Al-Qaida Contact,” Associated Press, October 6, 2009。

[4] 原注：参见 “British Spies Help Prevent al-Qaeda-Inspired Attack on New York Subway,” The Telegraph (London), November 9, 2009; Dina Temple-Raston, “Feds: NY Subway Bomb Plot Included UK Targets,” NPR, July 8, 2010, www.npr.org/templates/story/story.php?storyId=128368594。

这显然是袭击迫在眉睫的信号。[1]

- 9月，扎齐突然驾车前往纽约，联邦调查员探员一路跟踪。[2] 据报道，为了确保不跟丢，当地执法机构多次帮忙，以超速为由将扎齐拦下。[3] 当扎齐接近纽约市时，联邦调查局和纽约警察局（NYPD）展开联合行动，在乔治·华盛顿大桥上将其拦下，以随机搜查毒品为由对其进行了搜查，没有发现可疑物品，随后将其放行。不过，当局后来悄悄进入其车内搜查了他的笔记本电脑，发现了9页手写的炸弹制作指南。[4]
- 到目前为止，执法和情报官员已经能够将国家情报信息与窃听、实物搜查和监控数据结合起来。[5] 据称，奥巴马总统自8月起，定期听取本案汇报，有时一天会多次听取。[6]
- 9月10日，扎齐驾车被拦下的那天，纽约警察局情报部门的官员找到皇后区的一名伊玛目，搜集更多有关此案的信息。这个名叫艾哈迈德·瓦伊斯·阿夫扎利（Ahmad Wais Afzali）的伊玛目过去曾向纽约警察局提供过信息。在和警方谈话的几个小时内，阿夫扎利抽空给扎齐及其父亲打电话，告知扎齐警方已经盯上了他。联邦官员尚不知道纽约警察局情报部门的行动，但他们通过对扎齐的电话监听，发现了伊玛目阿夫扎利牵涉其中。在确认阴谋还在酝酿阶段后，当局迅速采取行动逮捕了扎齐和几名同伙。[7]

---

[1] 原注：参见 US Department of Justice, “Charges Unsealed Against Five Alleged Members of Al-Qaeda Plot to Attack the United States and United Kingdom,” press release, July 7, 2010, www.justice.gov/opa/pr/2010/July/10-nsd-781.html; Love, “Alleged Al-Qaeda Operatives Indicted”; Pantucci, “Manchester, New York and Oslo,” 10–13。

[2] 原注：参见 Temple-Raston, “Terrorism Case Shows Range”。

[3] 原注：参见同上。

[4] 原注：参见 *US v. Najibullah Zazi* criminal complaint, September 19, 2009, 6。

[5] 原注：参见 Temple-Raston, “Terrorism Case Shows Range”。

[6] 原注：参见 Baldor, “NY Suspect Had Senior Al-Qaida Contact”。

[7] 原注：参见 Rashbaum and Baker, “How Using Imam in Terror Inquiry Backfired on Police”。

扎齐一案的成功，并不是因为情报官员能够拼凑类似“圣诞日炸机事件”中那样模糊的线索并发出预警。扎齐袭击纽约地铁系统的阴谋之所以破产，是因为调查人员通过美国境内外的多种渠道和手段，掌握了他的确切动机和动向。相比之下，明显可以看出，“圣诞日炸机事件”所获得的情报就模糊得多，因而不难理解为什么情报官员无法解读情报。问题不是未能关联情报，而是根本就没有让当局能够充分理解威胁的具体情报，让当局能够阻止阿卜杜勒穆塔拉布登机前往底特律。

小结

对失败的恐怖阴谋和袭击的剖析，清楚地表明关于情报成败的常规观点是错误的。袭击被挫败，并非由于头脑敏锐的分析人员从芜杂的情报中抽丝剥茧，关联蛛丝马迹，发现潜在的危险，然后呈报给决策者采取果断措施。事实上，绝大多数袭击被挫败通常是因为通过人力情报，官方掌握了关于袭击者动机和动向的精准战术情报，情报构图通常要比“圣诞日炸机事件”清晰得多，这表明阻止恐怖袭击的关键，不在于情报官员关联线索的能力，而在于对情报的搜集能力，以及依据精准预警采取行动的能力。

精准的战术情报是使预防行动成为可能的首要因素。第二个因素就是善于接受情报的决策者，在恐怖袭击受挫的案例中，这个因素似乎并没有发挥太明显的作用，部分原因在于这些袭击规模相对较小，主要由执法部门处理，高层决策者无须介入。而在前面章节我们看到，在“东非大使馆爆炸案”和“9 · 11 事件”这样的案例中，决策者接受度的缺乏必然严重影响对重大恐怖袭击的预防行动。但主要原因还在于，恐怖袭击案例中，尤其是“9 · 11 事件”以后，情报官员不必再绞尽脑汁地取信决策者了，决策者已经充分认识到了恐怖主义的威胁，对情报已持接受态度。于是，阻止恐怖袭击最重要的因素就是获得具体的战术情报。

本章的解析进一步明确了，本书之前提到的常规突袭和恐怖袭击之间的区别。正如第四章中讨论的，对常规突袭而言，最重要的因素是决策者的接受度。情报系统通常能够发现敌军准备发动军事行动的明确迹象，但往往找不到确凿的证据弄清敌军的“**意图**”。于是，是否根据预警采取行动，很大程度上就取决于决策者是否接受情报部门对意图的评估报告。

而在恐怖分子发动的突袭中，他们的敌对意图通常都是明显的。无论是国家高层，还是当地执法部门的决策者，都普遍对预警持接受态度。因而对于决策者来说，关键因素就在于情报机构和执法部门能否拿出促成行动的足够具体的情报。

结语
预防当今的突袭

本书对情报失误和预防突袭的常规观点提出了质疑。这些常规观点的研究可以追溯到“珍珠港事件”，认为袭击之所以发生，是因为重要的预警信号被噪声淹没，同时情报分析人员未能及时将散乱的信息关联起来，向决策者发出警报，挫败阴谋。然而，这些研究受制于严重的事后偏见视角，仅仅关注了情报失误即袭击成功的案例。虽然有助于我们理解情报为什么会失误，但却无法解释情报怎样会成功。

本书颠覆了对这一问题的常规看法。通过比较情报成功和情报失误的案例，我们不禁要问：成功阻止突袭的案例中，什么因素起了作用？它与造成伤亡甚至引发战争的突袭之间有什么不同？答案是：不同之处在于，是否有精准的战术预警及决策者对预警的接受度。

当然，本书提出的预防行动理论有一定的局限性。我并不是说它能解决情报失误的普遍问题。预防行动理论也未必能经得起所有突袭事件的检验，因为这有待于对更多案例更广泛的分析。不过，书中剖析的案例深刻地表明了，在相对狭义的预防突袭领域——常规突袭和恐怖袭击中，精准的预警和决策者接受度是最重要的两个因素。本章首先综述了这些案例告诉我们情报如何能带来预防行动；接着探讨了这项研究对理论和政策的贡献；最后总结了研究对未来突袭的启示，以及对战略意外这一更广泛问题的助益。

预防行动

本书探讨了这样一个谜题：为什么事后调查发现，在往往已经获得预警的情况下，美国情报界却常常无法阻止突袭。为此，本书提出了**预防行动理论**：如果要让情报在防范重大袭击方面发挥最大作用，它必须提供具体的战术预警，同时决策者必须接受这种预警。本书综述的案例表明，区分情报失误和成功的因素就在于这两点。比如，“珍珠港事件”的情报失误和“中途岛战役”的情报成功之间的区别，并非“珍珠港事件”后，情报人员变得更加聪明，或是能从蛛丝马迹中更好地关联日军意图的情报。“中途岛战役”情报成功的关键在于：1942 年初，海军情报机构成功破译了日本海军的行动密码，为尼米兹上将和其他高层提供了精准预警，即便如此，相关人员仍做了大量努力才使决策者相信了情报预警。

预防行动理论并不深奥，但它与当前如何成功运用情报预防突袭的主流观点完全不同。正如《9·11 调查报告》中的常规观点认为，情报搜集工作是无可指摘的，预防突袭失败的问题出现在情报的分析环节，尤其是宏观的战略情报。依据这种常规观点，未来的美国情报界不应过多关注于搜集潜在袭击的战术情报，因为这类精准情报不太容易获得，[1] 而是应该着重发展针对未来威胁的宏观的战略情报。

本书认为情况恰恰相反，战略情报对预防突袭的作用微乎其微。多起案例中，袭击前的战略预警已相当丰富，而且分析人员对威胁场景的刻画极具先见之明。但可惜这些预警的实际意义仍极为有限，决策者无从知晓时间、地点、袭击者和袭击目标的具体信息，无法切实感到事态的紧迫

[1] 原注：参见 Grabo, “Strategic Warning,” 89。

性，也无法明确究竟要采取什么行动。相反，当预警明确，决策者又愿意接受情报的时候，往往就能成功阻止袭击。

表 C.1 展示了我们所研究的几个案例中，这些因素之间的关系。预防行动的第一个要素——精准的战术情报——至关重要，因为哪怕是“珍珠港事件”或“9 · 11 事件”这样的重大袭击，本质上也是战术行动。与战争或是军事战役这些大型武装冲突相比，突袭往往依靠的是一小撮人员实施的个体行动。当局获得的具体情报和采取的战术行动足以防止此类袭击。尽管常规思维更青睐宏观的战略情报，但战术情报更实用，因此更容易被决策者采纳，这就是**“战略预警悖论”**。决策者，特别是高层决策者，他们常常表达对战略预警的需求，但本书表明，比起长远的、宏观的战略评估，具体的战术预警反更可能让他们做出反应。

表 C.1　预防行动理论：精选案例

	决策者 低接受度	**决策者 高接受度**
战略预警	珍珠港事件 9 · 11事件 （袭击成功）	2009年圣诞日炸机事件 （情报失误，袭击近乎成功）
具体预警	春季攻势 东非大使馆爆炸案 （袭击成功）	中途岛战役 恐怖日阴谋 扎齐案 （袭击失败）

也有其他学者强调精准情报的重要性。比如黛博拉 · 巴格（Deborah Barger）写道，“当今，如果美国要保护其公民免受灾难性的恐怖袭击，就必须要有精准的‘战术’预警，即哪个（伙）人计划在什么时间用什么

武器袭击哪个地方。这类情报的精准程度很可能是未来情报‘成功’的新标准”。[1]

黛博拉·巴格的研究支持了本书的观点，也表明在相信情报、接受情报的高层决策者手中，战术情报更可能发挥更大的作用。战术预警是防止突袭的必要条件（但不是充分条件），因为它能给防御方提供相对（但不绝对）的决策优势。袭击的时间和地点是由攻击方选定的，如果没有具体的预警，那防御方必须考虑所有可能受袭的地点。这个问题在预防恐怖袭击时更加突出，这说明了如下逻辑：战略预警，比如“9·11 事件”之前对国际恐怖主义的预警，如果运用得当，确实可以提高安全性，改善情报搜集和分析能力，以及强化攻防行动。这些举措可能很好地阻止了未来的袭击。不过，如果可以对特定敌人采取特定行动，或对特定目标采取特定防御措施，则更有可能挫败袭击。[2] 但究竟多少预警才足够？这个问题有待进一步研究，但本书综述的这些案例表明，只要决策者善于接受，无须花太多力气就足以阻止袭击。相反，过多的数据，过多的预警，反而可能会适得其反。

本书剖析的案例也表明，决策者的接受度是很复杂的问题，不仅仅是决策者性格或是对情报信任与否的问题。比如尼米兹上将，非常支持情报人员，由于珍珠港遇袭，他也清楚地意识到了日本海军的威胁。但是 1942 年春天，他对情报人员提供的情报报告仍持高度怀疑态度，对密码学这一新领域生产的情报尤为谨慎。直到他指派两名高参对已有情报反复挑刺，尔后情报工作在“珊瑚海战役”中为自己正名，并且日本人中了“中途岛缺水”之计之后，尼米兹才将他的信任和整个舰队的安危押在了情报预警上，确信中途岛是日本人的下一个目标。

所以，决策者**相信威胁存在**、**信任情报**，又准备对预警采取相应行动时，才会对预警持接受态度。接受度还受其他因素影响，比如地理上与

---

[1] 原注：参见 Barger, “It Is Time,” 26。

[2] 原注：在这里我感谢一位匿名评论者引发了我的思考。

威胁的接近程度。“中途岛战役”之前，夏威夷的军事指挥官就比华盛顿的军事指挥官更加重视，并更容易接受日军攻击中途岛的可能性。同样，“春节攻势”之前，美国驻越南的分析人员和军事指挥官，也比身处华盛顿的人更相信敌人即将发动攻击。再如“东非大使馆爆炸案”，布什内尔大使高度重视情报工作，高度关注大使馆的恐怖威胁，可惜她无权做出必需的安保升级或是改变情报状态。决定权远在华盛顿，那里的官员却并不接受预警。

此外，如果决策者能切身感受到威胁，并意识到威胁的紧迫性，比如他们直接经手预警情报或对威胁有过亲身经历，就会比那些幕后的决策者有更高的接受度。比如，尼米兹上将于 1941 年圣诞节抵达珍珠港接管太平洋舰队，他刚一走下飞机，汽油、焦木和焦尸的气味扑面而来。港口停泊着打捞遗体的小船，许多水兵的尸体仍漂浮在海面上。[1] 他当场就深切地感受到了袭击带来的创伤。同样，第一次“世贸中心爆炸案”后，纽约官员们通力合作，阻止了 1993 年的“恐怖日阴谋”，部分原因也要归功于他们深切意识到了这伙人对他们城市的威胁。

不过，其他因素对接受度的影响更为复杂。比如，“珍珠港事件”的情报失误会强化决策者的危机意识，但同时也会降低他们对情报的信任。相反，情报成功会降低决策者对威胁的关注度，但却可以提升他们对情报的信心。这些问题也是未来应该研究的领域。

战略预警和战略分析的价值

本书并不认为战略预警不重要。当今，美国情报界更重视战略分析。比如，国防情报局曾在“阿拉伯之春”的预警失败后表示，要“重振”其战略预警的任务。[2] 只要不以牺牲战术上的投入为代价，那这种努力就应

---

[1] 原注：参见 Potter, *Nimitz*, 16。

[2] 原注：参见 Pellerin, “DIA Five-Year Plan”。罗伯特・哈迪克讨论了国防情报局

该继续下去。但是，目前情报界对于战略情报的价值存在误读。正如杰克·戴维斯指出，出色的战略预警可以确保资源合理地调配，以侦测和预防威胁，所以战略预警能够改善情报分析人员提供战术预警的能力。[1] 在反恐的长期斗争中，战略情报本身也至关重要。比如，要实现击败“基地”组织及其各种分支的长期目标，就需要长期的战略情报。[2] 但为了实现短期目标，如预防一场几天后的袭击，我们就需要战术情报。

2011 年 5 月，海豹突击队（Navy SEALs）击毙本·拉登的行动，或许是近年来成功运用情报开展预防行动最典型的例子。这起案例中的情报非常精准，比如掌握了本·拉登疑似藏匿住所的位置，虽然不是十分确定。关键的因素在于，在高级顾问们的明确反对声中，奥巴马总统力排众议，最终采纳了情报，下令突袭搜捕。[3]

今天，很多评论家认为，某些关键的战略情报产品发挥了至关重要的作用，比如《国家情报评估》和《总统每日简报》。不少专家认为，只要能将已有的信息汇总成这样的情报产品，就能防止未来的突袭。但是本书认为，即使生产出这样的情报产品，能够回应高层决策者的具体问题，这些决策者也尚需自己确信威胁的严重性，确信情报产品的价值，才会采取相应行动。

同样，尽管本书认为，我们应当在情报搜集上下更大的功夫，但并不表示可以忽视情报流程中的分析环节。罗彻福特和莱顿杰出的分析能力，就在预测日本袭击中途岛的情报工作中发挥了关键作用。当今，情报界和执法部门的分析人员如果头脑敏锐，想象力丰富，能够认真分析每一条关

的这份文件，并与我一样，认为“战略情报和预警虽然至关重要，但不应牺牲战术预警”。参见 Haddick, “Strategic Error”。

[1] 原注：参见 Davis, “Strategic Warning,” 176。

[2] 原注：爱德华·马克斯（Edward Marks）提出的论点与我类似，尽管大多数反恐活动本质上都是战术性的，但“解决”恐怖主义问题是一个战略问题，需要战略层面的思考和行动。参见 Marks, “Terrorism”。

[3] 原注：参见 Allison, “How It Went Down”。

于未来恐怖袭击和其他威胁的信息，自然是再好不过的。

本书想要说明的是，只靠出色的分析能力就能预防未来袭击，这种观点是错误的。情报成败的历史有力地证明了，分析性的评估和论断不足以说服决策者认真对待来自情报的预警。对于日本“再袭珍珠港”，即“K行动”，罗彻福特的预测并没有收到效果，就是鲜明的例证。最近，情境开发（scenario development）和“红队判研”（Red Teaming）这类分析方法颇受欢迎，分析人员试图以敌人的视角考虑问题。然而，突袭的历史表明这些方法并无大用。我们看到，“珍珠港事件”和“9 · 11 事件”之前，许多官员都设想了会发生的场景，但无济于事。这似乎证实了施瓦茨和兰德尔的观点，仅仅提出设想场景是远远不够的：“提出设想并不难。难的是设想的未来场景能让人充分相信并采取预防行动，并且想方设法说服他人一起行动。”[1] 本书就认为，要让设想场景足够可信，不能靠想象，而是必须依靠确凿的战术情报。

苹果和橘子

本书对比了在研究情报和突袭的学术文献中，通常不会一起讨论的几种不同类型的问题。其中一种“苹果和橘子”的对比，是比较战争之初的突袭和战时的突袭。尽管许多学者认为，前一种情况下，情报工作面临的困难更大，但本书分析表明，**战时**预防突袭一样困难。“中途岛战役”之前，情报官员面临着和“珍珠港事件”发生之前一样的挑战。只有通过直接对比，我们才能清楚地了解，究竟是什么导致了一胜一败的结局。同样，对比“朝鲜战争”之初和中国支援朝鲜之时，我们可以看到导致对这两次预测均告失败的，是相同的因素。

本书中另一个潜在的“苹果和橘子”问题，是对常规突袭和恐怖袭击带来的挑战进行的对比。这个对比回答了本书提出的问题：对情报工作而

---

[1] 原注：参见 Schwartz and Randall, “Ahead of the Curve,” 94。

言，恐怖主义是个新课题，还是与过去的突袭相类似？我认为，这两种突袭确有许多重要的相似之处，过去常规突袭的教训，可以指导我们今天应对恐怖主义和其他新型的突袭问题。但是本书研究的这些案例，尤其是第四章和第八章的内容表明，对二者开展预防行动时，要求有所不同。在常规突袭案例中，现代情报系统往往能获得大量的具体预警，最重要的因素是决策者的接受度；而在恐怖袭击案例中，决策者通常愿意相信威胁存在，最重要的因素是搜集到阴谋或袭击发生的具体战术情报。

未来的意外事件

纵观突袭的历史，我们可以看到，即使我们始终在关注着，但未来的突袭仍可能呈现出与过去完全不同的样貌。即便我们成功预测到了目标，比如“珍珠港事件”之前，已经有人进行过数次战争推演和评估，但袭击仍可能从新的方位，以出人意料的方式发起，让情报人员猝不及防，让防御方大惊失色。甚至当对手对同一目标再次发动袭击，比如世贸中心的情况，其结果仍可能令人震惊，情报还是失误了，灾难还是发生了。

这类未来突袭也可能是相对常规化的，来自传统的国家级对手，比如伊朗。1990 年伊拉克入侵科威特的例子表明，即使拥有世界上最先进的情报系统的密切监控，常规军事力量的行动仍可以让决策者感到震惊。但突袭也有可能是全新的形式，比如网络空间就是许多专家深感忧虑的一个领域。本书探讨的这些案例表明，危险可能超乎许多人的想象。比如，在“珍珠港事件”和“中途岛战役”时期，密码破译是情报领域的新兴事物，尼米兹上将和其他美国领导人并不太相信关于日军意图的预警，因为它们来自密码学和密码破译这个鲜为人知的世界。今天，我们对网络威胁的分析和理解也还在发展之中。军事指挥官和领导人在面对网络威胁的预警时，很有可能会经历同样的问题。毫不夸张地说，当今我们所面临的网络攻击，与美国在“珍珠港事件”或“9・11 事件”之前面临的情形一样：

网络攻击威胁的战略预警是有的，但具体的战术情报却为数不多。

当谈到其他类型的威胁和不同类型的情报评估时，本书得出的经验教训甚至更加悲观。与情报和国家安全部门面临的诸多挑战相比，预防突袭的问题其实相对简单。即使是最复杂、最危险的袭击阴谋，也只涉及数量有限的策划者和袭击者，他们通常都要经过一定的准备阶段，这些信息都是可以追踪或截获的。在那些常用来描述情报挑战的术语中，突袭是**秘密，**即通常有解决方案的具体问题，比如对手策划攻击的时间和地点。相比之下，其他类型的威胁和挑战会给情报工作带来极其复杂的问题。以美国为首的军队在 2003 年入侵伊拉克前，美国和其他国家的情报机构，在试图确定伊拉克是否在开展大规模杀伤性武器计划时，所面临的问题就是这种情况。这种问题是个**谜团**（mistery），约瑟夫 · 奈（Joseph Nye）称其为“一个没有人能确定答案的抽象谜题”。[1]

无论它们被称作谜团、战略意外还是黑天鹅事件，未来的挑战都明显包括许多比突袭更难应对的威胁。不过本书对突袭的研究能够提供一些有益的经验和教训。比如第一章提到，大多数研究战略意外的文献认为，意外事件不可避免，并不是情报机构的错，而是事物发展的运行规律。纳西姆 · 尼古拉斯 · 塔勒布（Nassim Nicholas Taleb）和马克 · 布莱斯（Mark Blyth）在研究“阿拉伯之春”时，认为这种运动是不可预测的：“埃及动乱的最后阶段，对所有观察人士来说都是不可预测的，特别是那些牵涉其中的人。因此，指责中央情报局工作不力，与出资让其预测此类事件一样愚蠢。”[2] 为此，大多数专家认为，对政府、企业和个人来说，最好在制定计划时充分考虑意外发生的可能性，并做好准备应对意外发生时产生的影响。[3]

本书案例支持了这些专家对未来意外事件的悲观预期；突袭历史确

[1] 原注：参见 Nye, “Peering into the Future”。另见 Treverton, “Risks and Riddles”。

[2] 原注：参见 Taleb and Blyth, “Black Swan”。

[3] 原注：参见 Crocker, “Reflections,” 183; Fukuyama, *Blindside*。

确实实告诉我们，某些形式的意外是不可避免的。但问题在于，这种看法常常会给出一些无用的建议，比如为了避免被意外事件震惊，我们应该“期待意外”。这个建议也许对巡逻警察或者酒吧保安更为合适。[1] 诚然，我们应当做好遭遇意外的准备，并制定遭遇失败和意外后的恢复计划。但情报和国家安全官员的主要工作是预见和阻止这种意外，本书所研究的案例表明，预防行动理论可能有助于理解这一系列更广泛的问题。

对当今及未来的意义

本书考察的这些案例，对今天的美国情报工作和国家安全有如下意义。首先，这些案例表明，美国情报界近年进行的改革中，少有有助于预防突袭的举措。因为这些改革者并没有充分认识到情报失误和情报成功的原因。某些改革在其他方面可能卓有成效，比如整合美国庞杂的情报界，加强对恐怖主义等主要威胁的关注。但有些意在提升分析能力、增强联想能力、改善线索关联能力的改革，对发展精准情报的作用很是有限。然而历史表明，预防袭击通常最需要的正是这种情报。

第二，通过对常规观点进行质疑，本书支持情报机构和官员应对重大错误和灾难负责这种观点。但是，正如沃尔斯泰特在研究“珍珠港事件”时所言，“信噪比问题”无法解决，那么向未能阻止突袭或其他有重大情报失误的人追究责任，这肯定是不合适的。但笔者认为，我们是可以通过采取措施来改善情报工作，降低突袭的概率的，那对情报和国家安全官员提出更高的要求也是恰当之举。

第三，本书认为，我们应该在情报搜集方面付出更多努力，特别是国内和地方层面。本书表明，关于恐怖主义威胁，通常引发公众关注的战略

[1] 原注：在 1989 年的电影《威龙杀阵》（*Roadhouse*）中，由帕特里克·斯威兹（Patrick Swayze）扮演的达顿提出了关键性的建议“期待意外”，参见 www.imdb.com/title/ tt0098206/quotes。

策略，并不能发展出预防突袭所需的精准情报。比如，渗透海外恐怖组织的间谍活动，或对被捕嫌疑人的严厉审讯，这些策略虽然偶尔也能奏效，但就这种策略而言，成功是偶然，而非常态。挫败阴谋更常见的原因是，公众提供的线索，为当地执法部门提供情报的线人，以及对嫌疑人的长期监控等。这是好消息。坏消息是要收集针对恐怖威胁的可行性情报，几乎免不了要通过收集国内情报和监控的方式，这通常很可能会侵犯公民自由。美国和其他国家都需要开展更多的公开讨论，在安全和自由之间找到平衡。

最后，本书的研究结果表明，与已有的情报和突袭的文献相比，我们可能更为乐观。预防行动理论还需进一步的检验，未来研究的方向是扩大突袭案例的范围，重点分析那些情报成功的案例。同样重要的是，扩大研究范畴，不仅仅局限于美国情报界。虽然我们永远无法根除情报失误的问题，就像我们无论怎样努力都无法杜绝失败一样，但至少本书剖析的案例表明，我们可以学习改进情报工作，更好地了解未来的威胁，更好地预防突袭。

小结

本书的结论和我提笔时的预期有所不同。开始本书的创作之前，我在海军当了 21 年的情报官，职业训练让我坚信，情报成败与否的关键因素是**分析**。我被教导并且坚信，所有的情报分析人员的主要目标是：从蛛丝马迹中关联线索，及时生成预警，能够让决策者采取果断行动应对战略威胁。莱顿向尼米兹上将提供的预警，准确预测了日军攻击中途岛的时间和地点，这至今都堪称典范。但现在的研究却让我相信，仅仅是情报分析，尤其是通常备受青睐的全景式的、长期的情报分析，无法阻止突袭，也无法避免情报失误。

突袭被阻止可能有多种原因，包括阴谋者的失误，防御手段的运用，先发制人的举措，甚或纯粹就是运气好。但本书认为，情报要在预防袭击中发挥最大作用，就需要向决策者提供精准的战术预警，并取信于他们。如果没有精准的战术情报，也许设想得到威胁，但却无法取信于人。同时，除非决策者对情报持接受态度，否则即使他们收到预警，也有可能不予采纳。美国情报界的任务是提升必需的战术情报生产能力，与决策者建立必要的沟通渠道，这样才不会坐视突袭再次发生。

附录

针对美国目标的未遂阴谋与袭击（1987—2012）

年份	事件	国内	国外	伊斯兰激进分子	国内极端分子	其他
2012	阿拉巴马州男子被捕（Abukhdair, Wilson）	•		•		
	纽约当局抓捕袭击阴谋者（Qazi）	•		•		
	加州男子被捕（Kabir）	•		•		
	驻印尼大使馆袭击阴谋		•	•		
	安曼袭击阴谋		•	•		
	纽约联邦储备局炸弹阴谋（Nafis）	•		•		
	芝加哥少年被捕（Daoud）	•		•		
	佐治亚州斯图尔特基地阴谋	•			•	
	“基地”组织袭击航空公司阴谋失败		•	•		
	俄亥俄州无政府主义者被捕	•			•	
	明尼苏达州种族主义者（Johnson/Thomas）	•			•	
	美国国会山自杀式爆炸阴谋（Khalifi）	•		•		
	阿尔及利亚船只阴谋攻击美国、欧洲船只		•	•		
	坦帕炸弹阴谋（Osmakac）	•		•		
2011	纽约市炸弹阴谋（Pimentel）	•		•		
	佐治亚州民兵生物毒剂阴谋	•			•	
	驻阿塞拜疆大使馆阴谋		•	•		
	华盛顿遥控飞机袭击计划（Ferdaus）	•		•		
	肯尼迪国际机场一男子被捕（Hasbajram）	•		•		
	胡德堡枪击阴谋（Abdo）	•		•		

年份	事件	国内	国外	伊斯兰激进分子	国内极端分子	其他
	土耳其“基地”组织阴谋		•	•		
	暗杀奥巴马阴谋（Kodirov）	•		•		
	西雅图征兵中心	•		•		
	华盛顿枪击嫌疑人被捕（Melaku）	•		•		
	肯塔基州伊拉克公民（Alwan,Hammadi）	•		•		
	纽约犹太教堂阴谋（Ferhani,Mamdouh）	•		•		
	阿拉斯加民兵阴谋（Cox）	•			•	
	沙特学生阴谋案（Aldawsari）	•		•		
	宾夕法尼亚男子被捕（Begolly）	•		•		
	斯波坎市马丁•路德•金纪念日的游行制造爆炸	•			•	
2010	英国炸弹阴谋（针对美国大使馆）		•	•		
	马里兰州征兵办公室（Martinez）	•		•		
	华盛顿地铁阴谋（Younis/Facebook）	•		•		
	波特兰圣诞树亮灯仪式阴谋	•		•		
	截获爆炸包裹	•	•			
	华盛顿地铁阴谋（Ahmed）	•		•		
	潜在恐怖分子被捕（Shehadeh）	•		•		
	芝加哥里格利球场爆炸阴谋（Hassoun）	•			•	
	芝加哥男子密谋袭击美军（Masri）	•		•		
	弗吉尼亚男子试图加入青年党（Chesser）	•		•		
	阿拉斯加夫妇的袭击名单曝光（Rockwood）	•		•		
	新泽西州男子在肯尼迪机场被捕（Alessa, Almonte）	•		•		
	印尼排外袭击阴谋		•	•		
	得克萨斯州男子被捕（Bujo）	•		•		
	时代广场汽车炸弹阴谋	•		•		
	纽约男子被控向“基地”组地提供支持（Hanafi）	•		•		
	康涅狄格州白人至上主义者（Zrallack）	•			•	
	芝加哥出租车司机被捕（Khan）	•		•		
	胡塔雷民兵被捕	•			•	
	英国航空雇员被捕（Karim）		•	•		
2009	圣诞日炸机事件	•		•		
	美国驻也门大使馆袭击阴谋		•	•		
	北弗吉尼亚男子在巴基斯坦被捕		•	•		
	波士顿地区购物中心袭击阴谋（Mehanna）	•		•		
	布鲁克林男子在科索沃被捕（Kaziu）		•	•		
	达拉斯摩天大楼袭击阴谋	•		•		
	伊利诺伊州斯普林菲尔德法院袭击阴谋	•		•		

年份	事件	国内	国外	伊斯兰激进分子	国内极端分子	其他
	纳吉布拉•扎齐阴谋	•		•		
	科威特抓捕行动；袭击美军阿里夫詹基地阴谋		•	•		
	一男子在北卡罗来纳州被捕（Boyd）	•		•		
	抓捕突尼斯籍人员（计划杀死美国军人）		•	•		
	纽约纽堡炸弹阴谋	•		•		
2008	脏弹袭击阴谋（Cummings）	•			•	
	一海军陆战队队员威胁奥巴马（Brittingham）	•			•	
	长岛铁路疑似袭击阴谋（Vinas）	•		•		
	暗杀奥巴马阴谋（Tennessee ）	•			•	
	袭击美国驻伊斯坦布尔大使馆		•	•		
	迫击炮袭击住宅区，也门（四月）		•	•		
	迫击炮袭击大使馆，也门（三月）		•	•		
	美国驻马尼拉大使馆袭击阴谋		•	•		
2007	拉姆斯泰因空军基地袭击阴谋		•	•		
	南卡罗来纳州鹅溪（Ahmed Mohamed）	•		•		
	肯尼迪国际机场袭击阴谋	•		•		
	缉毒局诱捕军火商（Kassar）		•			•
	迪克斯堡袭击阴谋	•		•		
	卡萨布兰卡领事馆爆炸案		•	•		
	克里斯托弗·保罗（俄亥俄州男子与“基地”组织密谋）		•	•		
	前美国水手袭击阴谋（Abujihaad; Paul R. Hall）	•		•		
	“基地”组织学生签证阴谋		•	•		
	美国驻突尼斯大使馆袭击阴谋		•	•		
2006	罗克福德购物中心（Derrick Shareef）	•		•		
	针对小布什总统的袭击阴谋（约旦）		•	•		
	休斯敦塔利班分子袭击阴谋		•	•		
	奥斯陆男子密谋攻击美国和以色列大使馆		•	•		
	英国炸机阴谋（液体炸弹阴谋）		•	•		
	纽约隧道袭击阴谋（Hammoud）	•		•		
	迈阿密/西尔斯大厦	•		•		
	安曼机场袭击阴谋		•	•		
	亚特兰大阴谋（Ahmed, Sadequee）	•		•		
	SUV袭击北卡罗来纳大学教堂山分校	•		•		
	俄亥俄州托莱多港阴谋（Amawi, El-Hindi）		•	•		
2005	天然气精炼厂（Michael C. Reynolds）	•		•		
	美国游客在约旦（氰化物袭击阴谋）		•	•		
	火箭弹袭击美国驻约旦海军船只		•	•		

年份	事件	国内	国外	伊斯兰激进分子	国内极端分子	其他
	洛杉矶监狱袭击阴谋（JIS; Kevin James）	•		•		
	潜在蓖麻毒素制造者被捕（Hughes）	•			•	
	加州洛迪市袭击阴谋	•		•		
	新纳粹分子被捕（Carafa）	•			•	
	为“基地”组织提供支持（Shah and Sabir）	•		•		
	为“基地”组织提供支持（Grecula）	•			•	
	针对小布什总统的袭击阴谋（Abu Ali）	•		•		
	本·拉登指派扎卡维策划袭击		•	•		
2004	吉达领事馆袭击事件		•	•		
	田纳西州极端分子（Van Crocker）	•			•	
	前国民警卫队成员被捕（Braden）	•			•	
	金融机构袭击阴谋（纽约证券交易所，国际货币基金总部）	•		•		
	纽约地铁阴谋（先驱广场）	•		•		
	奥尔巴尼市诱捕行动（Aref/Araf, Hossain）	•		•		
	芝加哥联邦大厦（蓖麻素）	•			•	
	伊斯兰堡大使馆袭击阴谋		•	•		
	英国城市袭击目标（“天然气豪华轿车”阴谋）		•	•		
	伊斯坦布尔北约峰会		•	•		
	安曼化学炸弹阴谋		•	•		
	英国炸弹阴谋（缝隙行动）		•	•		
	阿拉巴马州伯明翰市袭击计划（Hemphill）	•			•	
	政府和旅游景点任务	•		•		
2003	贝鲁特大使馆爆炸未遂		•	•		
	堕胎诊所炸弹袭击阴谋（Jordi）	•			•	
	哥伦布购物中心（Abdi）	•		•		
	密歇根州民兵被捕（Somerville）	•			•	
	北约基地自杀袭击阴谋（Trabelsi）		•	•		
	针式防空导弹袭击阴谋（Lakhani）	•		•		
	自杀袭击者放弃行动（Banna）	•		•		
	东海岸航空公司袭击阴谋	•		•		
	布鲁克林大桥袭击阴谋（Faris）	•		•		
	弗吉尼亚“彩弹恐怖分子”	•		•		
	海岸警卫队基地袭击阴谋（Revak）	•			•	
	反政府极端主义者阴谋（Noster）	•			•	
	内罗毕大使馆袭击阴谋（卡车炸弹、飞机）		•	•		
	贝鲁特大使馆袭击阴谋		•	•		

年份	事件	国内	国外	伊斯兰激进分子	国内极端分子	其他
	得克萨斯州民兵夫妇（Krar and Bruey）	•			•	
	马利克（Malike）在纽约被捕	•		•		
	吉布提，莱蒙尼尔营地，卡车炸弹阴谋		•	•		
	沙特住宿区袭击计划		•	•		
	装有炸药的飞机袭击卡拉奇领事馆阴谋		•	•		
	“穆塔查尔”毒气弹阴谋	•		•		
	堕胎诊所爆炸阴谋（Hull）	•			•	
	华盛顿州暗杀阴谋（brailey）	•			•	
	针对美军的蓖麻毒素阴谋（阿富汗，科威特）		•	•		
	袭击旅游景点（白宫给出的5起案例中的一起）	•		•		
	加气站阴谋（白宫给出的案例；Majid Khan）	•		•		
	东南亚分支的阴谋（汉巴利，Hambali）	•		•		
	袭击美国境外旅游景点（白宫给出的案例）		•	•		
2002	米兰某分支计划袭击美国目标		•	•		
	波特兰七号案（Jeffrey Battle）	•		•		
	拉卡瓦纳六号案（Lackawanna six）	•		•		
	斯廷杰斯团伙毒品案（Ilyas Ali）		•	•		
	“基地”组织策划“9・11事件”周年日袭击美国驻东南亚多处大使馆		•	•		
	阿拉伯湾航运袭击阴谋		•	•		
	佛罗里达电站袭击阴谋（Mandhai）	•		•		
	佛罗里达穆斯林中心（Goldstein）	•			•	
	西雅图分支的活动（Bly training camp; Ujaama）	•		•		
	北卡罗来纳州三K党领袖（Barefoot）	•			•	
	宾夕法尼亚州民兵首领（Hertzog）	•			•	
	乔斯・帕蒂利亚（“脏弹”袭击阴谋）	•		•		
	攻击沙特空军基地（一名苏丹男子被捕）		•	•		
	直布罗陀海峡航运袭击阴谋		•	•		
	驻萨拉热窝大使馆炸弹阴谋		•	•		
	芝加哥当局抓捕氰化物袭击者（Dr. Chaos/Konopka）	•			•	
	蒙大拿民兵部队（Project 7, Burgert）	•			•	
	图书馆大楼（西海岸客机袭击阴谋）	•		•		
	新纳粹分子于纳什维尔被捕（Smith）	•			•	
	霍尔木兹海峡袭击阴谋（白宫给出的案例）		•	•		
2001	巴达特鞋弹爆炸未遂	•		•		
	理查德・里德鞋弹爆炸未遂	•		•		
	加利福尼亚州清真寺袭击阴谋（Rubin and Krugel）	•			•	

年份	事件	国内	国外	伊斯兰激进分子	国内极端分子	其他
	新加坡袭击阴谋（Operation Jibril）		•	•		
	老鹰基地袭击阴谋（波黑）		•	•		
	马尼拉大使馆		•	•		
	阿尔–马里任务（白宫给出的案例）	•		•		
	巴黎大使馆袭击阴谋（Beghal）		•	•		
	新德里大使馆袭击阴谋		•	•		
	阴谋袭击热那亚八国集团峰会及小布什总统		•	•		
	阴谋袭击沙特的美方设施		•	•		
	阴谋袭击美国驻萨纳、也门大使馆		•	•		
	针对美国在印尼的船只的自杀式袭击		•	•		
	袭击者取消对美驻意大利大使馆袭击计		•	•		
	阴谋袭击美国在马来西亚的船只（马来西亚团伙策划）		•	•		
2000	雅加达大使馆汽车炸弹袭击阴谋		•	•		
	休斯敦联邦大楼袭击阴谋（McCool）	•			•	
	袭击美国在马来西亚船只阴谋		•	•		
	袭击美国海军“苏利文”号未遂		•	•		
1999	洛杉矶机场，千禧年阴谋（Ahmed Ressam）	•		•		
	约旦“基地”组织分支解散		•	•		
	佛罗里达州民兵首领被捕（Beauregard）	•			•	
	加州丙烷储存设施袭击阴谋	•			•	
	威胁对法官使用蓖麻毒素（Gluck）	•			•	
	阿拉斯加输油管道袭击阴谋（Reumayr）	•				•
	科罗拉多清真寺袭击阴谋（Modig）	•			•	
	雅利安族炸弹袭击阴谋（Kelly）	•			•	
	驻印度大使馆、领事馆袭击阴谋		•	•		
1998	东海岸客机劫机阴谋解救“盲人酋长”	•		•		
	挫败驻乌干达大使馆爆炸案		•	•		
	华盛顿炸弹袭击威胁（Bazarte）	•			•	
	得克萨斯共和国民兵逮捕（Grebe,Wise）	•			•	
	阿尔巴尼亚大使馆爆炸计划		•	•		
	威胁发动化学攻击（Maltz）	•				•
	密歇根民兵被捕（Carter）	•			•	
	白人至上主义者被捕（McGiffen）	•			•	
1997	纽约市地铁袭击阴谋（Mezer, Khalil）	•		•		
	得克萨斯州胡德堡，攻击策划（Bradley Glover）	•			•	
	佛罗里达装甲车袭击计划（Orns）	•			•	

年份	事件	国内	国外	伊斯兰激进分子	国内极端分子	其他
	得克萨斯州装甲车袭击阴谋（Operation SourGas）	•			•	
	密歇根州卡拉马祖抓捕行动（Blasz）	•			•	
	两起针对美国大使馆的袭击受挫		•	•		
1996	菲尼亚神父在俄勒冈州被逮捕	•			•	
	登山民兵阴谋受挫（Looker）	•			•	
	亚利桑那州民兵被捕（Viper Team）	•			•	
	华盛顿州民兵被捕（Pitner）	•			•	
	佐治亚州民兵被捕（Starr, McCranie）	•			•	
	“基地”组织取消新加坡袭击阴谋		•	•		
1995	里诺国税局大楼爆炸案未遂（Bailie）	•			•	
	俄克拉荷马州民兵领袖被捕（Lampley）	•			•	
	反政府极端分子被捕（Polk）	•			•	
	波金卡计划（马尼拉）		•	•		
	针对美国驻巴基斯坦外交官的阴谋		•	•		
1994	明尼苏达蓖麻毒素袭击阴谋（明尼苏达美侨理事会）	•			•	
1993	光头党阴谋被破坏（Fisher and Boese）	•			•	
	纽约“恐怖日阴谋”	•		•		
	布什总统在科威特时的袭击阴谋		•	•		
1992	亚丁酒店，美军下榻处爆炸案		•	•		
1991	袭击美国驻雅加达大使官邸		•			•
	马尼拉文化中心未遂爆炸案		•			•
	美国驻津巴布韦大使馆袭击阴谋		•			•
1988	日本赤军恐怖分子被捕（Kikumura）	•				•
1987	叙利亚恐怖分子试图入境	•		•		
	佛蒙特州民兵首领被捕（F. Glenn Miller Jr.）	•			•	
	总计	143	84	162	58	7

注：此表是对之前发表的“未遂阴谋”一文进行了更新。

致　谢

任职海军情报官员期间，我开始思考情报失误与突袭这两个主题。当时，我最主要的想法是避免工作失误，以免发生另一起“珍珠港事件”，同时力争像“中途岛战役”中的情报前辈们那样，获得胜利。后来的工作效果虽瑕瑜参半，但总体来说也算中规中矩。退役后，在塔夫茨大学弗莱彻学院（Fletcher School of Tufts University）攻读硕士期间，我终于有时间系统性地思考这个问题：为什么美国情报界在预防突袭和其他灾难性事件方面屡屡失败?

感谢我的论文导师理查德·舒尔茨（Richard Shultz）让我将研究聚焦于这个方面，促成了本书的问世。感谢论文答辩委员威廉·马特尔（William Martel）和安东尼·欧廷格（Anthony Oettinger）的大力支持和建议。同时，我也要感谢学校吉恩图书馆（Ginn Library）、国际安全研究项目的工作人员，以及贝丝·埃亨（Beth Ahern）、娜塔莎·巴杰玛（Natasha Bajema）、艾玛·贝尔彻（Emma Belcher）、詹妮弗·伯克特－皮克（Jenifer Burckett-Picker）、贝丝·查莱基（Beth Chalecki）、乔希·格莱斯（Josh Gleis）、纳塔莉·莱德勒－凯兰德（Nathalie Laidler-Kylander）、妮可拉·米诺特（Nicola Minott）、安娜·赛琳尼（Anna Seleney）和洛伦佐·维迪诺（Lorenzo Vidino）。

在本书构思之初，弗兰克·斯特奇（Frank Stech）、吉姆·菲茨西蒙兹（Jim FitzSimonds）、理查兹·豪尔（Richards Heuer）、阿特·胡尔尼克（Art Hulnick）、汤姆·马肯（Tom Mahnken）、吉姆·米勒（Jim Miller）、弗雷德·帕克（Fred Parker）和鲍勃·维克斯（Bob Vickers）这些人士曾向我提出许多宝贵的建议和指导，其中，弗兰克·斯特奇首先建议我将“珍珠港事件”中的情报失误与“中途岛战役”中的情报制胜做一个对比研究。

在哈佛大学约翰·肯尼迪政府学院贝尔福科学与国际事务中心期间，我得到了国际安全项目主任史蒂夫·米勒（Steve Miller）、办公室同事艾瑞克·切诺维思（Erica Chenoweth）、恰克·科根（Chuck Cogan）、苏珊·林奇（Susan Lynch）和麦加·曾科（Micah Zenko）的大力支持。

美国海军研究所（US Naval Institute）的詹尼斯·约根森（Janis Jorgensen）、玛丽·里普利（Mary Ripley）和保罗·斯蒂尔韦尔（Paul Stillwell）帮我找到口述历史，对珍珠港和中途岛章节提供了大量帮助。海军历史中心（Naval Historical Center）和海军部图书馆（Navy Department Library）的琳达·爱德华兹（Linda Edwards）和格伦·赫尔姆（Glen Helm）提供了之前涉密的密码学研究的宝贵资料。在华盛顿我得到了史蒂文·埃默森（Steven Emerson）和恐怖主义调查项目（The Investigative Project on Terrorism）的鼎力支持，使我能够运用“恐怖日阴谋”审判及其他恐怖主义案例的材料开展研究，尤其感谢瑞安·埃文斯（Ryan Evans）和洛伦佐·维迪诺（Lorenzo Vidino）的大力帮助。

自从 2008 年来到海军研究生学院（Naval Postgraduate School）以来，我得到了许多同事和朋友的支持，感谢维多利亚·克莱门特（Victoria Clement）、穆罕默德·哈菲兹（Mohammed Hafez）、玛亚·贾斯科斯基（Maiah Jaskoski）、杰夫·克诺夫（Jeff Knopf）、桑迪·莱维特（Sandi

Leavitt）、克雷·莫尔茨（Clay Moltz）、布莱恩·波林斯（Brian Pollins）、玛丽亚·拉斯穆森（Maria Rasmussen）和阿图罗·索托马约尔（Arturo Sotomayor）的批评和建议。加里·阿克曼（Gary Ackerman）、丹·马布雷（Dan Mabrey）和阿萨夫·莫加丹（Assaf Moghadam）以及我在国土防卫与安全中心（Center for Homeland Defense and Security）的教学同事帕特·米勒（Pat Miller）和鲍勃·西梅拉（Bob Simeral）同样提供了许多宝贵的建议。詹姆斯·沃尔什（James I. Walsh）和吉姆·沃茨（Jim Wirtz）阅读了本书的几章，并提出了许多有价值的建议。

乔治城大学出版社的编辑唐·雅各布斯（Don Jacobs）全程给予了我大力支持，并提出了许多重要的实质性意见和建议。那些匿名评审者对于本书的评论也尤为珍贵。本书第八章的早期版本发表于《冲突与恐怖主义研究》（*Studies in Conflict and Terrorism*），书中观点仅代表本人，不代表美国政府或海军研究生学院。

最后，我要感谢我的妻子克里斯塔（Christa），多年以来在这个项目上和其他诸多方面所给予我的支持。同时，谨以本书纪念我的母亲玛格丽特·达尔（Margaret Dahl）和父亲佩尔·达尔（Per Dahl）。

参考文献

9/11 Commission. *The 9/11 Commission Report: Final Report of the National Commission on Terrorism Attacks upon the United States*, authorized ed. New York: W. W. Norton, 2004.

———. *9/11 Commission Staff Statement Number 3: The Aviation Security System and the 9/11 Attacks*. Washington, DC, 2004.

———. *9/11 Commission Staff Statement Number 5: Diplomacy*. Washington, DC: 9/11 Commission, 2004.

———. *9/11 Commission Staff Statement Number 6: The Military*. Washington, DC: 9/11 Commission, 2004.

———. *9/11 Commission Staff Statement Number 7: Intelligence Policy*. Washington, DC: 9/11 Commission, 2004.

———. *9/11 Commission Staff Statement Number 8: National Policy Coordination*. Washington, DC: 9/11 Commission, 2004.

———. *9/11 Commission Staff Statement Number 10: Threats and Responses in 2001*. Washington, DC: 9/11 Commission, 2004.

———. *9/11 Commission Staff Statement Number 11: The Performance of the Intelligence Community*. Washington, DC: 9/11 Commission, 2004.

———. *9/11 Commission Staff Statement Number 15: Overview of the Enemy*. Washington, DC: 9/11 Commission, 2004.

———. *Memorandum for the Record* of staff interview with NYPD Detective Louis Napoli, September 4, 2003. www.archives.gov/research/9-11/commission-memoranda.html.

———. *National Commission on Terrorist Attacks upon the United States Monograph on Four Flights and Civil Aviation Security*. Washington, DC: 9/11 Commission, 2004.

Ackerman, Gary A., and Sundara Vadlamudi. "The Case of Ramzi Yousef." In *Countering Terrorism and Insurgency in the 21st Century, International Perspectives*, vol. 3, *Lessons from the Fight against Terrorism*, edited by James J. F. Forest. Westport, CT: Praeger, 2007.

Aid, Matthew M. "All Glory Is Fleeting: Sigint and the Fight against International Terrorism." *Intelligence and National Security* 18, no. 4 (Winter 2003): 72–120.

———. *The Secret Sentry: The Untold History of the National Security Agency*. New York: Bloomsbury Press, 2009.

Allen, Charles E. "DHS Under Secretary for Intelligence and Analysis Charles E. Allen Address to the Washington Institute for Near East Policy." May 6, 2008. www.dhs.gov/xnews/speeches/sp_1210107524856.shtm.

———. "Intelligence: Cult, Craft, or Business?" Incidental Paper, Seminar on Intelligence, Command, and Control, Harvard University Program on Information Resources Policy, July 2001.

———. "Warning and Iraq's Invasion of Kuwait: A Retrospective Look." *Defense Intelligence Journal* 7, no. 2 (Fall 1998): 33–44.

Allen, Thomas B. "Midway: The Story That Never Ends." *US Naval Institute Proceedings*, June 2007, 62–67.

Allison, Graham. "How It Went Down." *Time*, May 7, 2012. www.time.com/time/magazine/article/0,9171,2113156,00.html.

"America Needs More Spies." *The Economist*, July 10, 2003.

Andrew, Christopher. *For the President's Eyes Only: Secret Intelligence and the American Presidency from Washington to Bush*. New York: HarperCollins, 1995.

Anonymous [Michael Scheuer]. *Through Our Enemies' Eyes: Osama Bin Laden, Radical Islam, and the Future of America*. Washington, DC: Brassey's, 2002.

Arad, Uzi. "Intelligence Management as Risk Management: The Case of Surprise Attack." In *Managing Strategic Surprise: Lessons from Risk Management and Risk Assessment*, edited by Paul Bracken, Ian Bremmer, and David Gordon. New York: Cambridge University Press, 2008.

Armstrong, Willis C., William Leonhart, William J. McCaffrey, and Herbert C. Rothenberg. "The Hazards of Single-Outcome Forecasting." In *Inside CIA's Private World: Declassified Articles from the Agency's Internal Journal*, edited by H. Bradford Westerfield, 238–254. New Haven, CT: Yale University Press, 1995.

At the Interface: The WWII Recollections of Donald M. Showers. DVD produced by Shoestring Educational Productions, Inc., 2007.

Baker, Al, and William K. Rashbaum. "3 Held Overseas in Plan to Bomb New York Target." *New York Times*, July 8, 2006.

Bamford, James. *A Pretext for War: 9/11, Iraq, and the Abuse of America's Intelligence Agencies, with a New Afterward*. New York: Anchor Books, 2005.

Bansemer, John D. "Intelligence Reform: A Question of Balance." Paper for Harvard Program on Information Resources Policy, October 2005.

Barger, Deborah G. "It Is Time to Transform, Not Reform, US Intelligence." *SAIS Review* 24, no. 1 (Winter–Spring 2004): 23–31.

Bar-Joseph, Uri. "Methodological Magic." *Intelligence and National Security* 3, no. 4 (October 1988): 134–55.

Bar-Joseph, Uri, and Jack S. Levy. "Conscious Action and Intelligence Failure." *Political Science Quarterly* 124, no. 3 (2009): 461–88.

Bazerman, Max H., and Michael D. Watkins. "Airline Security, the Failure of 9/11, and Predictable Surprises." *International Public Management Journal* 8, no. 3 (2005): 365–77.

———. *Predictable Surprises: The Disasters You Should Have Seen Coming, and How to Prevent Them*. Boston: Harvard Business School Press, 2004.

Beach, Edward L. *Scapegoats: A Defense of Kimmel and Short at Pearl Harbor*. Annapolis, MD: Naval Institute Press, 1995.

Benjamin, Daniel, and Steven Simon. *The Age of Sacred Terror*. New York: Random House, 2002.

———. "A Failure of Intelligence?" *New York Review of Books*, December 20, 2001.

———. *The Next Attack: The Failure of the War on Terror and a Strategy for Getting It Right*. New York: Times Books, 2005.

Benson, Robert Louis. *A History of US Communications Intelligence during World War II: Policy and Administration (CCH-S54–97–01)*. US Cryptologic History, series IV: World War II, vol. 8. Washington, DC: Center for Cryptologic History, National Security Agency, 1997.

Bergen, Peter L. "The Bin Laden Trial: What Did We Learn?" *Studies in Conflict and Terrorism* 24, no. 6 (November 2001): 429–34.

———. *Holy War, Inc.: Inside the Secret World of Osama Bin Laden*, updated ed. New York: Touchstone, 2002.

———. *The Osama Bin Laden I Know: An Oral History of Al-Qaeda's Leader*. New York: Free Press, 2006.

Berger, Eric. "New Orleans Faces Doomsday Scenario." *Houston Chronicle*, December 1, 2001.

Berkowitz, Bruce. "Spying in the Post–September 11 World." *Hoover Digest* 2003, no. 4. www.hoover.org/publications/hoover-digest/article/6728.

Bernstein, Richard. "FBI Has Kept 2 in Bomb Trial under Surveillance since 1989." *York Times*, February 8, 1995.

Berntsen, Gary. *Jawbreaker: The Attack on Bin Laden and Al-Qaeda: A Personal Account by the CIA's Key Field Commander*. New York: Crown, 2005.

Best, Richard A., Jr. "Proposals for Intelligence Reorganization, 1949–2004." CRS Report for Congress, September 24, 2004.

Betts, Richard K. "Analysis, War, and Decision: Why Intelligence Failures Are Inevitable." *World Politics* 31, no. 1 (October 1978): 61–89.

———. *Enemies of Intelligence: Knowledge and Power in American National Security*. New York: Columbia University Press, 2007.

———. "Fixing Intelligence." *Foreign Affairs*, January–February 2002.

———. "How to Think about Terrorism." *Wilson Quarterly*, Winter 2006, 44–49.

———. *Surprise Attack: Lessons for Defense Planning*. Washington, DC: Brookings Institution Press, 1982.

———. "Surprise, Scholasticism, and Strategy: A Review of Ariel Levite's Intelligence and Strategic Surprises." *International Studies Quarterly* 33, no. 3 (September 1989): 329–43.

Betts, Richard K., and Thomas G. Mahnken, eds. *Paradoxes of Strategic Intelligence: Essays in Honor of Michael I. Handel*. London: Frank Cass, 2003.

Beutel, Alejandro J. "Data on Post-9/11 Terrorism in the United States." Muslim Public Affairs Council Policy, January 2012.

Biard, Forrest R. "Breaking of Japanese Naval Codes: Pre-Pearl Harbor to Midway." *Cryptologia* 30, no. 2 (April 2006): 151–58.

Bischof, Gunter, Stefan Karner, and Peter Ruggenthaler, eds. *The Prague Spring and the Warsaw Pact Invasion of Czechoslovakia in 1968*. Lanham, MD: Lexington Books, 2010.

Bjelopera, Jerome P. *American Jihadist Terrorism: Combating a Complex Threat*. Washington, DC: Congressional Research Service, 2011.

Blair, Dennis C. "Statement for the Record before the Senate Homeland Security and Governmental Affairs Committee." January 20, 2010.

Blumenthal, Ralph. "Clues Hinting at Terror Ring Were Ignored, Officials Say." *New York Times*, August 27, 1993.

———. "The Informer: Tangled Ties and Tales of F.B.I. Messenger." *New York Times*, January 9, 1994.

———. "Tapes in Bombing Plot Show Informer and FBI at Odds." *New York Times*, October 27, 1993.

Bobbitt, Philip. "Why We Listen." *New York Times*, January 30, 2006.

"Bombing Suspect Provided 'Actionable Intelligence,' White House Says." CNN.com, January 5, 2010.

Bonner, Raymond. "Public Face of Terror Suspect: Low-Key Family Man." *New York Times*, September 27, 1998.

Bonner, Raymond, and James Risen. "Nairobi Embassy Received Warning of Coming Attack." *New York Times*, October 23, 1998.

Borch, Fred L. "Comparing Pearl Harbor and '9/11': Intelligence Failure? American Unpreparedness? Military Responsibility?" *Journal of Military History* 67, no. 3 (July 2003): 845–60.

Bracken, Paul. "How to Build a Warning System." In *Managing Strategic Surprise: Lessons from Risk Management and Risk Assessment*, edited by Paul Bracken, Ian Bremmer, and David Gordon. Cambridge: Cambridge University Press, 2008.

Bracken, Paul, Ian Bremmer, and David Gordon, eds. *Managing Strategic Surprise: Lessons from Risk Management and Risk Assessment.* Cambridge: Cambridge University Press, 2008.

Brady, Christopher. "Intelligence Failures: Plus Ça Change . . ." *Intelligence and National Security* 8, no. 4 (October 1993): 86–96.

Brody, Richard. "The Limits of Warning." *Washington Quarterly* 6, no. 3 (Summer 1983): 40–48.

Buckley, Cara, and William K. Rashbaum. "4 Accused of Plot to Blow Up Facilities at Kennedy Airport." *New York Times*, June 3, 2007.

Budiansky, Stephen. *Battle of Wits: The Complete Story of Codebreaking in World War II*. New York: Touchstone, 2000.

———. "Closing the Book on Pearl Harbor." *Cryptologia* 24, no. 2 (April 2000): 119–30.

———. "Too Late for Pearl Harbor." *US Naval Institute Proceedings*, December 1999, 47–51.

———. "What's the Use of Cryptologic History?" *Intelligence and National Security* 25 no. 6 (December 2010): 772–73.

Bumiller, Elisabeth. *Condoleezza Rice: An American Life: A Biography*. New York: Random House, 2007.

Burns, John F. "America the Vulnerable Meets a Ruthless Enemy." *New York Times*, September 12, 2001.

Bush, George W. *State of the Union Address*, January 23, 2007. Transcript, *New York Times*, January 24, 2007. www.nytimes.com/2007/01/23/washington/23bush-transcript.html.

Byman, Daniel. "Strategic Surprise and the September 11 Attacks." *Annual Review of Political Science* 8, no. 1 (2005): 145–70.

Calhoun, Ricky-Dale. "The Musketeer's Cloak: Strategic Deception during the Suez Crisis of 1956." *Studies in Intelligence* 51, no. 2 (2007): 47–58.

Camarota, Steven A. *The Open Door: How Militant Islamic Terrorists Entered and Remained in the United States*. CIS Paper 21. Washington, DC: Center for Immigration Studies, 2002.

Canavan, Michael A. "Testimony before the 9/11 Commission." Washington, DC, May 23, 2003. http://govinfo.library.unt.edu/911/archive/hearing2/index.htm.

Carafano, James Jay, Steve Bucci, and Jessica Zuckerman. "Fifty Terror Plots Foiled since 9/11: The Homegrown Threat and the Long War on Terrorism." *Heritage Foundation Backgrounder* 2682, April 2012.

Carlson, Elliot. *Joe Rochefort's War: The Odyssey of the Codebreaker Who Outwitted Yamamoto at Midway.* Annapolis, MD: Naval Institute Press, 2011.

Center for Terrorism and Intelligence Studies. "The Jericho Option: Al-Qa'ida and Attacks on Critical Infrastructure." Report UCRL-SR-224072, June 8, 2006. https://e-reports-ext.llnl.gov/pdf/337776.pdf.

Central Intelligence Agency. *Annual Report on Intelligence Community Activities.* January, 1997. Available at the CIA's Freedom of Information Act website, www.foia.cia.gov.

———. "CIA Statement on 'Legacy of Ashes.'" August 6, 2007. https://www.cia.gov/news-information/press-releases-statements/press-release-archive-2007/legacy-of-ashes.html.

———. "The CIA and Strategic Warning: The 1968 Soviet-Led Invasion of Czechoslovakia." N.d. http://www.foia.cia.gov/sites/default/files/document_conversions/19/2009-09-01.pdf

———. *DCI Report: The Rise of UBL and Al-Qa'ida and the Intelligence Community Response.* Draft, Director's Review Group, March 19, 2004. www.gwu.edu/~nsarchiv/NSAEBB/NSAEBB381/.

———. *DCI Task Force Report: Improving Intelligence Warning.* May 29, 1992. www.gwu.edu/~nsarchiv/NSAEBB/NSAEBB381/.

———. *Detainee Reporting Pivotal for the War against Al-Qa'ida.* June 3, 2005.

———. "Khalid Shaykh Muhammad: Preeminent Source on Al-Qa'ida." July 13, 2004.

———. "Military Developments in the Soviet-Czech Confrontation." Intelligence Memorandum, August 2, 1968.

———. "Office of National Estimates: Memorandum for the Director—The Czechoslovak Crisis." July 17, 1968.

———. *OIG Report on CIA Accountability with Respect to the 9/11 Attacks (Unclassified Version Released August 2007).* Washington, DC: CIA Office of the Inspector General, 2005.

———. *Usama Bin Laden: Islamic Extremist Financier.* 1996. Report released by the US Department of State, August 1996. http://www2.gwu.edu/~nsarchiv/NSAEBB/NSAEBB55/ciaubl.pdf.

Cetron, Marvin J., and Peter S. Probst. *Terror 2000: The Future Face of Terrorism.* Washington, DC: US Department of Defense, 1994. The study was not officially published, but it is available on the Department of Defense Freedom of Information Act website, http://www.dod.mil/pubs/foi/International_security_affairs/terrorism/951.pdf

Chan, Steve. "The Intelligence of Stupidity: Understanding Failures in Strategic Warning." *American Political Science Review* 73, no. 1 (March 1979): 171–80.

Church, George J. "The Terror Within." *Time*, July 5, 1993.

Clarke, Lee. *Worst Cases: Terror and Catastrophe in the Popular Imagination.* Chicago: University of Chicago Press, 2006.

Clarke, Richard A. *Against All Enemies: Inside America's War on Terror*, paperback ed. New York: Free Press, 2004.

———. "Testimony before the Joint Congressional Inquiry." Washington, DC, June 11, 2002. www.fas.org/irp/congress/2002_hr/061102clarke.pdf.

Cloud, David S. "Can a Tire Repairman in Texas Be the Key to Solving Terror Plot?" *Wall Street Journal*, October 29, 1998.

Cody, Edward. "Europe's Antiterrorism Agencies Favor Human Intelligence over Technology." *Washington Post*, May 12, 2010.

Cohen, Eliot A. "The 'No Fault' View of Intelligence." In *Intelligence Requirements for the 1990s: Collection, Analysis, Counterintelligence, and Covert Action*, edited by Roy Godson. Lexington, MA: Lexington Books, 1989.

Cohen, Eliot A., and John Gooch. *Military Misfortunes: The Anatomy of Failure in War*. New York: Vintage Books, 1991.

Cohen, William S. "Preparing for a Grave New World." *Washington Post*, July 26, 1999.

Coll, Steve. *Ghost Wars: The Secret History of the CIA, Afghanistan, and Bin Laden, from the Soviet Invasion to September 10, 2001*. New York: Penguin, 2004.

Connorton, John V. *National Security Agency Special Research History (SRH) 012, the Role of Radio Intelligence in the American—Japanese Naval War (August, 1941–June, 1942), Vol. I*. Washington, DC: National Security Agency, 1942.

Constable, Pamela. "In Bin Laden's Lair, Small Talk and a Warning." *Washington Post*, July 8, 2001.

Coox, Alvin D. "Repulsing the Pearl Harbor Revisionists: The State of Present Literature on the Debacle." In *Pearl Harbor Reexamined: Prologue to the Pacific War*, edited by Hilary Conroy and Harry Wray. Honolulu: University of Hawaii Press, 1990.

Copeland, Thomas E. "Intelligence Failure Theory." In *The International Studies Encyclopedia*, edited by Robert A. Denemark. Oxford: Blackwell 2010.

———. "Surprise, Intelligence Failure, and Mass Casualty Terrorism." PhD diss., Graduate School of Public and International Affairs, University of Pittsburgh, 2006.

Costello, John E. "MacArthur, Magic, Black Jumbos and the Dogs That Didn't Bark: New Intelligence on the Pearl Harbor Attack." In *In the Name of Intelligence: Essays in Honor of Walter Pforzheimer*, edited by Hayden B. Peake and Samuel Halpern. Washington, DC: NIBC Press, 1994.

Crocker, Chester A. "Reflections on Strategic Surprise." In *The Impenetrable Fog of War: Reflections on Modern Warfare and Strategic Surprise*, edited by Patrick M. Cronin. Westport, CT: Praeger, 2008.

Cronin, Patrick M., ed. *The Impenetrable Fog of War: Reflections on Modern Warfare and Strategic Surprise.* Westport, CT: Praeger, 2008.

Dahl, Erik J. "Intelligence and Terrorism." In *The International Studies Encyclopedia*, edited by Robert A. Denemark. Oxford: Blackwell 2010.

———. "The Plots That Failed: Intelligence Lessons Learned from Unsuccessful Terrorist Attacks against the United States." *Studies in Conflict and Terrorism* 34, no. 8 (August 2011): 621–48.

Daniel, Lisa. "Panetta: Intelligence Community Needs to Predict Uprisings." American Forces Press Service, February 11, 2011.

Davis, Jack. "Improving CIA Analytic Performance: Analysts and the Policymaking Process." *Sherman Kent Center for Intelligence Analysis Occasional Papers* 1, no. 2 (September 2002).

———. "Paul Wolfowitz on Intelligence-Policy Relations." *Studies in Intelligence* 39, no. 5 (1996).

———. "Strategic Warning: Intelligence Support in a World of Uncertainty and Surprise." In *Handbook of Intelligence Studies*, edited by Loch K. Johnson. London: Routledge, 2007.

Defalco, Ralph Lee III. "Blind to the Sun: US Intelligence Failures before the War with Japan." *International Journal of Intelligence and CounterIntelligence* 16, no. 1 (Spring 2003): 95–107.

Derksen, Kevin Michael. "Commentary: The Logistics of Actionable Intelligence Leading to 9/11." *Studies in Conflict and Terrorism* 28, no. 3 (May–June 2005): 253–68.

DeYoung, Karen, and Walter Pincus. "Success against Al-Qaeda Cited." *Washington Post*, September 30, 2009.

Diamond, John. *The CIA and the Culture of Failure: US Intelligence from the End of the Cold War to the Invasion of Iraq*. Stanford, CA: Stanford University Press, 2008.

Diehl, Jackson. "Obama Administration Ignored Clear Warnings on Egypt." *Washington Post*, February 9, 2011.

Difo, Germain. "Ordinary Measures, Extraordinary Results: An Assessment of Foiled Plots since 9/11." American Security Project Report, May 2010.

Director of Central Intelligence. "Intelligence Warning of the Tet Offensive in South Vietnam (Interim Report)." April 1968.

———. "The Performance of the Intelligence Community before the Arab-Israeli War of October 1973: A Preliminary Post-Mortem Report." December 1973. A redacted version of this report was made public in 2009, and the most useful version is available from the National Security Archive, www.gwu.edu/~nsarchiv/NSAEBB/NSAEBB276/doc04.pdf.

———. "The Soviet Invasion of Afghanistan: Implications for Warning." Interagency Intelligence Memorandum, October 1980. www.cia.gov/library/center-for-the-study-of-intelligence/csi-publications/books-and-monographs/index.html.

———. "Special National Intelligence Estimate Number 30–3-56: Nasser and the Middle East Situation." July 31, 1956. www.foia.cia.gov/docs/DOC_0000011513/DOC_0000011513.pdf.

Drea, Edward J. *In the Service of the Emperor: Essays on the Imperial Japanese Army*. Lincoln: University of Nebraska Press, 1998.

Dwyer, Jim. *Two Seconds under the World: Terror Comes to America—The Conspiracy behind the World Trade Center Bombing*. New York: Crown, 1994.

Dyer, Thomas H. *Oral History of Captain Thomas H. Dyer*. Annapolis, MD: US Naval Institute Press, 1986.

Elder, Gregory. "Intelligence in War: It Can Be Decisive." *Studies in Intelligence* 50, no. 2 (2006).

Eldridge, Thomas R. *9/11 and Terrorist Travel: Staff Report of the National Commission on Terrorist Attacks upon the United States*. Washington, DC: National Commission on Terrorist Attacks upon the United States, 2004.

Elphick, Peter. *Far Eastern File: The Intelligence War in the Far East, 1930–1945*. London: Hodder and Stoughton, 1997.

Emerson, Steven. *American Jihad: The Terrorists Living among Us*, paperback ed. New York: Free Press, 2003.

Emmerson, John K. "Principles versus Realities: US Prewar Foreign Policy toward Japan." In *Pearl Harbor Reexamined: Prologue to the Pacific War*, edited by Hilary Conroy and Harry Wray5. Honolulu: University of Hawaii Press, 1990.

Fainaru, Steve. "Clues Pointed to Changing Terrorist Tactics." *Washington Post*, May 19, 2002.

Falke, Brian. "What Went Wrong at Midway." *US Naval Institute Proceedings*, June 2002, 64.

Falkenrath, Richard A. "The 9/11 Commission Report: A Review Essay." *International Security* 29, no. 3 (Winter 2004–5): 170–90.

Federal Bureau of Investigation. *Terrorism in the United States 1982–1992*. Washington, DC: Federal Bureau of Investigation, 1993.

Fenner, Lorry M., Mark E. Stout, and Jessica L. Goldings, eds. *Ten Years Later: Insights on al-Qaeda's Past & Future through Captured Records*. Washington, DC: National Defense University, 2012.

Feuer, Alan. "Witness in Bombing Case Describes Scouting Mission by 3 Men Near Embassy." *New York Times*, February 22, 2001.

Finnegan, John P. "The Evolution of US Army HUMINT: Intelligence Operations in the Korean War." *Studies in Intelligence* 55, no. 2 (June 2011). Orig. pub. in classified form in 2000.

Fischhoff, B. "Hindsight Does Not Equal Foresight: The Effect of Outcome Knowledge on Judgment under Uncertainty." *Journal of Experimental Psychology: Human Perception and Performance* 1 (1975): 288–99.

Flemming, Peter A., Edward Mickolus, and Todd Sandler. "Research Note: Using the ITERATE and DOTS Databases." *Journal of Strategic Security* 1, no. 1 (November 2008): 57–76.

Ford, Douglas. "'The Best-Equipped Army in Asia'? US Military Intelligence and the Imperial Japanese Army before the Pacific War, 1919–1941." *International Journal of Intelligence and CounterIntelligence* 21, no. 1 (2008): 86–121.

Ford, Harold P. *CIA and the Vietnam Policymakers: Three Episodes 1962–1968*. CIA Center for the Study of Intelligence, 1998. https://www.cia.gov/library/center-for-the-study-of-intelligence/csi-publications/books-and-monographs/cia-and-the-vietnam-policymakers-three-episodes-1962–1968/index.html.

———. *Estimative Intelligence: The Purposes and Problems of National Intelligence Estimating*, rev. ed. Lanham, MD: University Press of America, 1993.

Fort, Brian. "Midway Is Our Trafalgar." *US Naval Institute Proceedings* 132, no. 6 (June 2006): 62–66.

Freshwater, J. L. [pseudonym]. "Policy and Intelligence: The Arab-Israeli War." *Studies in Intelligence* 13, no. 1 (Winter 1969): 1–8.

Fried, Joseph B. "Sheik Sentenced to Life in Prison." *New York Times*, January 18, 1996.

———. "'Stalled' Cars Were to Destroy Tunnels, Tapes Indicate." *New York Times*, June 18, 1995.

Friedman, William F. *Special Research History (SRH) 125, Certain Aspects of "Magic" in the Cryptological Background of the Various Official Investigations into the Pearl Harbor Attack*. Washington, DC: National Security Agency, 1956.

Fuchida, Mitsuo, and Masatake Okumiya. *Midway: The Battle That Doomed Japan*. Annapolis, MD: Naval Institute Press, 1955.

Fukuyama, Francis, ed. *Blindside: How to Anticipate Forcing Events and Wild Cards in Global Politics*. Washington, DC: Brookings Institution Press, 2007.

Gardiner, L. Keith. "Dealing with Intelligence-Policy Disconnects." In *Inside CIA's Private World: Declassified Articles from the Agency's Internal Journal, 1955–1992*, edited by H. Bradford Westerfield. New Haven, CT: Yale University Press, 1995.

Gartenstein-Ross, Daveed, Joshua D. Goodman, and Laura Grossman. *Terrorism in the West 2008: A Guide to Terrorism Events and Landmark Cases.* Washington: FDD Press, 2009.

Garvey, Jane F. "Statement to the 9/11 Commission." Washington, DC, January 27, 2004. http://govinfo.library.unt.edu/911/hearings/hearing7/witness_garvey.htm.

Gates, Robert M. "Statement of the Director of Central Intelligence before the Senate Armed Services Committee." Washington, DC, January 22, 1992. Available at www.foia.cia.gov.

Gellman, Barton. "Broad Effort Launched after '98 Attacks." *Washington Post,* December 19, 2001.

———. "US Was Foiled Multiple Times in Efforts to Capture Bin Laden or Have Him Killed." *Washington Post,* October 3, 2001.

George, Alexander L., and Andrew Bennett. *Case Studies and Theory Development in the Social Sciences.* Cambridge, MA: MIT Press, 2005.

Georgetown University Institute for the Study of Diplomacy. "The Soviet Invasion of Afghanistan in 1979: Failure of Intelligence or of the Policy Process?" Working Group Report 111, September 26, 2005.

Gerecht, Reuel Marc. *Not Worth a Blue Ribbon.* Washington, DC: American Enterprise Institute, 2004.

Gertz, Bill. *Breakdown: How America's Intelligence Failures Led to September 11.* Washington, DC: Regnery, 2002.

Ginor, Isabella, and Gideon Remez. "Too Little, Too Late: The CIA and US Counteraction of the Soviet Initiative in the Six-Day War, 1967." *Intelligence and National Security* 26, nos. 2–3 (April–June 2011): 291–312.

Gish, Donald M. "A Cryptologic Analysis." *International Journal of Intelligence and CounterIntelligence* 6, no. 3 (Fall 1993): 363–88.

Gladwell, Malcolm. "Connecting the Dots: The Paradoxes of Intelligence Reform." *New Yorker,* March 10, 2003. Available at www.newyorker.com.

Gleis, Joshua L. "Connecting the Dots: Osama Bin Laden and Al-Qaeda Involvement in Terrorism Prior to 9/11." *Praeger Security International Online,* November 30, 2006.

Goldberg, Robert Alan. "Who Profited from the Crime? Intelligence Failure, Conspiracy Theories and the Case of September 11." *Intelligence and National Security* 19, no. 2 (Summer 2004): 249–61.

Gompert, David C. "Reaction to the *Washington Post* Series." Director of National Intelligence press release, July 19, 2010. http://www.dni.gov/files/documents/Newsroom/Press%20Releases/2010%20Press%20Releases/20100719_release.pdf.

Goo, Sara Kehaulani. "List of Foiled Plots Puzzling to Some." *Washington Post,* October 23, 2005.

Goodman, Melvin A. "America Is Safer since 9/11." *Christian Science Monitor,* September 18, 2006.

Grabo, Cynthia M. "Strategic Warning: The Problem of Timing." *Studies in Intelligence* 16, no. 2 (Spring 1972): 79–92.

Graham, Bob. *Intelligence Matters: The CIA, the FBI, Saudi Arabia, and the Failure of America's War on Terror.* New York: Random House, 2004.

Graham, Bradley. "Pentagon Crash Scenario Was Rejected for Military Exercise." *Washington Post,* April 24, 2004.

Gunaratna, Rohan. "Combating the Al-Qaida Associated Groups." In *How States Fight Terrorism: Policy Dynamics in the West,* edited by Doron Zimmerman and Andreas Wenger. Boulder, CO: Lynne Rienner, 2007.

———. *Inside Al-Qaeda: Global Network of Terror*, 3rd ed. New York: Berkley Books, 2003.

Gutman, Roy. "Examining Closely Why an Important Story Is Not Widely Told." *Nieman Reports* 61, no. 1 (Spring 2007). www.nieman.harvard.edu/reports/07-1NRspring/p31-0701-gutman.html.

Haass, Richard N. "Supporting US Foreign Policy in the Post-9/11 World." *Studies in Intelligence* 46, no. 3 (2002).

Haddick, Robert. "Strategic Error: When the Big Picture Misses the Point." ForeignPolicy.com, August 24, 2012. www.foreignpolicy.com/articles/2012/08/24/strategic_error.

Hamm, Mark S. *Terrorism as Crime: From Oklahoma City to Al-Qaeda and Beyond*. New York: New York University Press, 2007.

Handel, Michael I. "Avoiding Political and Technological Surprise in the 1980s." In *Intelligence Requirements for the 1980s: Analysis and Estimates*, edited by Roy Godson. New Brunswick, NJ: Transaction Books, 1980.

———. "Intelligence and Military Operations." In *Intelligence and Military Operations*, edited by Michael I. Handel. London: Frank Cass, 1990.

———. "Intelligence and the Problem of Strategic Surprise." *Journal of Strategic Studies* 7, no. 3 (September 1984).

———. "Perception, Deception and Surprise: The Case of the Yom Kippur War." In *International Violence: Terrorism, Surprise and Control*, edited by Yair Evron. Jerusalem: Hebrew University of Jerusalem Press, 1979.

———. "Strategic Surprise: The Politics of Intelligence and the Management of Uncertainty." In *Intelligence: Policy and Process*, edited by A. C. Maurer, M. D. Tunstall, and J. M. Keagle. Boulder, CO: Westview Press, 1985.

———. "The Yom Kippur War and the Inevitability of Surprise." *International Studies Quarterly* 21, no. 3 (September 1977): 461–502.

Hanley, Robert. "Suspected Terrorist Convicted in Bomb Case." *New York Times*, November 30, 1988.

Hanson, Victor Davis. *Carnage and Culture: Landmark Battles in the Rise of Western Power*. New York: Doubleday, 2001.

Hanyok, Robert J. "'Catching the Fox Unaware': Japanese Radio Denial and Deception and the Attack on Pearl Harbor." *Naval War College Review* 61, no. 4 (Autumn 2008): 99–124.

———. "The Pearl Harbor Warning That Never Was." *Naval History* 23, No. 2 (April 2009).

Hanyok, Robert J., and David P. Mowry. *West Wind Clear: Cryptology and the Winds Message Controversy—A Documentary History*. US Cryptologic History, series IV: World War II, vol. X. Washington, DC: National Security Agency Center for Cryptologic History, 2008.

Hastedt, Glenn P. "Organizational Foundations of Intelligence Failures." In *Intelligence: Policy and Process*, edited by Alfred C. Maurer, Marion D. Tunstall, and James M. Keagle. Boulder, CO: Westview Press, 1985.

Hathaway, Robert M., and Russell Jack Smith. *Richard Helms as Director of Central Intelligence 1966–1973*. Washington, DC: Central Intelligence Agency Center for the Study of Intelligence, 1993 (orig. classified "Secret").

Hayden, Michael V. "Prepared Remarks at the Council on Foreign Relations." New York, September 7, 2007. https://www.cia.gov/news-information/speeches-testimony/2007/general-haydens-remarks-at-the-council-on-foreign-relations.html.

———. "Statement for the Record by Lieutenant General Michael V. Hayden, USAF, Director, National Security Agency, before the Joint Congressional Inquiry." Washington, DC, October 17, 2002. www.fas.org/irp/congress/2002_hr/101702hayden.html.

Hedley, John Hollister. "Learning from Intelligence Failures." *International Journal of Intelligence and CounterIntelligence* 18, no. 3 (October 2005): 435–50.

Heinl, Robert D. *Marines at Midway*. Washington, DC: Historical Section, Division of Public Information, Headquarters, United States Marine Corps, 1948.

Heinrichs, Waldo. "The Russian Factor in Japanese–American Relations, 1941." In *Pearl Harbor Reexamined: Prologue to the Pacific War*, edited by Hilary Conroy and Harry Wray. Honolulu: University of Hawaii Press, 1990.

———. *Threshold of War: Franklin D. Roosevelt and American Entry into World War II*. New York: Oxford University Press, 1989.

Hempstone, Smith. "Embassies at Risk." *The National Interest*, September 22, 1998.

Heuer, Richards J., Jr. "Limits of Intelligence Analysis." *Orbis* 49, no. 1 (2005): 75–94.

———. *Psychology of Intelligence Analysis*. Washington, DC: CIA Center for the Study of Intelligence, 1999.

Hewitt, Christopher. *Political Violence and Terrorism in Modern America: A Chronology*. Westport, CT: Praeger, 2005.

Higgins, Andrew, and Christopher Cooper. "A CIA-Backed Team Used Brutal Means to Crack Terror Cell." *Wall Street Journal*, November 20, 2001.

Hill, Eleanor. "Joint Inquiry Staff Statement, Part I." Washington, DC, September 18, 2002.

———. "Joint Inquiry Staff Statement, Hearing on the Intelligence Community's Response to Past Terrorist Attacks against the United States from February 1993 to September 2001." Washington, DC, October 8, 2002.

———. "Joint Inquiry Staff Statement, the FBI's Handling of the Phoenix Electronic Communication and Investigation of Zacaria Moussaoui Prior to September 11, 2001 (as Supplemented October 17, 2002)." Washington, DC, September 24, 2002.

Hilsman, Roger, Jr. "Intelligence and Policy-Making in Foreign Affairs." *World Politics* 5, no. 1 (October 1952): 1–45.

Hoffman, Bruce. "Intelligence and Terrorism: Emerging Threats and New Security Challenges in the Post–Cold War Era." *Intelligence and National Security* 11, no. 2 (April 1996): 207–23.

Holmes, W. J. *Double-Edged Secrets: US Naval Intelligence Operations in the Pacific during World War II*. Annapolis, MD: Naval Institute Press, 1979.

Homeland Security Institute. *Underlying Reasons for Success and Failure of Terrorist Attacks: Selected Case Studies*. Final Report, June 4, 2007.

Honig, Or Arthur. "A New Direction for Theory-Building in Intelligence Studies." *International Journal of Intelligence and CounterIntelligence* 20, no. 4 (December 2007): 699–716.

———. "Surprise Attacks: Are They Inevitable? Moving beyond the Orthodox-Revisionist Dichotomy." *Security Studies* 17, no. 1 (2008): 72–106.

Horn, Steve. *The Second Attack on Pearl Harbor: Operation K and Other Japanese Attempts to Bomb America in World War II*. Annapolis, MD: Naval Institute Press, 2005.

Hudson, Rex A. *The Sociology and Psychology of Terrorism: Who Becomes a Terrorist and Why?* Washington, DC: Federal Research Division, Library of Congress, 1999.

Hulnick, Arthur S. *Keeping Us Safe: Secret Intelligence and Homeland Security*. Westport, CT: Praeger, 2004.

Hybel, Alex Roberto. *The Logic of Surprise in International Conflict*. Lexington, MA: Lexington Books, 1986.

Irons, Larry. "Hurricane Katrina as a Predictable Surprise." *Homeland Security Affairs* 1, no. 2 (Fall 2005). www.hsaj.org/?fullarticle=1.2.7.

Isikoff, Michael, and Michael Hirsh. "What Went Wrong." *Newsweek*, May 27, 2002.

Isikoff, Michael, and Daniel Klaidman. "The Hijackers We Let Escape." *Newsweek*, June 10, 2002.

Isom, Dallas Woodbury. "The Battle of Midway: Why the Japanese Lost." *Naval War College Review* 53 (Summer 2000): 60–100.

———. *Midway Inquest: Why the Japanese Lost the Battle of Midway*. Bloomington: Indiana University Press, 2007.

Jackson, Brian A. *Breaching the Fortress Wall: Understanding Terrorist Efforts to Overcome Defensive Technologies*. Santa Monica, CA: RAND Corporation, 2007.

Jackson, Brian A., and David R. Frelinger. *Understanding Why Terrorist Operations Succeed or Fail*. Santa Monica: RAND Corporation, 2009.

Jacobs, Janice L. "Written Statement of Janice L. Jacobs, Assistant Secretary of State for Consular Affairs, Department of State, before the Senate Homeland Security and Governmental Affairs Committee." July 13, 2011.

Jacobson, Michael. "Terrorist Dropouts: Learning from Those Who Have Left." *Policy Focus* (Washington Institute for Near East Policy) 101, January 2010.

———. "They Trained, They Plotted, Then They Bailed." *Washington Post*, March 23, 2008.

Jacobsen, Philip H. "Foreknowledge of Pearl Harbor? No! The Story of the US Navy's Efforts on JN-25B." *Cryptologia* 27, no. 3 (July 2003): 193–205.

———. "Pearl Harbor: Who Deceived Whom?" *Naval History*, December 2003.

———. "Radio Silence and Radio Deception: Secrecy Insurance for the Pearl Harbor Strike Force." *Intelligence and National Security* 19, no. 4 (Winter 2004): 695–718.

Janis, Irving Lester. *Groupthink: Psychological Studies of Policy Decisions and Fiascoes*, 2nd ed. Boston: Houghton Mifflin, 1982.

Jenkins, Brian M. "Intelligence and Homeland Security." In *Transatlantic Homeland Security: Protecting Society in the Age of Catastrophic Terrorism*, edited by Anja Dalgaard-Nielsen and Daniel S. Hamilton. London: Routledge, 2006.

———. "Lessons for Intelligence." *Vanguard* (Canada), March 1, 2006. www.rand.org/commentary/030106VC.html.

———. "Prepared Statement for the 9/11 Commission." Washington, DC, March 31, 2003. http://govinfo.library.unt.edu/911/hearings/hearing1/witness_jenkins.htm.

———. "The Terrorist Threat to Commercial Aviation." RAND Corporation, Santa Monica, CA, March 1989.

———. *Unconquerable Nation: Knowing Our Enemy, Strengthening Ourselves*. Santa Monica, CA: RAND Corporation, 2006.

Jensen, Mark A. "Intelligence Failures: What Are They Really and What Do We Do about Them?" *Intelligence and National Security* 27, no. 2 (April 2012): 261–82.

Jervis, Robert. "The Politics and Psychology of Intelligence and Intelligence Reform." *The Forum* 4, no. 1 (2006). www.bepress.com/forum/vol4/iss1/art1.

———. "Reports, Politics, and Intelligence Failures: The Case of Iraq." *Journal of Strategic Studies* 29, no. 1 (February 2006): 3–52.

———. "Response to James Lebovic's Review of *Why Intelligence Fails: Lessons from the Iranian Revolution and the Iraq War*." *Perspective on Politics* 8, no. 4 (December 2010): 1169–70.

———. "What's Wrong with the Intelligence Process?" *International Journal of Intelligence and CounterIntelligence* 1, no. 1 (Spring 1986): 28–41.

———. "Why Intelligence and Policymakers Clash." *Political Science Quarterly* 125, no. 2 (Summer 2010): 185–204.

Johnson, Loch K. "Analysis for a New Age." *Intelligence and National Security* 11, no. 4 (October 1996): 657–71.

———. "Feature Review: An Elephant Rolling a Pea." *Diplomatic History* 30, no. 2 (2006): 327–33.

———. "A Shock Theory of Congressional Accountability for Intelligence." In *Handbook of Intelligence Studies*, edited by Loch K. Johnson. London: Routledge, 2007.

Johnson, Thomas R. *American Cryptology during the Cold War, 1945–1989, Book I: The Struggle for Centralization, 1945–1960.* US Cryptologic History, Series VI: The NSA Period. Washington, DC: National Security Agency Center for Cryptologic History, 1995.

———. *American Cryptology during the Cold War, 1945–1989, Book II: Centralization Wins, 1960–1972.* US Cryptologic History, Series VI: The NSA Period. Washington, DC: National Security Agency Center for Cryptologic History, 1995.

———. *American Cryptology during the Cold War, 1945–1989, Book III: Retrenchment and Reform, 1972–1980.* US Cryptologic History, Series VI: The NSA Period. Washington, DC: National Security Agency Center for Cryptologic History, 1995.

———. "American Cryptology during the Korean War: Opening the Door a Crack." *Studies in Intelligence* 45 no. 3 (2001).

Johnston, David. "Lack of Pre-9/11 Sources to be Cited as Intelligence Failure." *New York Times*, June 11, 2003.

Jones, R. V. "Intelligence and Command." In *Leaders and Intelligence*, edited by Michael I. Handel. London: Frank Cass, 1989.

Kahn, David. *The Codebreakers: The Story of Secret Writing*. Revised ed. New York: Scribner, 1996.

———. "The Intelligence Failure at Pearl Harbor." *Foreign Affairs* (Winter 1991–92): 138–52.

———. "Pearl Harbor and the Inadequacy of Cryptanalysis." In *Selections from Cryptologia: History, People, and Technology*, edited by Cipher A. Deavours, David Kahn, Louis Kruh, Greg Mellen, and Brian J. Winkel. Boston: Artech House, 1998.

———. "Roosevelt, Magic, and Ultra." In *Selections from Cryptologia: History, People, and Technology*, edited by Cipher A. Deavours et al. Boston: Artech House, 1998.

———. "The United States Views of Germany and Japan in 1941." In *Knowing One's Enemies: Intelligence Assessment before the Two World Wars*, edited by Ernest R. May. Princeton: Princeton University Press, 1984.

Kam, Ephraim. *Surprise Attack: The Victim's Perspective*, with a new preface. Cambridge, MA: Harvard University Press, 2004.

Kaplan, David E. "On Terrorism's Trail: How the FBI Unraveled the Africa Embassy Bombings." *US News & World Report*, November 23, 1998.

Karaball, Zachary, and Philip D. Zelikow. "Iraq, 1988–1990: Unexpectedly Heading toward War." In *Dealing with Dictators: Dilemmas of US Diplomacy and Intelligence Analysis, 1945–1990*, edited by Ernest R. May and Philip D. Zelikow. Cambridge, MA: MIT Press, 2006.

Katz, Samuel M. *Relentless Pursuit: The DSS and the Manhunt for the Al-Qaeda Terrorists*. New York: Forge, 2002.

Katzman, Kenneth. *Terrorism: Near Eastern Groups and State Sponsors, 2001*. Washington, DC: Congressional Research Service, 2001.

Keegan, John. *Intelligence in War: Knowledge of the Enemy from Napoleon to Al-Qaeda*, 1st American ed. New York: Alfred A. Knopf, 2003.

Kent, Sherman. *Strategic Intelligence for American World Policy*. Princeton, NJ: Princeton University Press, 1949.

Kernan, Alvin. *The Unknown Battle of Midway: The Destruction of the American Torpedo Squadrons*. New Haven, CT: Yale University Press, 2005.

Kerr, Richard J. "The Track Record: CIA Analysis from 1950 to 2000." In *Analyzing Intelligence: Origins, Obstacles, and Innovations*, edited by Roger Z. George and James B. Bruce. Washington, DC: Georgetown University Press, 2008.

Kessler, Glenn. "File the Bin Laden Phone Leak under 'Urban Myths.'" *Washington Post*, December 22, 2005.

Kifner, John. "US Fury on 2 Continents." *New York Times*, August 21, 1998.

Kirkpatrick, Lyman B., Jr. *Captains without Eyes: Intelligence Failures in World War II*. London: Macmillan, 1969.

Knorr, Klaus. "Failures in National Intelligence Estimates: The Case of the Cuban Missiles." *World Politics* 16, no. 3 (April 1964): 455–67.

Kovach, Gretel C. "Five Convicted in Terrorism Financing Trial." *New York Times*, November 25, 2008.

Krikorian, Greg. "Plot Posed a Real, Immediate Threat, Experts Say." *Los Angeles Times*, December 15, 2007.

Krugman, Paul. "A Can't-Do Government." *New York Times*, September 2, 2005.

Kuhns, Woodrow J. "Intelligence Failures: Forecasting and the Lessons of Epistemology." In *Paradoxes of Strategic Intelligence: Essays in Honor of Michael I. Handel*, edited by Richard K. Betts and Thomas G. Mahnken. London: Frank Cass, 2003.

Kurzman, Charles. *Muslim-American Terrorism in the Decade since 9/11*. Durham, NC: Triangle Center on Terrorism and Homeland Security, 2012.

Lance, Peter. *1000 Years for Revenge: International Terrorism and the FBI—the Untold Story*. New York: Regan Books, 2003.

Larew, Karl G. "December 7, 1941: The Day No One Bombed Panama." *The Historian* 66, no. 2 (June 2004): 278–300.

Laurie, Clayton. "The Korean War and the Central Intelligence Agency." N.d. http://www.foia.cia.gov/sites/default/files/document_conversions/44/2010-05-01.pdf.

Layton, Edwin T. *Oral History of Rear Admiral Edwin T. Layton*. Annapolis, MD: US Naval Institute Press, 1975.

———. *Oral History of Rear Admiral Edwin T. Layton*, conducted by E. B. Potter. Annapolis, MD: US Naval Institute Press, 1970.

Layton, Edwin T., Roger Pineau, and John Costello. *"And I Was There": Pearl Harbor and Midway—Breaking the Secrets*. New York: William Morrow, 1985.

Leary, William M., ed. *The Central Intelligence Agency, History and Documents.* Tuscaloosa: University of Alabama Press, 1984.

Levite, Ariel. *Intelligence and Strategic Surprises.* New York: Columbia University Press, 1987.

———. "*Intelligence and Strategic Surprises* Revisited: A Response to Richard K. Betts's 'Surprise, Scholasticism, and Strategy.'" *International Studies Quarterly* 33, no. 3 (September 1989): 345–49.

Levy, Jack S. "Qualitative Methods and Cross-Method Dialogue in Political Science." *Comparative Political Studies* 40, no. 2 (February 2007): 196–214.

Lewin, Ronald. *The American Magic: Codes, Ciphers and the Defeat of Japan.* New York: Farrar, Straus & Giroux, 1982.

Lichtblau, Eric. "State Dept. Says It Warned about bin Laden in 1996." *New York Times,* August 17, 2005.

Lieberman, Joseph I., and Susan M. Collins. "We Could Have Stopped the Terror at Fort Hood." *Washington Post,* February 6, 2011.

Linder, Bruce R. "Lost Letter of Midway." *US Naval Institute Proceedings,* August, 1999.

Liptak, Adam. "Suspected Leader of 9/11 Attacks Is Said to Confess." *New York Times,* March 15, 2007.

Lipton, Eric, Eric Schmitt, and Mark Mazzetti. "Review of Jet Bomb Plot Shows More Missed Clues." *New York Times,* January 18, 2010.

Lord, Walter. *Incredible Victory.* New York: Harper & Row, 1967.

Love, Julia. "Alleged Al-Qaeda Operatives Indicted in New York Plot." *Los Angeles Times,* July 8, 2010.

Lowenthal, Mark M. "The Burdensome Concept of Failure." In *Intelligence: Policy and Process,* edited by Alfred C. Maurer, Marion D. Tunstall, and James M. Keagle. Boulder, CO: Westview Press, 1985.

Lundstrom, John B. *Black Shoe Carrier Admiral: Frank Jack Fletcher at Coral Sea, Midway, and Guadalcanal.* Annapolis, MD: Naval Institute Press, 2006.

———. "A Failure of Radio Intelligence: An Episode in the Battle of the Coral Sea." *Cryptologia* 7, no. 2 (April 1983): 97–118.

MacEachin, Douglas J. *Predicting the Soviet Invasion of Afghanistan: The Intelligence Community's Record.* Washington, DC: CIA Center for the Study of Intelligence, 2002.

MacFarquhar, Neil. "In Bombing Trial, a Deluge of Details." *New York Times,* March 19, 1995.

Macgregor, Douglas. "Remember the Blitzkrieg Before It's Too Late." *Washington Times,* May 10, 2010.

Mahle, Melissa Boyle. *Denial and Deception: An Insider's View of the CIA from Iran-Contra to 9/11.* New York: Nation Books, 2004.

Mahnken, Thomas G. "Gazing at the Sun: The Office of Naval Intelligence and Japanese Naval Innovation, 1918–1941." *Intelligence and National Security* 11, no. 3 (July 1996): 424–41.

———. *Uncovering Ways of War: US Intelligence and Foreign Military Innovation, 1918–1941.* Ithaca, NY: Cornell University Press, 2002.

Markle Foundation. *Nation at Risk: Policy Makers Need Better Information to Protect the Country.* Report of Task Force on National Security in the Information Age. New York: Markle Foundation, 2009.

Marks, Edward. "Terrorism in Context: From Tactical to Strategic." *Mediterranean Quarterly* 17, no. 4 (Fall 2006): 46–59.

Marrin, Stephen. "Evaluating the Quality of Intelligence Analysis: By What (Mis)Measure?" *Intelligence and National Security* 27, no. 6 (December 2012): 896–912.

———. "Preventing Intelligence Failures by Learning from the Past." *International Journal of Intelligence and CounterIntelligence* 17, no. 4 (December 2004): 658–59.

Marzulli, John. "Zazi, Al-Qaeda Pals Planned Rush-Hour Attack on Grand Central, Times Square Subway Stations." *New York Daily News*, April 12, 2010.

Matthew B. Ridgway Center for International Security Studies, University of Pittsburgh. "Anatomy of a Terrorist Attack: An In-Depth Investigation into the 1998 Bombings of the US Embassies in Kenya and Tanzania." Working paper, 2005.

May, Ernest R. *Strange Victory: Hitler's Conquest of France.* New York: Hill and Wang, 2000.

Mayer, Jane. "Junior: The Clandestine Life of America's Top Al-Qaeda Source." *New Yorker*, September 11, 2006.

Mazzetti, Mark, and Eric Lipton. "Spy Agencies Failed to Collate Clues on Terror." *New York Times*, December 31, 2009.

McCarthy, Andrew C. "Testimony before the US Senate Judiciary Committee, Subcommittee on Terrorism, Technology, and Homeland Security." Washington, DC, April 20, 2005.

———. *Willful Blindness: A Memoir of the Jihad*. New York: Encounter Books, 2008.

McCarthy, Mary. "The National Warning System: Striving for an Elusive Goal." *Defense Intelligence Journal* 3 (Spring 1994): 5–19.

McCollum, Arthur H. *Oral History of Rear Admiral Arthur H. McCollum*. Annapolis, MD: US Naval Institute Press, 1973.

McConnell, Michael. "Remarks by the Director of National Intelligence." Project on National Security Reform Conference, Washington, DC, July 26, 2007.

McCreary, John. *NightWatch*, January 8, 2010.

McFadden, Robert D. "For Jurors, Evidence in Kahane Case Was Riddled with Gaps." *New York Times*, December 23, 1991.

McKinley, James C., Jr. "In-Laws Say Bomb Suspect Led Quiet Life." *New York Times*, August 26, 1998.

———. "Key Witness in Bomb-Plot Trial Admits Lying about His Exploits." *New York Times*, March 8, 1995.

———. "Lawyer Forces Bomb-Trial Witness to Admit Trail of Lies." *New York Times*, March 23, 1995.

———. "Many Faces of Witness in Terror Trial." *The New York Times*, March 6, 1995.

———. "Security Flaws Left Embassy in Nairobi Open to Attack." *New York Times*, September 9, 1998.

———. "Trade Center Defendants Plotted to Bomb 12 Jewish Targets, Informer Says." *New York Times*, March 14, 1995.

———. "Trial Details the Selecting of Bomb Targets." *New York Times*, March 17, 1995.

———. "Witness in Bombing Plot Once Failed Lie-Detector Tests." *New York Times*, March 3, 1995.

McManis, David Y. "Technology, Intelligence, and Command." Incidental paper, Seminar on Intelligence, Command, and Control, Program on Information Resources Policy, Center for Information Policy Research, February 1993. http://pirp.harvard.edu/pubs_pdf/mcmanis/mcmanis-i93-1.pdf.

Memorandum for the Director of Central Intelligence, "Post-Mortem on Czech Crisis." November 22, 1968. http://www.foia.cia.gov/sites/default/files/document_conversions/19/1968-10-11.pdf.

Miller, John, Michael Stone, and Chris Mitchell. *The Cell: Inside the 9/11 Plot, and Why the FBI and CIA Failed to Stop It*. New York: Hyperion, 2002.

Miller, Judith. "A Bullet Dodged." *New York Post*, September 26, 2009.

———. "Planning for Terror but Failing to Act." *New York Times*, December 30, 2001.

Mintz, John. "15 Freighters Believed to Be Linked to Al-Qaeda." *Washington Post*, December 31, 2002.

Mitchell, Alison. "Official Recalls Delay in Using Informer." *New York Times*, July 16, 1993.

MITRE Corporation. *Rare Events*. JASON Study JSR-09–108, October 2009.

Mobley, Richard A. "North Korea's Surprise Attack: Weak US Analysis?" *International Journal of Intelligence and CounterIntelligence* 13, no. 4 (December 2000): 490–514.

Morison, Samuel Eliot. *Coral Sea, Midway and Submarine Actions May 1942–August 1942*. History of US Naval Operations in World War II, vol. IV. Boston: Little, Brown, 1962.

———. *The Two-Ocean War: A Short History of the United States Navy in the Second World War*. Annapolis, MD: US Naval Institute Press, 1963.

Morris, Daniel R. "Surprise and Terrorism: A Conceptual Framework." *Journal of Strategic Studies* 32, no. 1 (February 2009): 1–27.

Mullen, Mike. "Why Midway Matters." *Naval History* 21, no. 3 (June 2007).

Mulrine, Anna. "CIA Chief Leon Panetta: The Next Pearl Harbor Could Be a Cyberattack." *Christian Science Monitor*, June 9, 2011.

Naftali, Timothy. *Blind Spot: The Secret History of American Counterterrorism*. New York: Basic Books, 2005.

National Commission on Terrorism [Bremer Commission]. *Countering the Changing Threat of International Terrorism*. Washington, DC: US Government Printing Office, 2000.

National Counterterrorism Center. *2009 Report on Terrorism*. Washington, DC: National Counterterrorism Center, 2010.

National Intelligence Estimate. "National Intelligence Estimate 2/1: "Chinese Communist Intervention in Korea," November 24, 1950. www.foia.cia.gov/KoreanWar.asp.

National Security Agency. *SRMN-005: File of Memoranda and Reports Relating to the Battle of Midway*. Washington, DC: National Security Agency, n.d.

———. *Special Research History (SRH) 147, Communications Intelligence Summaries, 1 November–6 December 1941, Commandant, 14th Naval District, United States Navy*. Washington, DC: National Security Agency, n.d.

———. *Special Research History (SRH) 152, Historical Review of OP-20-G*. Washington, DC: National Security Agency, 1944.

———. *Special Research History (SRH) 406, Pre-Pearl Harbor Japanese Naval Dispatches*. Washington, DC: National Security Agency, n.d.

New America Foundation. "Homegrown Terrorism Cases, 2001–2011." Available at http://homegrown.newamerica.net/.

Nolan, Janne E., and Douglas J. MacEachin. *Discourse, Dissent, and Strategic Surprise: Formulating US Security Policy in an Age of Uncertainty*. Washington, DC: Georgetown University Institute for the Study of Diplomacy, 2006.

Nye, Joseph S., Jr. "Peering into the Future." *Foreign Affairs*, July–August 1994.

Office of the Director of National Intelligence. *Vision 2015.* Washington, DC: Office of the Director of National Intelligence, 2008.

Ovodenko, Alexander. "(Mis)interpreting Threats: A Case Study of the Korean War." *Security Studies* 16, no. 2 (April–June 2007): 254–86.

———. "Visions of the Enemy from the Field and from Abroad: Revisiting CIA and Military Expectations of the Tet Offensive." *Journal of Strategic Studies* 34, no. 1 (February 2011): 119–44.

Pantucci, Raffaello. "Manchester, New York and Oslo: Three Centrally Directed Al-Qa'ida Plots." *CTC Sentinel* (West Point Combating Terrorism Center), August 2010.

Parker, Charles F., and Eric K. Stern. "Bolt from the Blue or Avoidable Failure? Revisiting September 11 and the Origins of Strategic Surprise." *Foreign Policy Analysis* 1, no. 3 (November 2005): 301–31.

Parker, Frederick D. "How OP-20-G Got Rid of Joe Rochefort." *Cryptologia* 24, no. 3 (July 2000): 212–34.

———. *Pearl Harbor Revisited: United States Navy Communications Intelligence, 1924–1941 (H-E32–94–01).* US Cryptologic History, series IV: World War II, vol. 6. Fort George G. Meade, MD: Center for Cryptologic History, National Security Agency, 1994.

———. *A Priceless Advantage: US Navy Communications Intelligence and the Battles of Coral Sea, Midway, and the Aleutians, CH-E32–93–01.* US Cryptologic History, Series IV, World War II, Volume 5. Fort George G. Meade, MD: Center for Cryptologic History, National Security Agency, 1993.

———. "The Unsolved Messages of Pearl Harbor." *Cryptologia* 15, no. 4 (October 1991): 295–313.

Parshall, Jonathan B., and Anthony P. Tully. *Shattered Sword : The Untold Story of the Battle of Midway.* Washington, DC: Potomac Books, 2005.

Patton, Thomas J. "A Personal Perspective: Commentary on 'Two Strategic Intelligence Mistakes in Korea, 1950.'" *Studies in Intelligence* 46, no. 3 (2002).

Pellerin, Cheryl. "DIA Five-Year Plan Updates Strategic Warning Mission." American Forces Press Service, July 18, 2012, www.defense.gov/news/newsarticle.aspx?id=117160.

Pincus, Walter. "Judge Discusses Details of Work on Secret Court." *Washington Post,* June 26, 2007.

———. "Mueller Outlines Origin, Funding of Sept. 11 Plot." *Washington Post,* June 6, 2002.

Pillar, Paul R. "Adapting Intelligence to Changing Issues." In *Handbook of Intelligence Studies,* edited by Loch K. Johnson. London: Routledge, 2007.

———. "Good Literature and Bad History: The 9/11 Commission's Tale of Strategic Intelligence." *Intelligence and National Security* 21, no. 6 (December 2006): 1022–44.

———. "Great Expectations: Intelligence as Savior." *Harvard International Review,* Winter 2006, 16–21.

———. *Intelligence and US Foreign Policy: Iraq, 9/11, and Misguided Reform.* New York: Columbia University Press, 2011.

———. "Predictive Intelligence: Policy Support or Spectator Sport?" *SAIS Review* 28, no. 1 (Winter–Spring 2008): 25–35.

———. *Terrorism and US Foreign Policy.* Washington, DC: Brookings Institution Press, 2003.

Pluchinsky, Dennis A. "A Typology and Anatomy of Terrorist Operations." In *The McGraw-Hill Homeland Security Handbook*, edited by David G. Kamien. New York: McGraw-Hill, 2006.

Porch, Douglas, and James J. Wirtz. "The Battle of Midway." *Strategic Insight*, June 2002.

———. "Surprise and Intelligence Failure." *Strategic Insight*, September 2002.

Posner, Richard A. *Preventing Surprise Attacks: Intelligence Reform in the Wake of 9/11*. Lanham, MD: Rowman & Littlefield, 2005.

Post, Jerrold M. "The New Face of Terrorism: Socio-Cultural Foundations of Contemporary Terrorism." *Behavioral Sciences and the Law* 23 (2005): 451–65.

Potter, E. B. "Admiral Nimitz and the Battle of Midway." *US Naval Institute Proceedings*, July 1976, 60–68.

———. *Nimitz*. Annapolis, MD: Naval Institute Press, 1976.

Powers, Thomas. "The Secret Intelligence Wars." *New York Review of Books*, September 26, 2002.

———. "The Trouble with the CIA." *New York Review of Books*, January 17, 2002.

Prados, John. *Combined Fleet Decoded: The Secret History of American Intelligence and the Japanese Navy in World War II*. New York: Random House, 1995.

Prange, Gordon W., Donald M. Goldstein, and Katherine V. Dillon. *At Dawn We Slept: The Untold Story of Pearl Harbor*. New York: McGraw-Hill, 1981.

———. *Miracle at Midway*. New York: Penguin Books, 1982.

———. *Pearl Harbor: The Verdict of History*. New York: McGraw-Hill, 1986.

Presidential Decision Directive 39. "US Policy on Counterterrorism," June 21, 1995. The directive was classified, but a redacted version is at www2.gwu.edu/~nsarchiv/NSAEBB/NSAEBB55/pdd39.pdf.

"Project Megiddo." *Terrorism and Political Violence* 14, no. 1 (Spring 2002): 27–52.

Quinn-Judge, Paul, and Charles M. Sennott. "Figure Cited in Terrorism Case Said to Enter US with CIA Help." *Boston Globe*, February 3, 1995.

Ranstorp, Magnus. "Introduction: Mapping Terrorism Research." In *Mapping Terrorism Research: State of the Art, Gaps and Future Directions*, edited by Magnus Ranstorp. London: Routledge 2007.

Rashbaum, William K., and Al Baker. "How Using Imam in Terror Inquiry Backfired on Police." *New York Times*, September 13, 2009.

Rashbaum, William K., and Kareem Fahim. "Informer's Role in Bombing Plot." *New York Times*, May 23, 2009.

Reeve, Simon. *The New Jackals: Ramzi Yousef, Osama Bin Laden and the Future of Terrorism*. Boston: Northeastern University Press, 2002.

Report of the Accountability Review Boards on the Embassy Bombings in Nairobi and Dar Es Salaam on August 7, 1998 [Crowe Commission Report]. Washington, DC: US Government Printing Office, 1999.

Report of the Secretary of State's Advisory Panel on Overseas Security [Inman Report]. Washington, DC: US Government Printing Office, 1985.

Ridgway, Matthew B., and Harold H. Martin. *Soldier: The Memoirs of Matthew B. Ridgway, as Told to Harold H. Martin*. New York: Harper, 1956.

Rimington, Stella. "'Humint' Begins at Home." *Wall Street Journal*, January 3, 2005.

Ripley, Amanda. "The Fort Dix Conspiracy." *Time*, December 6, 2007.

Risen, James. "CIA Said to Reject Bomb Suspect's Bid to Be Spy." *New York Times*, October 31, 1998.

Risen, James, and Benjamin Weiser. "Before Bombings, Omens and Fears." *New York Times*, January 9, 1999.

Robarge, David S. "Getting It Right: CIA Analysis of the 1967 Arab-Israeli War." *Studies in Intelligence* 49, no. 1 (2005).

Rochefort, Joseph J. *Oral History of Captain Joseph J. Rochefort*. From a Series of Interviews in 1969 with Commander Etta-Belle Kitchen. Annapolis, MD: US Naval Institute Press, 1983.

Rose, P. K. "Two Strategic Intelligence Mistakes in Korea, 1950." *Studies in Intelligence*, Fall–Winter 2001.

Rovner, Joshua. "Why Intelligence Isn't to Blame for 9/11." *Audit of the Conventional Wisdom* (MIT Center for International Studies) 5, no. 13 (November 2005).

Rovner, Joshua, and Austin Long. "The Perils of Shallow Theory: Intelligence Reform and the 9/11 Commission." *International Journal of Intelligence and CounterIntelligence* 18, no. 4 (Winter 2005–6): 609–37.

Rovner, Joshua, Austin Long, and Amy B. Zegart. "Correspondence: How Intelligent Is Intelligence Reform?" *International Security* 30, no. 4 (Spring 2006): 196–208.

Russell, Richard L. "CIA's Strategic Intelligence in Iraq." *Political Science Quarterly* 117, no. 2 (Summer 2002): 191–207.

———. *Sharpening Strategic Intelligence: Why the CIA Gets It Wrong, and What Needs to Be Done to Get It Right*. New York: Cambridge University Press, 2007.

Safford, Laurance F. *National Security Agency Special Research History (SRH) 149: A Brief History of Communications Intelligence in the United States*. Washington, DC: National Security Agency, 1952. www.fas.org/irp/nsa/safford.pdf.

Sagan, Scott D. "From Deterrence to Coercion to War: The Road to Pearl Harbor." In *The Limits to Coercive Diplomacy*, 2nd ed., edited by Alexander L. George and William E. Simons. Boulder, CO: Westview Press, 1994.

Sandia National Laboratories. "Osama Bin Laden: A Case Study." 1999. www.gwu.edu/~nsarchiv/NSAEBB/NSAEBB343/osama_bin_laden_file04.pdf.

Sanger, David E., and Thom Shanker. "Gates Says US Lacks a Policy to Thwart Iran." *New York Times*, April 18, 2010.

Schmidt, Susan, and Douglas Farah. "Al-Qaeda's New Leaders." *Washington Post*, October 29, 2002.

Schmitt, Gary J. "Truth to Power? Rethinking Intelligence Analysis." In *The Future of American Intelligence*, edited by Peter Berkowitz. Stanford, CA: Hoover Institution, 2005.

Schorreck, Henry F. *National Security Agency Special Research History (SRH) 230, Battle of Midway, 4–7 June 1942: The Role of COMINT in the Battle of Midway* [Orig. pub. in Cryptologic Spectrum, National Security Agency, 1975]. Washington, DC: National Security Agency, n.d.

Schwartz, Peter. *Inevitable Surprises: Thinking Ahead in a Time of Turbulence*. New York: Gotham Books, 2003.

Schwartz, Peter, and Doug Randall. "Ahead of the Curve: Anticipating Strategic Surprise." In *Blindside: How to Anticipate Forcing Events and Wild Cards in Global Politics*, edited by Francis Fukuyama. Washington, DC: Brookings Institution Press, 2007.

Shafer, Jack. "Don't Blame the *Washington Times*." *Slate*, December 21, 2005.

Shalev, Aryeh. *Israel's Intelligence Assessment before the Yom Kippur War: Disentangling Deception and Distraction*. Brighton: Sussex Academic Press, 2010.

Shane, Scott, and Eric Schmitt. "Qaeda Plot to Attack Plane Foiled, US Officials Say." *New York Times*, May 8, 2012.

Shellum, Brian. "A Chronology of Defense Intelligence in the Gulf War: A Research Aid for Analysts." Defense Intelligence Agency History Office, July 1997. www.gwu.edu/~nsarchiv/NSAEBB/NSAEBB39/document16.pdf.

Shulsky, Abram N., and Gary J. Schmitt. *Silent Warfare: Understanding the World of Intelligence*, 3rd ed. Washington, DC: Brassey's, 2002.

Shultz, Richard H., Jr. "Showstoppers." *Weekly Standard*, January 26, 2004.

Shultz, Richard H., Jr., and Ruth Margolies Beitler. "Tactical Deception and Strategic Surprise in Al-Qaida Operations." *Middle East Review of International Affairs* 8, no. 2 (June 2004). http://meria.idc.ac.il/journal/2004/issue2/jv8na6.html.

Shultz, Richard H., Jr., and Andreas Vogt. "It's War! Fighting Post-11 September Global Terrorism through a Doctrine of Preemption." *Terrorism and Political Violence* 15, no. 1 (March 2003): 1–30.

Smith, Brent L., Kelly R. Damphousse, and Paxton Roberts. "Pre-Incident Indicators of Terrorist Incidents: The Identification of Behavioral, Geographic, and Temporal Patterns of Preparatory Conduct." University of Arkansas, 2006.

Smith, Craig S. "North Africa Feared as Staging Ground for Terror." *New York Times*, February 20, 2007.

Solberg, Carl. *Decision and Dissent: With Halsey at Leyte Gulf.* Annapolis, MD: Naval Institute Press, 1995.

Southern Poverty Law Center. "The Second Wave: Return of the Militias." August 2009.

Spector, Ronald H. *Eagle against the Sun: The American War with Japan*. New York: Vintage Books, 1985.

Stein, Janice Gross. " 'Intelligence' and 'Stupidity' Reconsidered: Estimation and Decision in Israel, 1973." *Journal of Strategic Studies* 3, no. 2 (September 1980): 147–77.

Stern, Jessica. "Review of Peter Bergen's 'The Longest War.' " *Washington Post*, February 20, 2011.

Stinnett, Robert B. *Day of Deceit: The Truth about FDR and Pearl Harbor*. New York: Free Press, 2000.

Strom, Kevin, John Hollywood, Mark Pope, Garth Weintraub, Crystal Daye, and Don Gemeinhardt. *Building on Clues: Methods to Help State and Local Law Enforcement Detect and Characterize Terrorist Activity*. Final Report. Durham, NC: Institute for Homeland Security Solutions, Duke University, 2011.

Studeman, Michael W. "Pacific Faces Crisis in Intel Analysis." *US Naval Institute Proceedings*, January 2003.

Subiri, Obwogo. *The Bombs That Shook Nairobi and Dar: A Story of Pain and Betrayal.* Nairobi: Obwogo and Family Publishers, 1999.

Sullivan, Patricia. "Roberta M. Wohlstetter: Military Intelligence Expert." *Washington Post*, January 10, 2007.

Sulzberger, A. G., and William K. Rashbaum. "NY Terror Suspect Admits Guilt and Cooperates." *New York Times*, February 23, 2010.

Sunstein, Cass R., and Adrian Vermeule. "Conspiracy Theories: Causes and Cures." *Journal of Political Philosophy* 17, no. 2 (June 2009): 202–27.

Symonds, Craig L. *The Battle of Midway*. New York: Oxford University Press, 2011.

Tabor, Mary B. W. "US Indicts Egyptian Cleric as Head of Group Plotting 'War of Urban Terrorism.' " *New York Times*, August 26, 1993.

Taleb, Nassim Nicholas. *The Black Swan: The Impact of the Highly Improbable.* New York: Random House, 2007.

———. "Learning to Expect the Unexpected." *New York Times*, April 8, 2004.

Taleb, Nassim Nicholas, and Mark Blyth. "The Black Swan of Cairo." *Foreign Affairs*, May–June 2011.

Temple-Raston, Dina. "Terrorism Case Shows Range of Investigators' Tools." NPR, October 3, 2009. www.npr.org/templates/story/story.php?storyId = 113453193.

Tenet, George J. "Testimony before the Senate Select Committee on Intelligence." Washington, DC, February 6, 2002, transcript. http://intelligence.senate.gov/pub107th congress.html.

———. "Written Statement for the Record of the Director of Central Intelligence before the National Commission on Terrorist Attacks upon the United States." Washington, DC, March 24, 2004. http://govinfo.library.unt.edu/911/hearings/hearing8.htm.

Tenet, George, and Bill Harlow. *At the Center of the Storm: My Years at the CIA*. New York: HarperCollins, 2007.

"Thwarted Terrorist Attacks." *NYU Review of Law and Security* 7 (April 2006): 16–21.

Trachtenberg, Marc. *The Craft of International History: A Guide to Method*. Princeton, NJ: Princeton University Press, 2006.

"Transcript of Secretary Kissinger's Staff Meeting, October 23, 1973" (orig. classified "Secret"). www.gwu.edu/~nsarchiv/NSAEBB/NSAEBB98/#doc63.

Travers, Russell. "Statement for the Record of Russell Travers, Deputy Director for Information Sharing and Knowledge Development, National Counterterrorism Center, before the House Judiciary Committee, March 24, 2010."

Treverton, Gregory F. "Risks and Riddles." *Smithsonian Magazine*, June 2007.

"Two Months before 9/11, an Urgent Warning to Rice." *Washington Post*, October 1, 2006.

US v. Bin Laden 5(7) 98 Cr. 1028 (SDNY, 2001).

US Central Command. "Operation Desert Shield / Desert Storm Executive Summary, July 11, 1991" (Orig. "Top Secret," declassified and available from the National Security Archive). www.gwu.edu/~nsarchiv/NSAEBB/NSAEBB39/.

US Congress. *Hearings before the Joint Committee on the Investigation of the Pearl Harbor Attack* [*Pearl Harbor Hearings*]. 39 vols. Washington, DC: US Government Printing Office, 1946.

———. *Report of the Joint Committee on the Investigation of the Pearl Harbor Attack* [*Pearl Harbor Report*]. Washington, DC: US Government Printing Office, 1946.

———. *Report of the US Senate Select Committee on Intelligence and US House Permanent Select Committee on Intelligence (S. Rept. 107–351 and H. Rept. 107–792)* [The Joint Inquiry Report]. Washington, DC: Joint Inquiry into Intelligence Community Activities before and after the Terrorist Attacks of September 11, 2001, 2002.

US Department of Justice. *A Review of the FBI's Handling of Intelligence Information Related to the September 11 Attacks (November 2004)*. Washington, DC: US Department of Justice, Office of the Inspector General, 2006.

———. *A Review of the Federal Bureau of Investigation's Counterterrorism Program: Threat Assessment, Strategic Planning, and Resource Management (Report 02–38), Executive Summary Redacted and Unclassified*. Washington, DC: US Department of Justice, Office of the Inspector General, 2002.

US Department of State. *Foreign Relations of the United States, 1955–1957, Suez Crisis, July 26–December 31, 1956.* Washington, DC: US Government Printing Office, 1990.

———. *Patterns of Global Terrorism 1991.* Washington, DC: US Government Printing Office, 1992.

———. *Patterns of Global Terrorism 1992.* Washington, DC: US Government Printing Office, 1993.

———. *Patterns of Global Terrorism 2000.* Washington, DC: US Government Printing Office, 2001.

———. "Saudi Arabia: Meeting with ——— Re Bin Laden Threat." US Embassy Riyadh cable, June 16, 1998.

———. "Terrorism / Usama Bin Ladin: Who's Chasing Whom?" Bureau of Intelligence and Research, July 18, 1996. (Orig. classified "Top Secret," this document was declassified and released in response to a Freedom of Information Act request from the organization Judicial Watch.)

———. "The Wandering Mujahidin: Armed and Dangerous." Bureau of Intelligence and Research (INR), *Weekend Edition*, August 21–22, 1993. (This paper was written by INR analyst Gina Bennett, and has been released through the Freedom of Information Act.) http://blogs.law.harvard.edu/mesh/files/2008/03/wandering_mujahidin.pdf.

US General Accounting Office. *Combating Terrorism: Selected Challenges and Related Recommendations.* Washington, DC: US General Accounting Office 2001.

US House, Armed Services Committee. *Intelligence Successes and Failures in Operations Desert Shield/Storm.* Report of the Oversight and Investigations Subcommittee. Washington: US Government Printing Office, 1993.

US Navy. *Naval Doctrine Publication 2, Naval Intelligence.* Washington, DC: US Navy, 2001.

US Senate, Select Committee on Intelligence. "Unclassified Executive Summary of the Committee Report on the Attempted Terrorist Attack on Northwest Airlines Flight 253." May 18, 2010. http://intelligence.senate.gov/100518/1225report.pdf.

Vadlamudi, Sundara. "The US Embassy Bombings in Kenya and Tanzania." In *Countering Terrorism and Insurgency in the 21st Century: International Perspectives, Vol. 3, Lessons from the Fight against Terrorism*, edited by James J. F. Forest. Westport, CT: Praeger, 2007.

Vanderpool, Guy R. "COMINT and the PRC Intervention in the Korean War." *Cryptologic Quarterly* 15 (Summer 1996): 1–26.

Van Der Rhoer, Edward. *Deadly Magic: A Personal Account of Communications Intelligence in World War II in the Pacific.* New York: Scribner, 1978.

Van Evera, Stephen. *Guide to Methods for Students of Political Science.* Ithaca, NY: Cornell University Press, 1997.

Van Natta Jr., Don, Elaine Sciolino, and Stephen Grey. "Details Emerge in British Terror Case." *New York Times*, August 28, 2006.

Van Riper, Paul. "Reinventing War." *Foreign Policy*, no. 127 (November–December 2001).

Vick, Karl. "Assault on a US Embassy: A Plot Both Wide and Deep." *Washington Post*, November 23, 1998.

Villa, Brian, and Timothy Wilford. "Signals Intelligence and Pearl Harbor: The State of the Question." *Intelligence and National Security* 21, no. 4 (August 2006): 520–56.

Vistica, Gregory L. and Daniel Klaidman. "Tracking Terror." *Newsweek*, October 19, 1998.

"Waiting for Al-Qaeda's Next Bomb." *The Economist*, May 5, 2007.

Waldman, Peter. "Lapses in Handling Sergeant Mirror Larger Failings in FBI's Terror Policing." *Wall Street Journal*, November 26, 2001.

Waller, Douglas. "Inside the Hunt for Osama." *Time*, December 21, 1998.

Warner, Michael, and J. Kenneth McDonald. *US Intelligence Community Reform Studies since 1947*. Washington, DC: Central Intelligence Agency Center for the Study of Intelligence, 2005.

Warrick, Joby, and Joe Stephens. "Before Attack, US Expected Different Hit." *Washington Post*, October 2, 2001.

Watson, Russell, John Barry, Gregory L. Vistica, Michael Hirsh, Christopher Dickey, Mark Dennis, Steve LeVine, and Gregory Beals. "Our Target Was Terror." *Newsweek*, August 31, 1998.

Weadon, Patrick D. *The Battle of Midway: AF Is Short of Water*. Fort George G. Meade, MD: National Security Agency Center for Cryptologic History, 2000. www.nsa.gov/publications/publi00023.cfm.

Weiner, Tim, and James Risen. "Decision to Strike Factory in Sudan Based Partly on Surmise." *New York Times*, September 21, 1998.

Weiser, Benjamin. "Defense Psychiatrist Tells Jury of Embassy Bomber's Remorse." *New York Times*, June 28, 2001.

———. "Remorseful Terror Conspirator Gets an 11-Year Sentence." *New York Times*, October 16, 1999.

Weiser, Benjamin, and James Risen. "The Masking of a Militant: A Soldier's Shadowy Trail in US and in the Mideast." *New York Times*, December 1, 1998.

White, Mary Jo. "Prosecuting Terrorism in New York." *Middle East Quarterly*, Spring 2001.

———. "Statement before the Joint Congressional Inquiry into the September 11 Terrorist Attacks." Washington, DC, October 8, 2002.

White House. "Attempted Terrorist Attack on December 25, 2009: Intelligence, Screening, and Watchlisting System Corrective Actions." Washington, DC, January 7, 2010.

———. "Fact Sheet: Combating Terrorism: Presidential Decision Directive 62." Washington, DC, May 22, 1998.

———. "Fact Sheet: Plots, Casings, and Infiltrations Referenced in President Bush's Remarks on the War on Terror." Washington, DC, October 6, 2005, http://georgewbush-whitehouse.archives.gov/news/releases/2005/10/20051006–7.html.

———. "Summary of the White House Review of the December 25, 2009 Attempted Terrorist Attack." Washington, DC, January 7, 2010.

White House Commission on Aviation Safety and Security [Gore Commission]. *Final Report to President Clinton*. Washington, DC: US Government Printing Office, 1997.

Whitlock, Craig. "Trial Opens in Alleged Plot Against US Targets." *Washington Post*, April 23, 2009.

Whitlock, Duane L. "The Silent War against the Japanese Navy." *Naval War College Review* 48, no. 4 (Autumn 1995): 43–52.

Wildenberg, Thomas. "Sheer Luck or Better Doctrine?" *Naval War College Review* 58, no. 1 (Winter 2005): 121–35.

Wilder, Dennis C. "An Educated Consumer Is Our Best Customer." *Studies in Intelligence* 55, no. 2 (June 2011): 23–31.

Wildhorn, Sorrel, Brian Michael Jenkins, and Marvin M. Lavin. *Intelligence Constraints of the 1970s and Domestic Terrorism: Vol. I, Effects on the Incidence, Investigation, and Prosecution of Terrorist Activity.* Santa Monica, CA: RAND Corporation, 1982.

Wilensky, Harold L. *Organizational Intelligence: Knowledge and Policy in Government and Industry.* New York: Basic Books, 1967.

Wilford, Timothy. "Decoding Pearl Harbor: USN Cryptanalysis and the Challenge of JN-25B in 1941." *Northern Mariner / Le marin du nord* 13, no. 1 (January 2002): 17–37.

Winton, John. *Ultra in the Pacific: How Breaking Japanese Codes and Ciphers Affected Naval Operations against Japan, 1941–45.* London: Leo Cooper, 1993.

Wirtz, James J. "The American Approach to Intelligence Studies." In *Handbook of Intelligence Studies,* edited by Loch K. Johnson. London: Routledge, 2007.

———. "Déja Vu? Comparing Pearl Harbor and September 11." *Harvard International Review* 24, no. 3 (Fall 2002): 73–77.

———. "Epilogue: The Future of Intelligence." In *Intelligence: The Secret World of Spies, An Anthology,* 3rd ed., edited by Loch K. Johnson and James J. Wirtz. New York: Oxford University Press, 2011.

———. "The Intelligence–Policy Nexus." In *Strategic Intelligence, Vol. 1, Understanding the Hidden Side of Government,* edited by Loch K. Johnson. Westport, CT: Praeger, 2007.

———. "Responding to Surprise." *Annual Review of Political Science* 9 (2006): 46–51.

———. "Review of Ariel Levite, Intelligence and Strategic Surprises." *Survival* 30, no. 5 (September–October 1988): 478–79.

———. *The Tet Offensive: Intelligence Failure in War.* Ithaca, NY: Cornell University Press, 1991.

———. "Theory of Surprise." In *Paradoxes of Strategic Intelligence: Essays in Honor of Michael I. Handel,* edited by Richard K. Betts and Thomas G. Mahnken. London: Frank Cass, 2003.

Wohlstetter, Roberta. *Pearl Harbor: Warning and Decision.* Stanford, CA: Stanford University Press, 1962.

Woodward, Bob. *State of Denial.* New York: Simon & Schuster, 2006.

Wright, Lawrence. "The Counter-Terrorist." *New Yorker,* January 14, 2002.

———. *The Looming Tower: Al-Qaeda and the Road to 9/11.* New York: Alfred A. Knopf, 2006.

Zegart, Amy B. "American Intelligence: Still Stupid." *Los Angeles Times,* September 17, 2006.

———. "'CNN with Secrets': 9/11, the CIA, and the Organizational Roots of Failure." *International Journal of Intelligence and CounterIntelligence* 20, no. 1 (March 2007): 18–49.

———. "An Empirical Analysis of Failed Intelligence Reforms before September 11." *Political Science Quarterly* 121, no. 1 (Spring 2006): 33–60.

———. *Flawed by Design: The Evolution of the CIA, JCS, and NSC.* Stanford, CA: Stanford University Press, 1999.

———. Radio interview, KCET, Los Angeles, September 11, 2007, transcript. www.kcet.org/lifeandtimes/archives/200709/20070911.php.

———. "September 11 and the Adaptation Failure of US Intelligence Agencies." *International Security* 29, no. 4 (Spring 2005): 78–111.

———. *Spying Blind: The CIA, the FBI, and the Origins of 9/11*. Princeton, NJ: Princeton University Press, 2007.

Zeman, Ned, David Wise, David Rose, and Bryan Burrough. "The Path to 9/11: Lost Warnings and Fatal Errors." *Vanity Fair*, November 2004.

Zimmerman, John C. "Pearl Harbor Revisionism: Robert Stinnett's Day of Deceit." *Intelligence and National Security* 17, no. 2 (Summer 2002): 127–46.

译后记

翻译本书的过程，是辛苦伏案、细心思索的过程，也是认真求证、沉醉其中的过程，个中滋味唯有译者本人方能深切体会。相对于作者的原创，译者的价值往往并不被重视，很多人会以为，翻译的工作只是把原作者的意思以一种大家读得懂的语言呈现出来而已。但我真的不这样认为，翻译一本外文原著的工作，既是忠实于原文呈现的过程，亦是一个再加工再创作的过程，如何驾驭不同种类的语言文字，在它们之间切换辗转，个中奥妙与技巧，是唯有好的译者才能拿捏的住的。我相信，不同的译者，所呈现出的语言风格是不尽相同的。对于本译作而言，虽然展卷阅读的你是在看原作者的作品，但我并非完全隐身，在某些地方，某些时刻，你可以看见我，感受到我。如是，这将是我的荣幸。

本书用大量史料及案例论证战术情报与决策者接受度相结合对于预防突袭的重要性，有些案例部分地还原了事件发生时的一些场景，相当生动，我在翻译的过程中，力求想象彼时情境，并尽力以贴切之语相呈现。这个过程虽然辛苦，但亦非常享受，每当想到好词妙语将英文以我的母语文字具体呈现之时，也是满足的快乐溢于言表之际。

得益于本书作者曾供职于美国海军情报部门的丰富经历及辛勤的资料

收集整理工作，使得本书的翻译成为我不断学习不断开眼的过程。情报的的世界是如此让人着迷，不仅是说不尽的，又常常是说不清的，也正因为如此，才让情报这个主题充满了魅力，并带给我们无限探究的可能性。

本书能够面世，首先要感谢中国人民公安大学国家安全高精尖学科项目的资助；感谢金城出版社的信任与理解；感谢北京外国语大学曾教授我翻译课的彭萍老师——这位智慧、友善、对我爱上翻译并更好地进行这项工作产生重要影响的优秀女性！感谢朋友王思明对本书翻译所提供的帮助。同时，还要感谢我的家人，在本书翻译过程中所给予我的莫大支持；尤其要感谢我的爱宠猫咪，在我伏案翻译的时刻，常有他跳上我的书桌，看看我然后就选择一个喜欢的的姿势睡在电脑旁。当我累了烦了不知如何措辞抓耳挠腮之际，一眼看到他睡得岁月静好憨态可掬的模样，再忍不住摸一摸他毛茸茸的小身子，心灵立刻就会得到极大的治愈！再转回到电脑文字上，刚才纠结不定的表达也仿佛瞬间开了挂！这样的画面已记不得有多少次，让我不能不感谢这个小生灵静静温暖的陪伴！

新的一年马上就要到来了，每当这个时刻总不免让人心生感慨，回首与展望似乎也已成为年终岁尾的永恒主题，不管这一年我们经历了什么，我想我们都愿意相信新的一年会带来新的希望，唯有希望是支持我们继续前行的温暖力量！对我而言，一个切近的希望，就是希望这本书能够进入你的视野，如果你喜欢情报，那它应该不会让你失望。

是为序！

二〇二〇年十二月二十六日

英汉对照表

9/11 Commission Report《9·11 调查报告》
actionable intelligence 可行性情报
after-action report 战果报告
Aircraft Warning Service 防空设备勤务
Alert Memorandum 警报备忘录
Al-Haramain Foundation 哈拉曼基金会
Alkhifa Refugee Center 阿尔基法难民中心
amphibious expedition 两栖作战
Arab-Israeli Six-Day War 第三次中东战争
Argentia Conference 阿真舍会议
army chief of staff 陆军参谋长
attack on Pearl Harbor 珍珠港事件
attacks of September 11 9·11 事件
attempted attack 未遂袭击
batting average 击球率
Battle of Midway 中途岛战役
Battle of the Coral Sea 珊瑚海战役
Black Hawk helicopter 黑鹰直升机
black swans 黑天鹅事件
Board of National Estimates 国家评估委员会
bomb plot 轰炸区域图
British bomb plot 英国炸弹阴谋
British Security Service（MI5）英国国家安全局（军情五处）
Carrier Task Forces 航母特遣舰队
Center for the Study of Intelligence 情报研究中心
Combat Intelligence Unit 作战情报部门
communications intelligence 通信情报
connecting flight 中转航班
Contrarian School 反转派
controlled experiment 对照实验
cooperating witness 合作证人
Crowe Commission Report《克罗委员会报告》
current intelligence 动态情报
Day of Terror plot 恐怖日阴谋
Defense Intelligence Agency 国防情报局
Defense Special Assessment《国防特别评估》
Demilitarized Zone 非军事区
Department of Defense 国防部
Department of Homeland Security 国土安全部
dependent variable 因变量
direction-finding 测向
East Africa Embassy Bombings 东非大使馆

爆炸案
false alarm 假警报
Far East Combined Bureau（FECB）远东联合局
Federal Bureau of Investigation（FBI）联邦调查局
Fifth Bombardment Group 第五重轰炸机大队
first law of intelligence failure 情报失误第一定律
flag officers system 海军将官系统
flag secretary 司令秘书
Fleet Opposed Invasion 舰队防入侵
Fleet Radio Unit Pacific（Frupac）太平洋舰队无线电班
Foreign Counter Intelligence Division （联邦调查局）外国反情报处
Foreign Intelligence Surveillance Court 外国情报监视法庭
forward line 前锋线
genocide in Rwanda 卢旺达种族大屠杀
Global Terrorism Database 全球恐怖主义数据库
groupthink 团体迷思
Hawaiian Army Air Corps 夏威夷陆军航空兵团
Holy Grail of intelligence 情报圣杯
Holy Kaaba operation 神圣天房行动
Institute for the Study of Diplomacy （乔治城大学）外交研究所
Intelligence Advisory Committee 情报顾问委员会
intelligence asset 情报资产
intelligence failure 情报失误
intelligence picture 情报构图
intelligence prediction 情报预测
intelligence success 情报成功
Inter-Services Intelligence Directorate（巴基斯坦）三军情报局
Islamic Jihad movement “伊斯兰圣战运动”
Japanese Combined Fleet 日本联合舰队
Jewish Defense League 犹太保卫同盟会
Joint Chiefs of Staff 参谋长联席会议
Joint Congressional Committee 国会联合委员会
Justice Department 司法部
Korean War 朝鲜战争
Magic 魔术
Martin-Bellinger Report《马丁–贝林格报告》
mental mindset 思维定势
method of difference 差异法
MI6（英国）军情六处
Military Assistance Command（越南）军事援助司令部
Military Intelligence Division（MID）陆军军事情报处
mini–case study 小型案例研究
National Commission on Terrorism 国家恐怖主义委员会
National Consortium for the Study of Terrorism and Responses to Terrorism（START）（马里兰大学）恐怖主义研究与应对国家联盟
national discourse 国家话语
National Indications Center 全国征候中心
National Intelligence Daily《国家情报日报》
National Intelligence Estimate《国家情报评估》
national intelligence officer 国家情报官
National Security Act of 1947《1947 年国家安全法》
National Security Agency（NSA）国家安全局
National Warning Staff《国家危机预警》
Naval General Staff 日本海军军令部
Navy Department’s Communications Security Unit 海军通信安全部门
Navy SEALs 海豹突击队
New York City Joint Terrorism Task Force

（JTTF）纽约联合反恐特遣部队
Office of Naval Intelligence 海军情报局
Operation al-Aqsa 阿克萨行动
Operation Bojinka 波金卡计划
Operation Desert Shield 沙漠之盾行动
Operation Desert Storm 沙漠风暴行动
Operation K K 行动
Operation Kadesh 卡德什行动
Orange 橙色计划
paradox of strategic warning 战略预警悖论
pilot message 引导信息
policymaker receptivity 决策者接受度
Prague Spring 布拉格之春
predictable surprise attack 可预测突袭
Purple 紫密
Reformist School 改革派
Republican Guard 共和国卫队
Saudi National Guard 沙特国民卫队
selecting on the dependent variable 自变量选择
Senate Armed Services Committee 参议院军事委员会
Senate Homeland Security Committee 参议院国土安全委员会
Senate Intelligence Committee 参议院情报委员会
service call 服务呼号
signal-to-noise ratio 信噪比
Special Collection Service 特殊手段搜集局
Special Warfare Center 特种作战中心
State Department Consular Section 国务院领事部
State of the Union address 《国情咨文》
strategic intelligence 战略情报
strategic shock 战略冲击
strategic surprise 战略意外
strategic warning 战略预警
strip cipher 流密码
stun grenades 震爆弹
Suez Crisis 苏伊士运河危机
surprise attack 突然袭击
tactical intelligence 战术情报
tactical warning 战术预警
Tet Offensive 春节攻势
theory of preventive action 预防行动理论
total ban 全面禁运
Traditional School 传统派
traffic analysis 通信分析
US Army Air Force（USAAF）美国陆军航空军部队
US Army Special Warfare School 美国陆军特种作战学校
US Customs and Border Protection 美国海关和边境保护局
US Marine Corps 美国海军陆战队
US National Counterterrorism Center Worldwide Incidents Tracking System
美国国家反恐中心全球事件跟踪系统
US Naval Investigative Service 美国海军调查局
US Strategic Command 美国战略司令部
vehicle identification number（VIN）车辆识别码
Watch Committee 观察委员会
witness protection program 证人保护程序
World Trade Center bombing 世贸中心爆炸案
Yom Kippur War 第四次中东战争

国家安全与保密参考书目

策划人：朱策英
邮　箱：gwpbooks@yahoo.com

《情报与突然袭击：战略预警案例研究》　[美]埃里克·J. 达尔　著

本书对珍珠港事件、中途岛战役、“9·11”事件等重大突袭事件中的情报成败与决策关系进行了深刻剖析。在介绍了各个学派研究者对情报失误原因的观点后，作者结合上述突袭事件提出了自己的观点，即预防行动理论。最后，作者针对此前发生的未遂阴谋，对情报失误与决策不当的种种动因进行了理论验证。

《减少不确定性 ：情报分析与国家安全》　[美] 冯稼时　著

本书介绍了美国情报界的分析人员应该做什么工作，如何工作，以及怎样为国家安全减少不确定性。作者运用大量真实案例，结合自身经验，进行了专业理性的论述。同时，他也针对实际问题，提出各种极有见地的建议。作为战略预警学术著作，本书有助于读者了解美国的情报工作思维、国家安全逻辑和外交思想，为应对挑战提供可资参考的视角。

《珍珠港 ：预警与决策》　[美] 罗伯塔·沃尔斯泰特　著

本书是世界上首部关于情报失误或预警失误的著作，开启了预警问题的研究之门。作者深刻剖析了 1941 年日本成功突袭美国珍珠港这一事件，从美军预警失败的角度查找原因并总结经验，被奉为“最全面研究情报失误导致被突袭的最佳作品”，具有较高的情报研究价值。

《预警情报手册（完整解密版）：国家安全威胁评估》　[美] 辛西娅·格拉博　著

作者通过回顾美国 1971 年前的预警情报工作，分析经典情报失误案例，总结经验教训，指导如何有效阅读、撰写和分析预警情报，以便更准确预判突发事件。本书为最新完整解密版，涵盖军事情报、政治情报、经济情报、民生情报等各领域，堪称预警情报经典之作。

《先发制人：国际冲突的先制与预防》　[美] 迈克尔·多伊尔　著

一个负责任的政府是应采取预防措施，对潜在敌人发动先制战争以防患于未然，还是待冲突发生后再采取动作？为因应“9·11”恐怖袭击后的挑战，作者就近数十年来的国际冲突案例进行了深入浅出的分析，提出了自己的国家安全主张。

《突然袭击：被袭国的视角》　[以] 伊弗雷姆·卡姆　著

本书系统分析了 1939 年以来的全球 11 个经典突袭案例，梳理致使一国遭受战略突袭的分析困难、判断偏见、组织障碍等，是研究战略突袭的经典之作。它告诉我们，突袭虽极难预防，但只要处理得当，并非完全不可避免。

《美国政府保密史：制度的诞生与进化》　[美] 戴维·弗罗斯特　著

本书论述了美国政府自建国前至今的保密史。作者以大陆会议、宪法制定、曼哈顿计划等各种历史事件为切入点，讲述了保密如何在维护美国国家安全中发挥重要作用，政府保密制度与文化怎样跟随历史不断演变。

《情报欺骗：反欺骗与反情报》　[美] 罗伯特·克拉克　[丹] 威廉·米切尔　著

通过丰富的案例，作者系统论述了情报欺骗的历史、原理和应用，兼顾理论与实践，并提供了各种实操训练方法。其内容包括欺骗的途径、方法，在战争中运用欺骗的优势，案例分析及其复盘，实操练习与批评性思考等等。作为情报欺骗的标杆性理论专著，本书利于我们加深对西方情报欺骗的认识，在复杂的国际局势中有效保护国家安全。

《情报搜集的五大科目》　[美] 马克·洛文塔尔　罗伯特·克拉克　主编

本书涵盖开源情报、人力情报、信号情报、地理空间情报、测量与特征情报等五大搜集科目，并对情报搜集的定义、历史、流程、管理和趋势等进行了系统介绍。这是一部重要的情报搜集专著，由五位情报实战专家撰稿，两位知名情报理论家担纲主编，有助于正确认识美国情报搜集理论和方法，对我国情报和安全研究具有一定的参考价值。

《情报分析：复杂环境下的思维方法》　[美] 韦恩·霍尔　加里·西腾鲍姆　著

本书全面论述了如何在复杂环境下思考、开展情报分析工作，做好应对国际冲突新形势下危险敌人和各种非常规冲突的准备，重点阐述了高级分析方法及其实践应用。本书乃美国情报分析经典著作，为国家安全研究提供了积极的参考视角。

《战略情报：情报人员、管理者和用户手册》　[澳] 唐·麦克道尔　著

本书阐述了战略情报从生产到应用的整个环节，重点论述了战略情报的概念和原理，战略情报分析的流程和方法，战略情报管理思想和决策观念的革新，战略情报批判性与创造性思维的实践应用等，堪称战略情报的首部系统性研究著作。

《谁来监管泄密者？：国家安全与新闻自由的冲突》 ［美］盖里·罗斯 著

通过美国政府历史上重大的泄密案例，作者探讨了未授权信息泄露背后的动机、代价、法律困境和解决之道，以提醒全美情报系统：对手如何获取美国情报，获得情报后会取得怎样的优势。本书是信息时代普及国家安全意识的必备佳作。

《情报术：间谍大师杜勒斯论情报的搜集处理》 ［美］艾伦·杜勒斯 著

本书作者以第一人称的视角展开，着重阐述了情报的实用技巧——情报如何搜集和处理，以及形成的结果怎样为制定国家政策服务。本书是"间谍大师"、中情局任期最长局长、美国现代情报系统缔造者杜勒斯的收官之作。

《骗中骗：克格勃与中情局的无声战争》 ［美］爱德华·爱泼斯坦 著

本书以美国反间谍头目詹姆斯·安格尔顿之死为缘起，追踪了苏联从建国伊始到冷战末期"欺骗对手"的各种行动，以及美国是如何应对和接招的。该书呈现了中情局与克格勃在情报与反情报上的较量，是国家安全研究的重要资料。

《全民监控：大数据时代的安全与隐私困境》 ［英］约翰·帕克 著

阿桑奇、斯诺登等的接连爆料警示我们，"全民监控"的时代已经来临。为了获得全方位的监控能力，西方国家利用闭路系统、窃听设备、身份识别技术、定位追踪装置等随时随地监视民众。本书是读者迅速掌握隐私与信息安全知识的必读之作。

《网络战：信息空间攻防历史、案例与未来》 ［美］保罗·沙克瑞恩 等著

通过梳理各种经典案例，本书系统探讨了网络战历史、现实和未来。以跨学科的研究方法，作者有机融合理论与实例，涵盖了从个人、组织机构到国家的网络安全问题，细致阐述了网络空间的生存之道。

《秘密情报与公共政策：保密、民主和决策》 ［美］帕特·霍尔特 著

全书讲述了美国安全情报的起源与演变，介绍了与国家安全政策制定相关的四大情报活动，穿插了一些情报利用、误用、滥用等的经典案例，并展望了情报和政策两者的未来关系。

《国家安全与情报政策研究：美国安全体系的起源、思维和架构》 ［美］伯特·查普曼 著

本书总结和收集了大量以美国为主的世界各国国家安全政策资料，重点介绍了美国国家安全思想和架构的起源和发展历程，以及作为其国家安全基石的情报政策的历史变迁，具有极强的资料性和实用性，是研究国家安全历史的重要案头书。

《恐怖主义如何终结：恐怖活动的衰退与消亡》 ［美］奥德丽·克罗宁 著

通过精心研究各种恐怖组织，本书总结出终结恐怖组织的六种模式，分别系统、深入地加以论述，辅以大量实际数据、案例研究和图表作支撑。本书极具历史性、实践性和经典性，论证严谨，是反恐领域的一部不可多得的标杆性读物。

《21世纪犯罪情报：公共安全从业者指南》 ［美］理查德·赖特 等主编

本书全面、系统、深入地介绍了以美国为主的西方国家犯罪情报工作的过去、现在和未来，论述了犯罪情报工作的思想、流程、方法、工具和实践。全书在理论上揭示了犯罪情报工作的基本规律；在实践上提供了犯罪情报工作的方法工具。

《数据与监控：信息安全的隐形之战》 ［美］布鲁斯·施奈尔 著

在西方世界，大量的个人数据会被政府和企业监控，政治自由与公平、商业公平与平等，甚至隐私以及安全等都因监控岌岌可危。本书给出切实可行的建议，探讨如何才能有效应对监控，保护信息安全和隐私。作者被誉为信息领域的"安全教父"。

《金融情报学》 王幸平 著

本书探讨了金融情报的概念，金融情报的搜集、撰写和分析，金融情报人员的定位，金融情报机构与金融决策机构的关系，以及金融反情报等等。全书思想丰沛，案例多样，构建了一套专业情报学框架，对金融理论创新和国家安全研究均有参考价值。

《分析情报：国家安全从业者视角》 ［美］罗杰·乔治　詹姆斯·布鲁斯　主编

本书从国家安全的视角，汇集美国情报界24位顶级专家的思想，深度阐释情报分析的20个核心议题，包括搜集缺口、认知缺陷、外国拒止与欺骗、分析与政策关系、不确定性、反恐斗争、国内情报等，是情报分析领域论述最为全面的书籍之一。

《情报分析案例·实操版：结构化分析方法的应用》 ［美］萨拉·毕比　伦道夫·弗森　著

本书是《情报分析案例：结构化分析方法的应用》的配套用书，采用情景化示范的方式，论证了结构化分析方法的实际应用，为情报分析及其他行业的决策者和管理者提供有效的工作指南。

《情报分析案例：结构化分析方法的应用》 ［美］萨拉·毕比　伦道夫·弗森　著

作者精选出17个经典案例，指导情报分析人员运用结构化分析方法处理实际问题。本书是《情报分析心理学》和《情报分析：结构化分析方法》的姊妹篇，与《情报分析案例·实操版：结构化分析方法的应用》是配套用书。

《情报分析：结构化分析方法》 ［美］小理查兹·J. 霍耶尔　伦道夫·弗森　著

本书采用结构化分析方法的新理念，将55种情报分析方法分成8大类，不仅阐述每一种分析方法本身的内容，还指出其适用场景、增加的价值、具体的操作步骤等，可有效提升情报用户的预测和决策能力。

《情报研究与分析入门》 ［美］杰罗姆·克劳泽　原著　［美］简·戈德曼　改编

本书全面探讨了情报研究与分析的各个阶段，重点讨论了情报研究的规范程序和适用的分析方法工具、模型，优秀情报分析人员的必备特质，以及如何提升情报产品的质量，是情报研究与分析入门必备教材。

《战略情报的批判性思维》 ［美］凯瑟琳·弗森　伦道夫·弗森　著

本书关注如何在情报工作中应用批判性思维，系统阐述了20个重点问题，介绍了其中的各种实用技巧与工具，以及简单易懂的解决办法。这是一部情报工作者高效思考力指南，情报分析的三大黄金标杆教科书之一。

《情报搜集技术》 ［美］罗伯特·克拉克　著

本书是首部系统论述情报搜集技术的专著，集中讨论了各种技术搜集手段，情报搜集策略与管理问题等；重点探讨了搜集技术在国家安全领域的三大用途，让读者一窥美国情报界强大的情报搜集能力、发展动向及维护国家安全的最新思维。

《情报：从秘密到政策》 ［美］马克·洛文塔尔　著

本书详细阐述情报的概念、历史、流程、搜集、分析、反情报、隐蔽行动等问题，重点讨论情报在美国国家安全决策中的重要作用。本作品享有极高声誉，多次再版修订，已成为全美外交、国关、国安、情报等诸多学科的权威教材。

《情报分析心理学》 ［美］小理查兹·J. 霍耶尔　著

本书主要探讨了人类在判断不完整或模糊信息过程中的认知心理问题，以及这些问题如何对情报分析产生影响，而我们又怎样有效克服这些影响。本书既是美国情报机构培训员工的经典教科书，也是中情局情报官员的必备参考读物。

《情报分析：以目标为中心的方法》 ［美］罗伯特·克拉克　著

作者创造性地提出运用“以目标为中心”的情报分析方法，完善情报分析的逻辑过程，形成“确定目标—问题分解—建立模型—评估数据—填充模型—进行预测”的情报分析流程，称得上是一部名副其实的情报分析教科书。

《斯诺登档案：世界头号通缉犯的内幕故事》（修订版） ［英］卢克·哈丁　著

本书对“斯诺登事件”进行了全面介绍和解读。它详细追踪了斯诺登的泄密动机、获取机密文件的方式、媒体的报道过程及事件的后续发展，讲述了事件背后各方的博弈较量与攻防策略，披露了美英等国监控全球的手段和规模。

《二战后的美国对外政策》 ［美］史蒂文·胡克　约翰·斯帕尼尔　著

作者将美国置于全球背景下，系统讲述了1945年二战结束后该国对外战略的重大发展与变化，深刻剖析了其外交政策的决策机制，提示了其对外战略的形成过程与规律。通过本书，读者可以了解美国对外政策的根源和复杂性，深入理解其对外战略的全景图。